この1冊ですべてわかる

# 人材マネジメントの基本

The Basics of Human Resource Management

## HRインスティテュート［著］
HR Institute

## 三坂　健［編著］
Misaka Ken

日本実業出版社

　本書は主に組織やチームのマネージャー、リーダーとして活躍する方々など「人」に関わる仕事で課題を抱き、工夫を凝らし、時に頭を悩ませている読者の皆さんが手に取って頂くことを想定して執筆しています。

　本書のタイトルである**「人材マネジメント」は、人が2人以上集まれば生じる誰にも求められる普遍的で大切な考え方です。**しかしながら大半の人に学習経験がなく、また書店に並んでいる書籍も人事労務や給与計算など実務に寄っているものが大半で、読み物として全体像を理解し、仕事に役立てる書籍が少ないのが現状です。

　本書を執筆するきっかけとなったのは昨今の組織と個人をめぐるトラブルの数々です。ある世界的に有名な大企業のトップが突然逮捕されたり、有名な芸能人が所属事務所とのトラブルでお茶の間を騒がしたり……と、人と組織をめぐる話題には事欠きません。また、大手企業でも問題視され、法改正にまで至ることになった残業問題、パワーハラスメントなどは、日常的に企業で働いている私たちと無縁ではありません。

　加えて、これまで常識だった新卒一括採用が徐々に見直されつつあること、大手自動車メーカーなど、これまで終身雇用の象徴だったような企業が続々とそうした制度を維持することを前提にしない考えを示したことなど、**組織と個人を取り巻く環境は今、大きく変化しています。**

　そして、本書を執筆している今、まさに新型コロナウィルス（COVID-19）が世界を大きく変え、私たちの生活を変え、職場での働き方も変えました。**この大きな変化は本書のテーマでもある「人材マネジメント」のあり方に多大な影響を及ぼしています。**今こそ、私たちは人と組織のあり方、関係性を見つめ、考え直し、行動することが必要とされています。

　具体的には、人材を単に企業にとっての「資源」と捉えるだけでなく、あたかも「お客様」のように大切なパートナーとして位置づけていく必要性が高まっています。

人材マネジメントは「ヒューマンリソース」から「ヒューマンリレーション
シップ」へ。これが、本書のコンセプトです。

　従来からのヒューマンリソース（人的資源）という捉え方に加え、これか
らはヒューマンリレーションシップ（人との関係性）を重視したマネジメン
トがますます重要になります。

　**背景にあるのは価値観の変化です。価値観の変化は行動の変化につながり
ます。**これまでのように企業に就職して、毎朝同じオフィスに出勤し、直属
の上司のもとでデスクに向かって仕事する……といった環境はまさに変わり
つつあります。

　企業に就職せずフリーランスとして活躍する方、企業に就職するものの複
数の企業や業務に跨って仕事をする方、オフィスではなく自宅やどこか別の
場所で勤務する方……**働き方は益々これまでの枠を超え、より自由度が高
く、個人に寄り添った仕組みに変化を遂げていくでしょう。**

　一方で気をつけなければならないことも多数あります。**自由な働き方とい
うのは同時に「自律」を求めるものです。**これからの個人は自律できる人材
として成長することが求められます。また企業もそうした個人から選ばれや
すくなるためには、社員を信用して新たな働き方に積極的に対応していくこ
とが求められます。

　このように企業と社員、組織と人を取り巻く環境は大きな変化の途上にあ
り、誰にも正解が分かる状況ではありません。まさに企業の経営者も人事部
も、そこで働く社員もみな、手探りしながら考えている、という状況です。

　**こうした大きな変化の中において、人材マネジメントの重要性、企業経営、
チーム運営における役割は益々高まっていくでしょう。**

　その際、避けるべきなのが「知らない」という状態でいることです。本書
を手にとられた皆さんは、すでに行動を起こすことで「知らない」状態から
「知る」という状態に切り替えようとしている方々です。

　"無知の知"という言葉がありますが、「知らないことを知っている」という
状態にまずは自らを持っていくことが、こうした変化を乗り切る上でとても
大切になります。こうした変化の早い時代において、上司がまったく人材マ
ネジメントについて知らなかったら……と考えるとどうでしょうか。リスク
があるといえるのではないでしょうか。

本書は国内外問わず、日々、人材マネジメントの領域（特に、組織開発・人材育成）において活動しているコンサルタントやスタッフが中心となって執筆したものです。人材マネジメント、という領域は大変広く、考えようによっては企業経営全般ともいえるものです。したがって、**全体を網羅することよりも、特に現場で活躍されるマネージャーやリーダーの立場において、時代の変化に対応するために重要なポイントに絞って、できるだけ分かりやすく解説することを心掛けました。**

　全体の構成は以下のようになっています。

序　章：本書のコンセプトである「ヒューマンリレーションシップ」を軸に、人材マネジメントの背景にある重要な考え方について解説します。

第1章：人材マネジメントの具体的な「定義、目的、役割」について解説します。

第2章：人材マネジメントを取り巻く、特に重要な「環境変化とその対応方法」について解説します。

第3章：人材マネジメントの入口である「人材の獲得」に関するトレンドや考え方、具体的な方法について解説します。

第4章：獲得した人材の「育成方法」についてOJTとOFF-JTの両側面から解説します。

第5章：「人材の評価」の考え方、具体的な方法と「目標管理」のあり方を新しいトレンドも踏まえて解説します。

第6章：「人材を輝かせる組織のあり方」「組織デザイン」について解説します。

第7章：企業や組織が人材と共に「持続的に成長するために必要な関わり」、「カルチャーの形成」に関する考え方と取り組み方法について解説します。

　本書においては、単に客観的な事実や情報、理論をお伝えするだけではなく、日々コンサルティングや人材育成の現場で活動する立場から、ところどころに私たちの考えや主張も含めさせて頂いております。

　また、できる限り本書執筆中に起きた新型コロナウィルス（COVID-19）がもたらす人材マネジメントへの影響や、その対処法についても解説いたしました。

　本書を手に取る組織、チーム、個人が、真に自律的で、自由で、生きがいを感じる働き方と出会えることを願っています。

**♟♟♟ 第2章**　　　　　　　　　　　　　　　Human Resource Management

# 時代の要請と人材マネジメント

## 👥👥 第3章　Human Resource Management

# 「人材獲得」における人材マネジメント

# 「人材育成」における人材マネジメント

# 「人材の評価と組織運営」における
# 人材マネジメント

## 👥 第6章　　　　　　　　　　Human Resource Management

# 社員が活躍しやすい組織をデザインする

👥 第7章 　　　　　　　　　　　　　Human Resource Management

# 持続して成長する組織をつくる
# 人材マネジメント

本書で使用する社名、製品名は、一般には各社の登録商標または商標です。なお、本文中
では原則としてTM、®マークは明記していません。
本書の内容は2020年6月現在の法律等にもとづいています。

カバーデザイン ■志岐デザイン事務所（秋元真菜美）
本文デザイン・DTP ■初見弘一
編集協力 ■深澤晴彦

# 人材マネジメントの重要性が高まっている

ヒューマンリレーションシップを軸に人材マネジメントの背景にある重要な考え方について解説します。時代の変化に合わせて変えていくべきところと、原理原則として維持していくところを見極めることが求められます。

# 1

## 企業と人材を取り巻く環境が
## これまでになく大きく変化

### 改めて人材マネジメントを捉え直すべき時代

### ▶ そもそも「人材マネジメント」とは？

　人材マネジメント、と聞いてどのようなことをイメージされるでしょうか？　一部の限られた人の仕事？　マネジメントするってあまりいい響きではないなぁ……といったことでしょうか。確かに多くの人がマネジメントすることも、マネジメントされることにも少なからず抵抗を感じるでしょう。

　では、そもそも「マネジメント」という言葉にはどのような意味が込められているのでしょうか。**「マネジメント」はＰ．Ｆ．ドラッカーの定義によると「組織に成果をあげさせるための道具、機能、機関」となります。**

　**個人と組織は自らの目標を達成するために「マネジメント」を行う必要があります。**

　なお、こうした考え方を「**目標管理**」と呼びます。

　目標管理とは、個人と組織が十分にすり合わせた中で目標を立て、その目標達成に向けて個人が取り組むことを、組織が支援することです。組織が人材を集め、その人材が最大限の力を発揮する環境を整えるために、一定の「マネジメント」は求められます。

　つまり、本来「マネジメント」とは組織の構成員である社員が組織の向かうべき方向性を踏まえて目標を設定し、達成することを支援する機能、と定義することができます。

### ▶ 人材マネジメントとは？

　では改めて、「**人材マネジメント**」とはどう定義すべきでしょうか？　本書では**「個人（社員やメンバー）が、所属する組織や社会のために、能力を最大限に引き出し、発揮することを支援する組織の関わり」**と定義します。

　個人の組織や社会におけるあり方は時代と共に大きく変化しています。そうした中では原理原則として変わらないものと、時代の変化にあわせて変えていくべきものが存在します。人材マネジメントを行うためにはこうした**変化を察知し、変えるべきものを変え、変えざるべきものを徹底する柔軟性と**

一貫性のバランスが求められます。

## ▶ 人材を取り巻く環境の変化

　では具体的に、どのような変化が起こっているでしょうか。また今後、どのように変わっていくでしょうか。主に、マクロ環境の変化が就業環境に変化をもたらし、価値観や行動の変化を生み出しているものと考えられます。

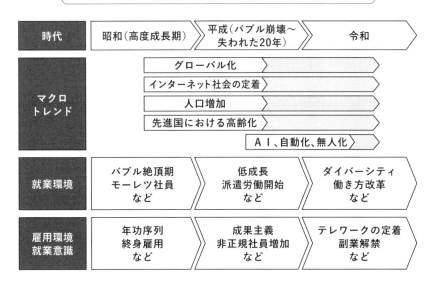

マクロ環境、就業意識、価値観や行動の変化

| 時代 | 昭和（高度成長期） | 平成（バブル崩壊〜失われた20年） | 令和 |
|---|---|---|---|
| マクロトレンド | グローバル化 / インターネット社会の定着 / 人口増加 / 先進国における高齢化 | AI、自動化、無人化 | |
| 就業環境 | バブル絶頂期モーレツ社員など | 低成長派遣労働開始など | ダイバーシティ働き方改革など |
| 雇用環境就業意識 | 年功序列終身雇用など | 成果主義非正規社員増加など | テレワークの定着副業解禁など |

　図のように、まずマクロ環境の変化として、「**グローバル化**」が挙げられます。雇用や情報がグローバルに共有される時代において、働く場所を自由に選ぶことができ、企業もより優秀な人材や、より低コストで雇用が可能な人材を集めて事業を展開します。

　次に「**インターネット社会の定着**」が挙げられます。世界で使われている携帯電話の台数がほぼ人口と匹敵するほど広まる中で、ＰＣやモバイル端末を1人1台以上保有し、いつでもどこでも仕事ができる環境が整いました。

　そして「**世界的な人口増**」「**先進国における高齢化**」の影響も大きいといえます。中国やインドなどの経済が急成長し、個人の移動が自由になったことに加え、先進国では少子化に伴う高齢化により人手不足が蔓延しています。その影響から「**ＩＴ化、ＡＩなどによる無人化**」も今後ますます進んでいく

と思われます。

　そして新型コロナウィルス（COVID-19）は私たちに**急速なオンライン化**を促しました。人との接触を避ける生活を続ける必要性から、**半ば強制的にオンライン化が進展し、この影響は私たちの生活様式に大きな変化をもたらしました。**

　こうした目まぐるしいマクロ環境の変化は、個人や一企業が流れを変えられるものではなく、いわば海に浮かぶヨットにとっての風向きを意味します。私たちは風向きを読みながら、その時代に合った変化を遂げていくことが求められます。具体的には次の点で私たちの就業意識に変化をもたらします。

## ▶ 就業意識の変化

　先に挙げたマクロ環境の変化は、個人の就業意識に大きな変化をもたらしています。

**「グローバル化」はそれまである地域、国の範囲で競争をしていた個人の存在に、新たな競争相手を生み出すことにつながりました。**

　結果として早期に公用語としての英語を習得し、グローバル化の波に乗ってキャリアを形成する層と、特定の地域に特化し、グローバル化の波にさらされないような居場所を求める層に分かれることにつながりました。

　しかしながら、後者の層にも「人口増、高齢化」の影響により、世界各国から雇用が流れつき、それまでその地域の人によって占められていた雇用が海外からの人材に置き換わる、いわゆる**「内なる国際化」**の影響を受け始めていることから、**グローバル化の影響を受けない層というのはほぼ存在しない**といって過言ではないと思います。

　次に、**「インターネット社会の定着」や「ＩＴ化、ＡＩなどによる無人化」「急速なオンライン化」が個人の就業意識に大きな変化をもたらしています。**

　場所を選ばずに仕事が行える環境が整ったことにより、「自宅勤務」が可能になりました。また、携帯電話で隙間の時間を活用しながらビジネスを行えることから、「副業」も以前より行いやすくなったといえます。

　以前であれば会社勤めをしている人にとっては物理的に副業のハードルは高いものでしたが、今は、家に帰れば自宅のＰＣや携帯電話から資産運用をしたり、個人間商取引を行うことで一定の収益を上げられる環境が整いまし

た。

　そしてこの延長線上に会社に所属せず、契約を交わすことで仕事をする「フリーランス」も急増しています。

　このように、**インターネットやそれに伴うIT化、AIなどの技術の進化は個人としての私たちの就業意識に大きな変化をもたらした**といえます。

### ▶個人の価値観と行動の変化

　このようなマクロ環境の変化や就業意識の変化は、個人の「生き方」にも影響を及ぼしています。**これまでの「会社に人生を捧げる」といった価値観は薄れつつあります。**とはいえ、すべての個人が同様に変化をしているのではなく、敏感に察知して柔軟に働き方を変える層と、これまでの価値観が強く残る層がまばらに共存している、というのが現実です。一言でいえば「**多様化している**」と表現することができます。

　そうした**「多様化」した個人の存在は、会社という組織の中で多くの相乗効果を生み出す一方で、様々な軋轢も生んでいます。**

　例をあげると、会社に人生を捧げてきた50代上司と、マクロ環境の変化を敏感に察知して、自らのキャリアを会社に縛られずに描き、副業も行うような30代部下との間には少なからず「価値観のギャップ」が存在します。上司が仮に会社への忠誠を求め、それに準じた行動を期待すれば、部下はおそらく敏感にそのことを察知し、敬遠する動きをとるでしょう。

　これはどちらが正しい、正しくないということではなく、先に解説した時代の変化が生み出したギャップそのもの、といえます。

　つまり、人材マネジメントが、先に定義した「個人（社員やメンバー）が、所属する組織や社会のために、能力を最大限に引き出し、発揮することを支援する組織の関わり」であるならば、**組織に所属する個人は互いの価値観を尊重し、組織との重なりの中で、力を発揮する新たな考え方、仕組みを構築していくことが求められる**のです。

### ▶人材マネジメントを捉え直すべき時代

　ここまで、マネジメント、および人材マネジメントの定義、それらを取り巻く周辺環境の変化、もたらされる影響について解説しました。

　人材マネジメントは会社やチームの中で、個人が力を最大限に発揮するた

めに必要とされます。世の中の変化と共に、個人も同様に変化を遂げています。そしてこの動きは益々加速していくものと考えられます。

　会社は個人の力を最大限に発揮させることを促す必要があり、個人もまた同様に、会社から信頼され、自身が持つリソースをうまく活用することで会社が望む貢献を果たしていきます。

　私たちに求められるのは、**具体的な実務として、どのような変化を前提に、どのような意識や自覚を持ち、どのようなマネジメントを行っていくべきか**、を知ることであり、それを実行に移していくことです。

　そのためにも**まずは変化を許容し、自らがこれまでの行動や実務を"ゼロベース"で捉え直すことが大切**となります。

# 序 2 改めて「人材マネジメント」を ゼロベースで捉え直す

## 人材に対する考え方を入れ替え、変化を自らつくり出す

### ▶ 人事制度の3本柱

　人材マネジメントの根幹に位置づけられるのが「**人事制度**」です。**人事制度を構成する要素は、等級制度、評価制度、報酬制度の3つです。**まずそれぞれについて簡単に触れてみましょう。

#### 等級制度

　等級制度は能力や職務、役割を基に「1等級」「2等級」……といった等級を設定することで企業内の人材を分類する仕組みです。等級制度は評価や報酬の基盤となるため、人事制度の"柱"と位置づけられます。

　等級の他に「役職」がありますが、「等級＝役職」としている企業と、役職の中にも等級を設けて幅を持たせている企業に分かれます。

#### 評価制度

　評価制度の詳細は第5章で解説しますが、一定期間の仕事の成果や取り組む姿勢を評価するもので、一般に「査定」や「人事考課」と呼ばれます。評価は等級の昇格や降格、報酬の決定において重要な要素なるものです。

#### 報酬制度

　社員のやる気を引き出し、仕事の効率を高めるための制度です。給与や賞与、それ以外のインセンティブで構成されます。等級制度に紐づき給与が決定され、一定期間の働きに対する評価にもとづいて賞与が決められることが一般的です。またその他のインセンティブとしては、表彰制度や感謝状、社員旅行など様々な取り組みが挙げられます。

**人事制度は等級制度・評価制度・報酬制度を柱に構成される**

採用・人事異動 ◄► 等級制度 ◄► 労務管理・福利厚生

教育制度 ◄► 評価制度 ◄► 報酬制度

## ▶時代の変化に合わせて人事制度の見直しが求められる

　こうした人事制度ですが、時代の変化に合わせて柔軟に見直すことが求められます。大きな変化の一つに**団塊ジュニアと呼ばれる人口ボリューム世代が今後50代を迎える中、これまでの人事制度のままでは立ち行かなくなる**事例が増えています。また、女性の活躍が推進される、副業が解禁されるなどの変化も背景に、**社員が様々なキャリアを築くことができ、それが企業にとってもプラスにはたらく人事制度への刷新**が求められています。

　先進的な例として挙げられるのがサイボウズの人事制度です。サイボウズでは人事制度の方針として「100人いれば100通りの働き方があって良い」を据え、社員一人ひとりの個性が違うことを前提とした人事制度を構築、運用しています。

　具体的には「働く時間」を　①時間に関係なく働く／②少し残業して働く／③定時・短時間で働くといったように3択で選べるようにしています。その他にも育児休暇を最大6年間取得可能にするなど、大胆な施策も取り入れています（平成30年2月21日　未来投資会議　構造改革徹底推進会合「企業関連制度・産業構造改革・イノベーション」会合資料より）。

## ▶組織のための個人に加え、個人のための組織へ

　2000年代以降、企業と社員の関係、もっと広くいえば組織と個人の関係も大きくシフトしました。

　従来の考え方では組織があって個人がいる。いわば、**個人は組織に所属し、組織の目標達成を第一に考え行動し、結果としてスキルやキャリアが備わる、という考え方がベースでした。**

　その背景には前段で述べた、終身雇用・年功序列のパラダイムが存在することは言うまでもありません。企業は社員を守る。一方で、社員は企業のために尽くせ、という考え方が一般的でした。

　しかしながら、そのパラダイムが変化する中で、個人にとっての組織の位置づけも大きく変わりました。そこにインターネットの浸透という革新が加わり、個人は必ずしも組織に依存しなくても仕事ができる、という環境をつくることができるようになりました。

　人材マネジメントを考える上で、組織と個人の関係性をゼロベースで考え直す必要があります。あえて極端に表現すると、

- 組織が先（上）で個人が後（下）
    - ➡ 組織と個人は対等で、自立した関係である
- 個人は組織の成長を実現するために存在する
    - ➡ 組織と個人は互いの成長を促し合う存在である
- 組織が個人に機会をもたらし、個人はその機会で貢献する
    - ➡ 組織と個人は互いに機会をもたらし合う存在である

　もちろん、これまでも多くの企業が「個の尊重」を謳い、組織と個人の関係について言及し、働きやすく、働き甲斐のある組織の構築に取り組んできました。しかしながら、経営側がこうしたメッセージを発信しても、実際には現場はそれとは異なる動きをしている、といったこともありました。

　**時代背景の変化に伴い、今こそこうした変化を現場レベルで実現していくことが求められます。その際に人材マネジメントは重要な役割を担う**ことになります。

### ▶ 場所を超えたチームづくり

　重要な変化としてさらに加えるべきなのが、「**働き方の多様化**」です。近年、**テレワークを導入する企業が増えていましたが、新型コロナウイルス（COVID-19）の影響で一気に加速**しました。こうした変化は私たちの就業スタイルにも変化を及ぼしています。

　簡単に表現するならば個人が自ら場所を選んで仕事ができる環境が整った、ということです。しかし、それに伴いマネジメント側も変化を余儀なくされます。場所を超えたチームマネジメントが求められる、ということです。

　場所を共有しないチーム運営には疑問がつきものです。「本当に機能するのか？」「顔を見合わせて仕事をした方が互いにやりやすいのではないか」などです。ただし、こうした考えを前提にしていては、いつまでたっても本当の意味での働き方の革新は実現できないでしょう。

　**実際、テレワークが定着した後の方が、コミュニケーションが活発化した、という事例も多数存在**しています。チャットやメールなどを駆使して、互いにリアルタイムに状況を共有し合うことは、Face to Faceのコミュニケーションに慣れ親しんだ世代からしてみれば違和感を覚えるかもしれませんが、デジタルネイティブ（生まれながらにネット社会が当たり前になっている世代）にとってみれば何の違和感もないでしょう。

今後、こうした世代が社会の大半を占めていく中で、人材マネジメントのあり方も変革が求められます。**常に同じ場所で、顔を見合わせてコミュニケーションする、育成する、といった考えは一旦横に置いて、Face to Faceとリモートを両立するにはどうすればいいか**、ということを真剣に考えてみるタイミングといえます。

### ▶▶研修やOJTに頼らない育成オプションも

　ここまで様々な変化について言及してきました。それぞれの詳細は後述しますが、共通しているのは「**ゼロベース**」になることの必要性です。ゼロベースとは、既成概念や固定観念を外して考え直す、という意味です。

　一方で、残すべきものは残す、といった「**原理原則**」に目を向けることも必要になるでしょう。**この両立こそが、これからのマネジメントを考えるスタンスとして意識すべきことといえます。**

　加えて、人材マネジメントの側面からさらに一つ変化を追加するならば、「育成にかける時間」の考え方も見直す必要が生じています。これまで「育成」というのは「時間がかかるもの」という考えがベースにあり、研修やOJTを通じて、上司が部下に、先輩が後輩に教える、というモデルが一般的でした。これからもこうした領域は残るでしょうが、一方で、早期に育成するオプションを持つ必要も生じています。

### ▶▶「若手」の捉え方の見直しも必要

　また同時に「若手」という捉え方も見直す必要があります。「若手」＝育成対象、というのがこれまでのパラダイムでした。しかしながらデジタルネイティブの誕生により、**若手であってもすでにインターネットの世界において卓越したスキルや技術を有しているケースが想定**されます。

　それに呼応して、大卒の初任給の見直しも当然必要になってきます。実際に、テクノロジー系の会社では大卒初任給の特別枠を設け、年収1,000万円を超える年俸を提示するなど、優秀な若手人材の獲得競争が始まっています。

　背景に、企業に勤める社員の大半はこれまで同僚と競ってきましたが、**これからは同僚に加え、今は見えない転職者、それもグローバルからの転職者、並びにAIなどの技術と競争を強いられる時代**になるということがあります。従来のような横並びの育成方法や採用方法では到底太刀打ちできない競争環

境といえます。

　こうした変化を敏感に捉え、**自らのスキル開発、キャリア開発に時間がかかりそうな業界は若い人に敬遠されつつあります。就職の判断基準の重要な柱の一つに「育成されるまでのスピード」がある**ことを念頭に置かなければなりません。

　このような背景から育成のキーワードとして「**ショートカット**」が挙げられます。これまで５年かかったスキルをどうにかして１年で身につけさせることができないか、ということです。

「結果にコミットする」というキャッチフレーズで有名になったRIZAPは２カ月という短期間で目標実現を支援することで話題になりました。企業における人材育成においても、こうしたショートカットが求められています。

　では、具体的な方法は何か、というとまだ「これ」といったものが存在するわけではありません。可能性として、ＶＲなどの新技術を用いたり、新興ベンチャーに修羅場修業に行かせるなど、あらゆるオプションが存在しますが、方向性は１つではありません。一方で、時間をかけて育成すべき部分も存在します。

　**要はスキルやキャリアを一括りにせず、メリハリをつけて考え、取り組む必要が生じている**といえます。

# ヒューマンリソースから、ヒューマンリレーションシップへ

## 社員を資源ではなく、大切な自立したパートナーと捉える

### ▶▶一緒に目的を追い求め、目標を達成する「仲間」

　企業が活動を行う上で「資源」が必要となります。その資源は主に、**人・モノ・カネ・情報・ブランド**といわれます。人材は企業の重要な資源の一つとして位置づけられています。

　確かに企業は人材なくして成り立ちません。人材は企業にとって、宝にもなり、反対に時に扱いに困る存在にもなってしまうのです。従って人を雇用する企業には資源としての人材をうまくマネジメントする技術が求められます。

　人材が企業にとって資源であることに違いはありませんが、時代の変化と共に、その資源としての人材が必ずしもその企業に所属する社員とは限らない、ということが現実になっています。皆さんの職場を見渡してみるとそれは一目瞭然ではないでしょうか？

　正社員の他に、契約社員、派遣社員、業務委託の社員、他企業からの出向者など、様々な人材が同じ場所で、同じ目的を共有して働いている、ということが日常化しています。**このような時代においては人材を企業の資源としてだけで見るスタンスを改めていく必要がある**といえます。

　具体的にどのような見方が必要とされるでしょうか。

　それは一言でいえば「ヒューマンリレーションシップ」を重視することです。つまり**資源としての人という位置づけに加えて、一緒に目的を追い求め、目標を達成する「仲間」「パートナー」である**、という関係性を重視した見方です。

　「仲間」の対象は社員に限らず、プロジェクトに集う他企業の社員も含まれます。

### ▶▶仕事仲間は今後、益々多様化していく

　実際に、プロジェクトマネジメントにおけるチームを構成する人材はかなり多様化しています。**1社の企業の社員だけで構成されることは稀になりつ**

つあり、ベンダーからの出向者が入るなど、他企業の社員をマネジメントしていくことも求められます。その際に必要となるのが「資源」としての見方に加えて、「仲間」としての見方を追加していくことです。

つまり、「ヒューマンリソース」から「ヒューマンリレーションシップ」へ、という考え方が今後の人材マネジメントの軸として重要になります。多様化した社員や仲間を束ねていくためには「関係性」を重視し、育むスタンスをマネージャーや会社の人事部が持っていなければなりません。一人ひとり属性が異なり、多様化する中で、それぞれが主体的に行動するチームをつくっていくヒューマンリレーションシップの力が益々必要とされていきます。

ヒューマンリソースからヒューマンリレーションシップへ

| ヒューマンリソース | ヒューマンリレーションシップ |
|---|---|
| 人材＝社員<br>人材の属性は均質的<br>人材は会社の資源 | 人材＝社員＋外部人材<br>人材の属性が多様化<br>人材は会社の大切なパートナー |

人材にいかに

働いてもらうかがカギ

人材にいかに

働いてもらうかがカギ

# 逆さまのピラミッド

## 求められる"羊飼い型"の人材マネジメント

### ▶逆さまのピラミッドとは

　前述でゼロベースにマネジメントを捉え直す必要性について言及しました。そして人材を資源ではなく、パートナーとして捉える必要性について解説しました。こうした変化を先取りするためには、自らが自己変革を促す必要があります。これまでの人材マネジメントのあり方を見直し、新たな時代に即したマネジメントへと変革していかなければ、組織の魅力を保つことが難しいといえるでしょう。こうした変化を踏まえた組織のあり方として、ハーバード大学のリンダ・ヒル教授が提唱している「**羊飼い型のリーダーシップ**」が注目を集めています。羊飼いのように背後からリーダーシップを発揮することで集団の力を最大化することを意味しています。この考え方は従来のマネジメントを表すピラミッドを逆さまにしたことから「**逆さまのピラミッド**」としても知られています。従来のマネジメントと、これからのマネジメントのあり方を端的にピラミッドで比較した考え方ですが、図で表すと以下のようになります。

逆さまのピラミッド

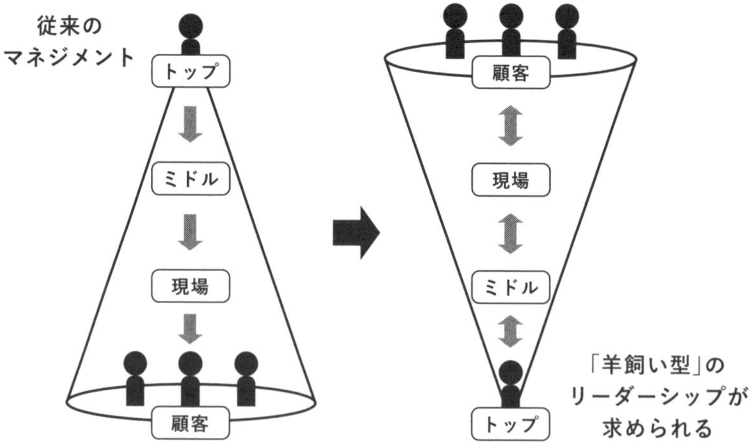

従来の
マネジメント

トップ → ミドル → 現場 → 顧客

顧客 ⇕ 現場 ⇕ ミドル ⇕ トップ

「羊飼い型」の
リーダーシップが
求められる

## ▶ 羊飼い型のマネジメントが必要とされる背景

　前ページ図の左側は、従来のピラミッドに、トップからミドルへ、そして現場の社員へ、という指示系統が存在することを表しています。顧客は一番下に位置づけられ、企業側が提供する商品やサービスは、顧客との対話で生まれるというよりは、企業側が考案し、開発することで生まれ、それが提供される、という構図です。

　一方で、右側のこれからの**ピラミッドは従来のそれとは真逆で反対に表現され、顧客が最上部に位置づけられます。**顧客と最前線でやりとりする現場が組織の一番上に位置づけられ、そこで得られた情報をミドル、そしてトップにフィードバックし、その上で指示を受けて顧客に価値として提供する、ということが表現されています。

　こうしたリーダーシップのあり方が求められる背景は前述しましたが、インターネットの浸透に伴う明らかなスピードの加速化、現場の多様化があります。

　**変化を先取りし、経営に結びつけるには、従来のようなトップが上に存在するピラミッド型のマネジメントでは不十分で、常に現場を筆頭に考え、それを周囲が支える構造を実現しなければなりません。**

　この考え方のシフトは、今、そしてこれから求められる人材マネジメントを考える上で前提となるものであり、重要なコンセプトともいえます。

> **羊飼い型のリーダーシップが必要とされる背景とその効果**

| これまで | これから |
|---|---|
| 生産性重視<br>技術重視<br>確実なオペレーション<br>同一化、均質化<br>階層的なマネジメント<br>法則・ルール重視 | 付加価値重視<br>顧客重視<br>創造的なイノベーション<br>多様化<br>フラットで双方向のマネジメント<br>仮説検証重視 |

**管理的な**
マネジメントが求められる

**委任的、編集的な**
マネジメントが求められる

# 5 根底には相互に「信頼」「感謝」 「尊重」し合う関係づくりが大切

## 人をあるがままに受け入れ合い、自律的に輝かせる文化を育む

### ▶人材マネジメントの必要性は今後ますます高まっていく

ここまで序章として、人材マネジメントとは何か、これからの時代はどのように変わっていくか、そうした中で、人材マネジメントにおいてどのような考え方が求められそうか、ということについて述べましたが、ここまでの話を踏まえ、共通していえることは、**企業経営における人材マネジメントの必要性はこれから益々高まっていく**ということです。

人材が多様化し、経済の先行きが不透明になるにつれ、企業経営者の心理としては、よりコントロールしやすいところに関心が向きます。それはロボットであり、ＡＩ（人工知能）であり、RPA（ロボティック・プロセス・オートメーション）などの仕組みでしょう。

こうした"コンピュータ"は人よりも扱いやすく、経営者のいうことを聞いてくれるので付き合いやすい、というのが実際のところでしょう。技術革新は進み、当然、こうした領域は益々進化を遂げ、私たちの業務の生産性を向上させます。**ただその一方で、人が存在することに変わりはない**のです。

### ▶人材マネジメントの今日的役割とは

では人の役割とは何でしょうか。そして、人材マネジメントの今日的役割とは何でしょうか。

そのことを考えるためにも、企業の経営の歴史を遡り、人材マネジメントのそれぞれの時代における役割を俯瞰してみることが効果的です。

**昔から人材の重要性は変わらないですが、人材マネジメントの役割は変化を遂げてきた**といえます。

1950～70年代の戦後復興期においては、日本企業における人材は同じ会社のもと、家族のように労苦を共にして成長する、ということが前提とされました。まさに創業社長を親分として、その手下の子分が親分の指示を受けて働き、成果をあげるといった家長型のリーダーシップを前提に組織が構成

され、人がマネジメントされました。

それが1980年代に入ると、高度成長期を経て、"ジャパンas No.1"として世界に名だたる日本企業が登場し、人材もまたグローバル展開に一気に弾みがつきました。アメリカを中心に自動車が売れ、不動産投資なども活発に取引されました。

この頃、将来のリーダーはアメリカ系の大学にMBAの取得に派遣され、エリート教育も率先して行われました。企業で働く社員は「企業戦士」と呼ばれ、「24時間戦えますか」が合言葉でした。

しかしながら、1990年代から2000年代に入ると、バブル崩壊の影響から、一気に不況、採用数も極端に減少し、企業で働く人材にとっては冬の時代が到来します。

そうした背景から一気に進んだのが「転職」です。**企業はもう守ってくれない、自分でスキルを磨いて自分の身を守るしかない**、と気づかされたのがこの時代です。

すると人材サービス企業が多数誕生します。人材紹介や派遣ビジネスが活況を呈することになります。一方で、働いても働いても収入が増えない派遣労働人材や転職を繰り返す人材が生まれ、社会問題として認識が高まったのがこの時代です。

**この頃から、人材マネジメントの対象は正社員だけではなく、契約社員や派遣社員も含まれる**ことになります。

そして2010年以降、雇用の流動化は益々進展し、個人が一つの企業で勤めあげることの方が珍しい時代になりました。また、**企業のグローバル化はいよいよ人材のグローバル化につながり**、社員のグローバル人材としての育成はもちろん、多国籍社員の獲得も重要なテーマとなっています。

加えて、**労働人口の減少に伴う人材不足**をいかに解消するかが課題とされ、結果として、**人手に頼らない「自動化」「無人化」や「AI」の導入が進む**、といったトレンドが生まれています。

このように、**人材マネジメントの歴史は経営の歴史そのもの**といって過言ではありません。そして時代の変遷と共に、人材マネジメントの対象となる変数は増え、難易度は増し、それと比例するように、重要度も増してきているといえます。

## ▐経営資源としての「人」の重要性

　いつの時代もその形は様々であるものの、企業は人材によって支えられていることが分かります。「企業は人なり」とはいうものの、具体的に企業における「人」の重要性とは何でしょうか。

　それは大きく次の4つに分けられます。

### ❶企業におけるイノベーションの担い手であること

　企業がイノベーションを起こす際、そこに必ず人が存在します。ロボットはオペレーションは得意でも、今のところ、イノベーションを生み出すことができません。**イノベーションを起こせるのは今のところ人だけ**です。

### ❷希少な存在であること

　イノベーションを生み出せる人、というのはとても希少な存在です。しかも**その業界や顧客への理解や人間関係などの蓄積が加わると、他に置き換えの利かない存在**になります。

### ❸成果が何倍にもなる可能性を秘めていること

　ロボットやコンピュータは原則として、入力した内容にもとづき、想定できる範囲で成果を出すのに対し、**人はモチベーションが高まったり、何かのひらめきによって、成果を何倍にも拡大する可能性を秘めています。**

### ❹次の時代に向けて人を育成すること

　**人は人を育成し、次の世代につないでいくモチベーションを有しています。**これもロボットや他の資源が持たない能力であり、人にしかないかけがえのないものです。それにより人に支えられた組織やチームは長年に渡り活動を続けることができますし、少しずつではあっても成長と進化を遂げることができます。

　このように企業にとって「人」はとても重要な存在であり、いつの時代も人材を活かすことができる企業が成果をあげられる、ということが容易に想像がつきます。

## ▶ 自立的・自律的な行動を生み出す"ウェイ"という概念

　では、この希少で貴重な存在である「人」の力を最大限に引き出すために組織がやるべきことは何でしょうか。その一つに「ウェイ」で人を動かす、ということが挙げられます。

　そもそも「ウェイ」とは何でしょうか。トヨタウェイ、ＨＰ（ヒューレットパッカード）ウェイなどでよく知られるようになった言葉ですが、**ウェイとは「その企業らしい、人や組織の動かし方」を表します。**

　トヨタには「**カイゼン**」というウェイがあり、カイゼンはまさに、組織を動かすだけでなく、人を動かす重要な考え方として定着しています。

　また、東京ディズニーリゾートでは「**SCSE**」という行動基準が社員に定着しており、SCSEは、Safety（安全）、Courtesy（礼儀正しさ）、Show（ショー）、Efficiency（効率）の頭文字をとったものとして、ディズニーリゾートで働く全キャストにとって、お客様であるゲストに最高のおもてなしを提供するための判断や行動のよりどころとなっています。この「SCSE」は、その並びがそのまま優先順位を表しています。

　このように、ウェイはあくまで企業と人をつなぐものとして存在し、人が現場で自立的、かつ自律的な判断をする際のよりどころとして存在しています。**人の力を信頼し、現場を任せる企業にはこうしたウェイが共通して受け継がれている**といえます。

---

ウェイとは

### その企業らしい人や組織の動き方・動かし方

強い組織の基盤となるミッション・ビジョン、仕組みなどを共通の価値観として明確にして、トップと現場を緊密に結びつけるもの

方向性だけではなく、現場の状況を判断する評価軸

## ▶人材マネジメントの根底に「人」に対する信頼あり

　人材マネジメントは、企業にとって最も重要な存在である「人」をいかにマネジメントし、効果的に力を発揮できるようにするかを考えることを指します。**その際に大切なのが、「人」は感情を持った生き物であり、その感情一つでモチベーションが異なり、そのモチベーションが成果をゼロにも100にも、1000にもする**ということです。こうした特徴を持つ、「人」という資源の力を最大限に引き出すには「信頼」することが欠かせません。

　そのために必要なことは、その人の持つ個性をあるがままに受け入れるスタンスを組織が持つことです。**人材を組織に合うようにデザインするのではなく、その人材の持つ個性に着目し、編集するスタンスがこれからの組織には必要**とされます。

　互いの信頼をベースにした組織は、社員の「心理的安全性」を高めることができます。

　「心理的安全性」については、第6章の216ページで解説しますが、社員が安心感を持って働けることは、組織の生産性を高めるのに必須の要素であるといえます。

## ▶任せることが信頼感につながる

　企業から人が「信頼されている」と実感して働く組織と、その反対とでは、成果に雲泥の差がつきます。**信頼感は使命感のベース**とされます。信頼してくれている存在に対して人は使命感を持ち、何とか役に立てるように仕事をすると考えられます。

　したがって、**人材マネジメントのベースには「信頼」を置く必要がある**のです。

　具体的に、どのようなアクションが人に「信頼」を感じさせるのでしょうか。分かりやすくいうと「**任せる**」ということと「**責任を企業がとる**」ということです。

　**「任せる」についてはいちいち口を挟むのではなく、目的と目標と制約条件がすり合わされていれば、あとは信じて任せる**ということです。

　サントリーの理念にある「やってみなはれ」の精神がそれに該当します。「やってみなはれ」と社員を信じて任せる。そのスタンスが必要です。

## ▶責任はこちらがとる、という姿勢を示す

　もう一つは何かあった時に「責任を企業がとる」ということです。個人に責任を押しつけるのではなく、企業が指示をして行った業務であれば、**最終的に責任をとるのはあくまで企業であり、経営者となります。このスタンスをしっかりと示すことで、社員に思い切りやらせることが効果的**です。

　ソニーの創業者である井深大氏は、社員が「人とお金」を気にして仕事をし始めたことを危惧して、人とお金は無尽蔵にあると思って開発にいそしむように伝えていたようです。これは人やお金が足りなければ何とかする、という企業の姿勢と責任、覚悟を示すことにつながったはずです。そうした強いバックアップを感じれば社員はきっと力を振り絞って貢献してくれるに違いありません。

## ▶感謝・尊重し合う職場づくり

　企業が人を信頼することの効果と重要性について触れましたが、それに加えて、**社員同士が互いの個性を認め、あるがままを理解し、「感謝」と「尊重」し合う職場風土をつくり上げることも、「人」のポテンシャルを最大限に引き出す**ことにつながります。

　ここで大切なのは「互いを知る」ことの重要性です。心理学者のエーリッヒ・フロムは「愛することは知ることである。愛するための努力は知るための努力である」と言っています。**社員同士が互いを知るための努力をすることが職場の風土を良くしていく上で大切なこと**です。

　「感謝・尊重し合う職場」の反対が、「足を引っ張り合う職場」です。他の人がやろうとすることを羨み、時に妬み、何とかして阻止し合おうとする組織がそれにあたります。

　利害関係の存在を避けることは難しいといえますが、**人は「感謝」「尊重」が向けられると、周囲に対して返す「返報性」という特性が備わっています。**

　つまり、足を引っ張り合うネガティブな循環をつくるか、互いに尊重し合って手を差し伸べ合う循環をつくるかは、その起点となる経営者や職場のリーダーの思想、働きかけに大きく影響を受けます。

　経営者や職場のリーダーが周囲の社員の存在に感謝し、考えや行動を尊重するスタンスを示すことが、好循環を生み出す起点となります。

人材マネジメントの根底には「信頼」「感謝」「尊重」があり、それが職場の心理的安全性を高め、活力を生み出します。そして、その循環は企業のリーダーである経営者や、職場の長であるリーダーが担っているといっても過言ではありません。

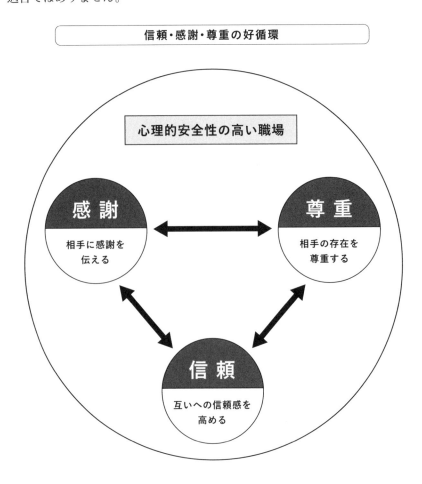

信頼・感謝・尊重の好循環

心理的安全性の高い職場

感　謝
相手に感謝を
伝える

尊　重
相手の存在を
尊重する

信　頼
互いへの信頼感を
高める

第 1 章

# 人材マネジメントの
# 目的と役割

第1章ではより具体的に人材マネジメントの目的や役割、構成
要素、機能などについて解説します。また、経営戦略やビジネ
スモデルと人材マネジメントの関連性についても触れていき
ます。

# 1　人材マネジメントの目的と効果

**個の能力を最大限に発揮することを通じて組織の目標を達成する**

## ▶人材マネジメントの目的

序章で、人材マネジメントとは「個人（社員やメンバー）が、所属する組織や社会のために、能力を最大限に引き出し、発揮することを支援する組織の関わり」と定義しました。

では、人材マネジメントの目的は何でしょうか。

企業は掲げる目標の達成に向けて一丸となるためにあらゆる資源を効果的に活用することが求められます。人、モノ、カネ、情報……など様々な資源が存在しますが、「人材マネジメント」はその資源の重要な一つの要素である**「人材」が活躍できる環境をつくり、効果的に組織として活用する**ための、総合的な人事施策であり、重要な戦略といえます。

「人材」という資源はモノやカネといった資源とは異なる側面を有しています。それは使用することによって総量が減らない、ということです。むしろ、**様々な場面で経験を積むことによって「人材」としての価値をさらに高めることができる**性質を持っています。

人材マネジメントはこうした性質に着目し、「人材」を「人財」として扱い、重要な資源として積極的に活用することによって、企業が掲げる経営理念や目標の達成に貢献することを目的としています。

「人財」として扱うということはどういうことかについては後述します（39ページ参照）。

## ▶人材マネジメントの効果

では、人材マネジメントがもたらす効果はどういうものでしょうか。企業はもちろん、組織で働く個人にとっても大きな効果をもたらします。

## 企業にとっての効果

- 経営理念の実現に向けた成長につながる
- 組織活性化による相乗効果を生む
- 企業と個人間のエンゲージメント（愛着心、思い入れ）を向上させる
- 社員の定着につながる
- 各職場における社員の管理コストを低減できる　　など

## 個人にとっての効果

- 役割が明確になり、業務を効率的に行うことができる
- 明確な評価により、自己の働きを客観化できる
- 給与や賞与により、業務の対価を得ることができる
- モチベーションの向上につながる
- キャリア形成、スキルアップを実現できる
- 人間関係を形成できる　　など

このように、**効果的な人材マネジメントは、企業の成長のみならず、個人の成長や精神的な充足をもたらす**ことにつながります。

## ▶企業成長と人材成長の両立

　人材マネジメントが企業、個人双方に効果をもたらす上で重要になるのは、その２つの成長を両立させるということです。

　例えば、企業の成長を重視する際に、指示を強めることで社員の自由な発想や行動機会を奪い、大切な資源である社員のモチベーションを下げてしまっては意味がありません。

　一方で、社員の主体性やモチベーションを重視するあまり、企業からの指示に従わない状況が生まれたとしたら企業としての成長は実現しないでしょう。

　人材マネジメントにおいては、常に**企業としての成長と個人の成長の双方が実現されるバランスが求められる**のです。そのためには具体的な運営上の仕組みが必要とされます。

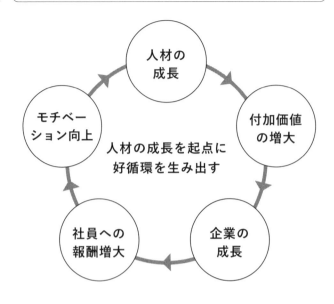

企業の成長と人材の成長の双方を実現する

人材の成長

付加価値の増大

企業の成長

社員への報酬増大

モチベーション向上

人材の成長を起点に好循環を生み出す

## ▶人材マネジメントと人事労務管理の違い

　人材マネジメントと似たような概念に「**人事労務管理**」があります。「人材マネジメント」を理解するうえで、この違いを押さえておきましょう。

　人事労務管理は、「人事管理」と「労務管理」の2つに分けられます。「**人事管理**」は採用、配置、人事考課など労働者の適材適所を目指した雇用管理を指し、休業や休暇のシステムを構築する時間管理や、給与体系や退職金、その他各種手当てなどの賃金管理、安全・衛生管理などを対象とします。一方、「**労務管理**」は 福利厚生や労使協調体制の構築などの管理を意味します。

　**人材マネジメントはこの人事労務管理に「経営的視点」が加わる**と考えると良いでしょう。人材マネジメントは人事や労務上の管理を意味するだけでなく、**経営理念や目標の達成を前提に、さらに経営戦略や外部環境の変化を前提に、企業や個人の成長を実現するためのトータル的な考え方**といえます。

　また序章で述べたように、**対象が社員とは限らず、契約社員、業務委託社員、フリーランスなどの外部人材も含めた考え方**でもあります。

## ▶人材マネジメントの成果は何で評価されるべきか

人材マネジメントは企業と個人双方の成長を目的としますが、具体的には何を目的に行われ、何によって達成度が評価されるべきでしょうか。

**企業活動は継続を前提にしているため、その達成度は「短期」と「中長期」に分けて評価**されるべきです。

まず人材マネジメントの**短期的な目的**は、「企業の経営目標や方針の達成に貢献してもらうための人材の評価と処遇」にあります。そしてその達成度の評価は、

①企業の経営目標や方針への貢献度
②人材の評価に対する満足度、処遇の納得度
③上記が公正・公平であるかどうか

という視点で行われます。次に**中長期の目的**は「持続的な成長を実現するための人材の獲得、育成」となります。その達成度は、

①企業の経営目標や方針に寄与する人材が継続的に獲得できているかどうか
②社内の人材が効果的に育成されているかどうか

という点で評価されます。

これらの具体的な評価基準は企業によって異なりますが、このような視点から、できるだけ客観的な達成基準を置いて取り組むことが必要とされます。

---

| 人材マネジメントの達成基準 | |
|---|---|
| 短期的<br>達成基準 | ①企業の経営目標や方針への貢献度<br>②人材の評価に対する満足度、処遇の納得度<br>③上記が公正・公平であるかどうか |
| 中長期的<br>達成基準 | ①企業の経営目標や方針に寄与する人材が継続的に<br>　獲得できているかどうか<br>②社内の人材が効果的に育成されているかどうか |

## ▶人材マネジメントのポイント

人材マネジメントを考える際に大切なポイントを２つ挙げます。

１つ目は**企業の「経営理念」や「目標」を踏まえる**ということです。

ここがずれていると、人材マネジメントの本来の目的が達成されないことになります。いわば、**経営理念や目標は、人材マネジメントにおける「軸」となります。「軸」がはっきりしていることは、様々な判断が求められるシーンにおいて一貫性を担保する上で大切**です。

逆に「軸」が存在しなければ、場当たり的な判断が行われ、結果として人材マネジメントが機能しないことにつながります。

２つ目は**「競争優位性」や「らしさ」を踏まえる**ことです。

企業経営においては常に競合が存在します。競合と比べて差別化された商品や付加価値の高いサービスを提供することで企業は成長を遂げることができます。そして、こうした競合との「差」を生み出すのは企業の経営に関わる個人になります。

ここで**自社の競争優位性を踏まえた人材マネジメントが行われていれば、社員は現場でどのような行動をすれば良いかが明確になるので、競合との差を実現する可能性が高まります。**

逆にこうした競争優位性や「自社らしさ」が意識されないマネジメントが行われていると、短期的な成果は出るかもしれませんが、中長期的には差が失われてしまうことにつながります。

人材マネジメントにおいてはこの２点をポイントとして理解しておくことが大切です。

# 2 人材に対する企業の役割

人材を「人財」として扱い、物質・精神共に豊かにする

## ▶人材に対する企業の役割とは

そもそも企業は人材に対してどのような役割を担っているのでしょうか。**企業は社員を雇用し、その社員を活用することで経営理念や目標の実現を計画する存在であることから、社員に対しても様々な義務を負います。**

具体的には労働基準法などの法律で制定されている義務はもちろん、社会的責任の範囲からも、倫理的に社員を対等な存在として扱い、尊重して接することが求められます。

企業の成り立ちを振り返ると、戦前の企業では労働者はすなわち経営の資源ではなく、いわば「材料」という扱いでした。使い捨てのような存在で、そこに人としての尊重はなく、雇用される労働者側もそのことを前提にしていました。

しかしながら時代の変化と共に、「個人」の権利が保証され、次第に力を握ることができるようになりました。そして、現代においては雇用も流動化し、インターネットが普及したことで、個人はどこからでも情報にアクセスすることができ、企業との格差は縮まりました。昔であれば考えられなかった国をまたいでの就職や転職も一般化しました。

**こうした変化を前提に、企業が人材に対して発揮すべき役割は当然のことながら変化を遂げてきており、個人側もそのことに敏感になっている**といえます。

## ▶マズローの5段階欲求説にみる企業の役割

そうした個人の側の変化を前提に、企業の役割への期待も変化しています。そのことを考えるうえで役に立つのがマズローの提唱した「**5段階欲求説**」です。

マズローの5段階欲求説とは、次ページの図のように人間の欲求は5段階のピラミッドのように構成されていて、**低階層の欲求が満たされると、より高次の階層の欲求を欲する**とされる考え方です。

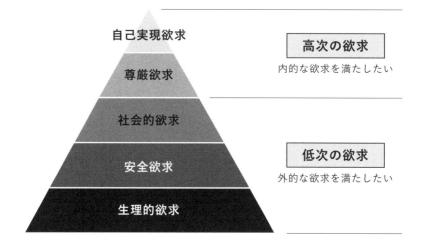

マズローの5段階欲求説

自己実現欲求

尊厳欲求

社会的欲求

安全欲求

生理的欲求

**高次の欲求**
内的な欲求を満たしたい

**低次の欲求**
外的な欲求を満たしたい

## ▶ 低次欲求を満たし、安全・安心の心理をもたらす

　第1階層の「**生理的欲求**」は、生きていくための基本的・本能的な欲求のことです。**人間はどんな時でもまず何よりこの欲求を満たしたい**と欲します。

　この欲求がある程度満たされて初めて、次の階層「安全欲求」を求めるようになります。

　企業が社員に対してこの欲求を満たす環境を提供することは今では当たり前ですが、昔はそうではありませんでした。


　次に、第2階層の「**安全欲求**」は、危機を回避したい、安全・安心な暮らしがしたいという欲求です。**最低限の暮らしや生活環境を確保したい**という欲求です。

　企業の役割に置き換えると、安心して、安全な環境で働ける環境、職場を用意することが挙げられます。

　なお、この「安心」や「安全」のレベルも時代や環境によって変化します。ある国では当たり前のことが、ある国ではそうではない、ということもあります。

　また性別や年齢、立場によって解釈が異なることもあります。こうした

様々な解釈を前提に考える必要のある欲求といえます。

　この「安全欲求」が満たされると、次の第3階層である「**社会的欲求（帰属欲求）**」を求めるようになります。この欲求が満たされないとき、人は孤独感や社会的不安を感じやすくなるといわれます。

　この段階では企業はその**個人に対してチームであること、仲間であることを客観的にも用意する**必要があります。例えば仕事が与えられないとこの欲求が阻害されます。自分の所属する部署でしかるべき役割を任せられることが大切になります。

　なお、**ここまでの欲求は、外的に満たされたいという心理から出てくる欲求で、この先は内的な心を満たしたいという欲求に変わります。**

　ここまで解説した欲求を**低次欲求**、これから先に解説する欲求を**高次欲求**と呼びます。

## ▶高次欲求を満たし、能動的な行動を生み出す

「社会的欲求」の次に芽生える欲求は、第四階層である「**尊厳欲求（承認欲求）**」です。これは**他者から認められたい**、という欲求になります。

　企業は会社としてまたは部署として、そして日々において上司や同僚として、個人に対して承認を提供することを怠ってはいけません。

　人は体の栄養は食べ物から補給し、心の栄養は承認を通じて補給するともいわれています。**日々の声掛けをはじめ、まず相手の変化に気づき、それを言葉にして表現することが大切**になります。

　そしてその「尊厳欲求」が満たされると、最後に「**自己実現欲求**」（**自分の能力を引き出し創造的活動がしたい**など）が生まれます。

　他者に何かを求めるというより、自分の活動や成長に強い関心を持つようになります。

　この段階になった時に気をつけるべきは、企業が用意する仕事の範囲で自己実現を果たしてもらうように相互に関わり合うことです。

　社員が描いている自己実現欲求を満たす矛先が今の仕事にない場合、その社員は欲求が満たされないことから不満を抱えてしまうでしょう。こうなると企業にとってもいい状況ではありません。

かといって、個人の欲求をすべてそのまま、誰に対しても認めるということができるわけでもありません。

　**大切なのは企業と個人が対話を繰り返しながら、個人にとっての自己実現の領域が、企業が求める事業や仕事と重なっている状況をつくり上げる**ことです。

　前段の解説の繰り返しになりますが、個人は今や企業と対等な関係に近づきつつあります。特に能力の高い個人ほど、他社に転職もできるし、自ら起業する力も有しています。こうした力をそなえた個人と企業が相互に相乗効果を発揮しながら成長し合える環境づくりがこれからの理想となります。

　企業は、自らの目標の実現において、社員として、それ以外の立場としても、個人の力を最大限に引き出すために、法的に定められた役割や義務を果たすだけでなく、**承認を与え、自己実現を支援することにより高次の欲求を満たすことも考え、行動する時代である**、といえます。

# 人材マネジメント 3つのステップ

## 人材の獲得、活用、退出を効果的に運用する

### ▶人材マネジメントの構成要素

　人材マネジメントを構成する要素は、企業と人材の接点を「時間軸」にとることで大きく3ステップに分けられます。

　最初のステップは「**人材の獲得**」です。ここは新卒採用、中途採用、ヘッドハンティング、業務委託などの契約、そしてM＆Aといった人材の獲得手法の検討が必要です。

　次のステップは「**人材の活用**」です。ここでは獲得した人材をいかに迅速かつ効果的に育成するか、処遇や配置、評価によってモチベーションを高め、能力をうまく業務にあてはめながら力を発揮してもらうか、という視点が含まれます。

　そして最後のステップが「**人材の退出**」です。活躍した人材もいずれ企業を離れる時が訪れます。退出の方法は様々ですが、退職が大半を占めます。退職も昔のように一律に定年退職が当たり前ではなくなり、中途で退職をする社員も増えていますし、会社の都合で早期退職を促すケースも増えてきました。

　このように、人材の獲得→活用→退出を繰り返すことで、企業は組織として進化していきます。また個人も、企業を活用することで、自らのキャリアを形成することができるようになります。

　**これらの要素は通常の人事業務と一致しますが、人材マネジメントではこれらの要素を単独ではなく一体的に扱う、という大きな特徴があります。**

　先に解説したように経営者の思いや企業が掲げるビジョン、その企業の競争優位性といった経営における重要な要素を意識的に取り込み、その実現を目指して戦略的に運用される人材マネジメントこそが、社員をはじめとした個人と企業の成長に大きく寄与することになります。

　では、それぞれのステップごとにポイントを整理しましょう。

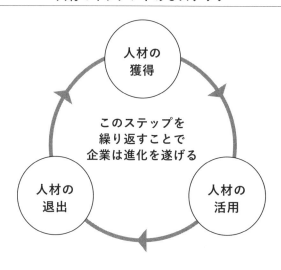

人材マネジメントの3ステップ

人材の
獲得

このステップを
繰り返すことで
企業は進化を遂げる

人材の
退出

人材の
活用

## ▶「人材の獲得」における重要なポイント

　人材は企業にとって重要な資源です。人なくして企業活動は成立しません。しかしながら現在、ＡＩの活用や自動化によって必ずしも人に頼らなくても業務を遂行できる環境が整ってきました。また、国内のみならず、海外からの人材も日本で活躍するシーンが増えてきました。学生のキャリア意識も変化し、企業側もそれに対応してこれまで長く続いてきた新卒一括採用の動きを見直す環境も整ってきました。

　こうした中、**人材の獲得手段も多様化しています。今、まさにゼロベースで獲得方法を捉え直すべき時代が到来した**といえるでしょう。

　人材の獲得は主に以下の５つに分けられます。

　①新卒採用
　②中途採用
　③契約社員・派遣社員の活用
　④外部パートナーの活用
　⑤Ｍ＆Ａ

　こうした手段の詳細については後述しますが、これらを効果的に組み合わせていくことが必要です。

その際の判断軸が、2つあります。

　1つ目は、"戦略を遂行し市場で競争力の優位性を誇示するために、どのような人材を獲得すれば良いか"という点です。2つ目は、"いかに効率的に優秀な人材を獲得するか"ということです。

　この2つの軸を意識して人材を獲得する戦略を立案する必要があります。

### ▶ 「人材の活用」における重要なポイント

　獲得した人材を効果的に活用することは最も重要なことです。まさに生かすも殺すも企業次第、といったところでしょうか。どんなに優秀な社員を獲得しても、十分に活用できる組織や戦略が存在しなければ宝の持ち腐れになってしまいます。一方で、どんな人材であっても育成し、成果をあげる一人前の存在に変えてしまう企業もあります。

　では人材を活用する上で企業に求められることは何でしょうか。ここでは3点に分けてポイントを解説します。

　1つ目に、**適材適所を実現できているか**という点です。個々の能力やスキル、パーソナリティを十分に踏まえた上でその人材に適した職務を与えることが重要です。必ずしも本人の意向を踏まえるだけでは適材適所は実現しません。企業側ができるだけ客観的に人材の特徴や適性を把握する仕組みを持つことが欠かせません。

　2つ目に、人材を育成することです。この際の**育成は短期的な視点と、中長期的な視点を組み合わせる**必要があります。

　**短期的な視点**とはまさに、今従事している業務の成果を高めるための育成です。具体的には業務知識をインプットする、業務に関わる交渉スキルを磨く、人脈を形成するなどです。

　一方で、その人材が生涯に渡ってその業務に従事するわけではないので、企業は次のステップを用意し成長を促していく必要があります。そこで必要になるのが**中長期的な視点**による育成です。一見すると今の業務に役立つものではないので疎かになりがちですが、じっくりとスキルや考え方を育んでいくのも、企業にとって大事な取り組みになります。

　そして3つ目に、**エンゲージメントを高めながら業務に従事してもらえる環境を整える**ことです。エンゲージメントとは社員と企業の繋がりや絆を意味します。

人はのめり込んで打ち込むと成果が高まる性質を持ちます。エンゲージメントを高めることは、仕事にのめり込む度合いを高めることにつながります。

## ▶️ エンゲージメントを高めるには

では、エンゲージメントを高めるにはどのような働きかけが必要でしょうか。**いかに適材適所を実現し、スキルを身につけてもらっても、意欲が欠けてしまうとその人材の力はゼロに近くなります。**

意欲は"掛け算"で考えるもので、意欲ゼロは、すべてをゼロにしてしまう一方で、意欲が10にも、100にもなればそれまでに培ったスキルも多大に発揮されるようになります。

**エンゲージメントを高めるためには、社員に対する「外的報酬」と「内的報酬」の双方を高める**必要があります。

「**外的報酬**」とは、給与や賞与、昇格や昇進などの報酬です。こちらは成果に見合う報酬を提供することはもちろん、将来的な期待を与えることも大切になります。

それに対し「**内的報酬**」とは、企業や職場の上司からの承認や称賛、仕事そのものの達成感や仲間意識を指します。**こうした内的報酬は個人の意欲に影響を与えるだけでなく、チームの相乗効果を生み出す**ことにつながります。

企業はこの両側面の報酬を社員に与えることでエンゲージメントを上げていく働きかけを継続して行っていく必要があります。

外的報酬と内的報酬

| 外的報酬 | 内的報酬 |
|---|---|
| ・給料　・昇給<br>・昇進、昇格　・地位　など | ・成長　・やりがい<br>・充実　・関係性　　など |

## ▶️ 「人材の退出」における重要なポイント

3ステップの最後が「人材の退出」です。

企業は成長を繰り返すことによって事業や商品、サービスを刷新し、時代

に合った価値を提供していくことが求められます。その過程においては経験に加え、新しい知見を取り入れ、それを活用するだけでなく、時に不採算となった事業を見直し、資金を効果的に振り分けながら企業を成長させていくことが求められます。それにより社員はもちろん、株主や債権者、社会などのステークホルダーに貢献していく義務を負っています。

　上記のように、**企業の経営は原則としてゴーイングコンサーン（企業の継続性）として考えられ、永遠に継続していくことが前提とされます。それに対して企業の社員は入れ替わります。**

　例えばリクルート社は人材輩出企業として長く知られている企業の一つですが、人材の流動性が高いことで知られています。定年退職まで勤め上げる社員の割合は他の企業に比べ圧倒的に低く、多くの社員が途中で退職し、他の企業に移るか、自ら事業を起こす社風を今もなお維持しています。

　一方で、大半の日本企業はこれまで終身雇用の枠組みの中で、60歳定年までは一定の枠組みの中で雇用を保障し、仕事を提供し、会社への貢献を求めてきました。したがって、大半の日本企業における「人材の退出」は今もなお定年退職を意味する場合が多いといえます。

　しかしながら、**時代は変わり、就職先も多様化している中、今の若手人材の意識は必ずしも一社を勤めあげることではなくなっています。**

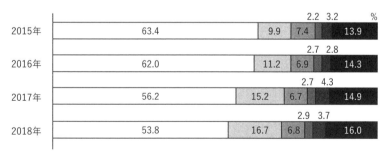

**雇用意識の変化（一社で勤めあげようと思う割合）**

| | | | | | | % |
|---|---|---|---|---|---|---|
| 2015年 | 63.4 | 9.9 | 7.4 | 2.2 | 3.2 | 13.9 |
| 2016年 | 62.0 | 11.2 | 6.9 | 2.7 | 2.8 | 14.3 |
| 2017年 | 56.2 | 15.2 | 6.7 | 2.7 | 4.3 | 14.9 |
| 2018年 | 53.8 | 16.7 | 6.8 | 2.9 | 3.7 | 16.0 |

☐ できれば今の会社で働き続けたい　　そのうち転職したい　　いつかは起業したい
■ フリーランスとして独立したい　　■ 家庭に入りたい　　■ わからない

〈出所〉トーマツイノベーションによる調査
※トーマツイノベーションが東京、横浜、大阪、名古屋で新入社員の研修の受講者にアンケートをとった調査結果

こうした変化を前提に、企業は様々な「退出」の方法を用意する必要が生まれています。

　定年退職年齢を早めに設定するといった方法だけではなく、一定の基準を満たす社員には休職機会を提供する、または退職をした場合であっても出戻りを認め、一度会社を離れた人材であっても再度雇用するといった仕組みも一般化してきました。

　こうした退出の仕組みは退職金制度との関連も深く、国の年金システムが期待できない中、社員は保守的になる傾向もあることから、いかにチャレンジ精神を維持しつつ、長期間従事してもらうか、という点も企業が考えるべきテーマとなっています。

　そうした中、注目されているのが「副業」です。すでに多くの企業では社員に副業を認める動きが定着しています。**副業を認める目的は様々ですが、そこには先に述べた背景や変化を前提に社員の自立を促す目的もあります。**

　企業には社員の雇用を保全しつつも、チャレンジ精神を維持してもらうための退出の仕組みを考え、運用していくことが求められます。これからの時代、勤務形態が多様化する中で、退出の仕組みも多様化していくでしょう。

### 企業を取り巻く変化と「退出」の仕組みの変化

| | これまで | 今後 |
|---|---|---|
| 背景 | 人材の均質化<br>新卒一括採用 | 人材の多様化<br>採用難 |
| 従来 | 転職<br>グループ内出向・転籍<br>中途退職<br>定年退職 | 転職<br>グループ内出向・転籍<br>中途退職<br>定年退職 |
| 新しい仕組み | | ＋<br>他社出向<br>長期休職<br>一時離職（再雇用あり）<br>独立・起業　など |

選択肢が多様化

# 4 経営戦略と人材マネジメント

## 経営理念と目標を達成するマネジメント

### ▶経営戦略とは

前述したように（36ページ参照）**人材マネジメントは経営戦略と連動することが大切です。**では、そもそも経営戦略とは何を意味するのでしょうか。企業がステークホルダーに貢献しながら社会に価値を提供し、成長し続ける上で必要になるのが以下の3つの要素です。

　①経営理念
　②目標（ビジョン）
　③経営戦略

まず①の「**経営理念**」とは企業の存在意義や社会的な役割を意味します。なぜその企業が存在する必要があるのかを説明するものが経営理念です。

例として、Hondaの理念は「人間尊重〜三つの喜び（買う喜び、売る喜び、創る喜び）」です。Hondaは自動車や最近ではジェット機の開発と販売を通じて喜びを提供することを基本理念としています。

次に、企業は理念に従って②の「**目標（ビジョン）**」を設定します。目標は一般的には単年度の目標と、中長期的な目標（3〜10年）の双方が設定されます。なお目標は数値で表される定量的な目標と、数値以外の状態で示される定性的な目標の双方が存在します。

そして、経営理念を軸に、目標を達成するための策として立案されるものが③の「**経営戦略**」です。経営戦略をできるだけ端的に表すと、「競合の存在を前提に、目標を達成するために、経営資源を最適に配分するルール」です。人、モノ、カネなどの経営資源を最適に配分するための指針が経営戦略となります。

**人材マネジメントはこうした経営理念を軸に、目標を達成するために、最適な経営資源配分のルールに基づいて行われる**ことになります。

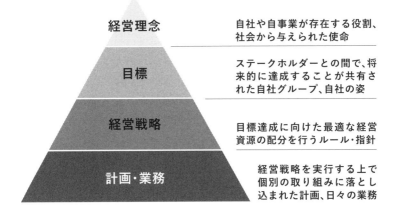

経営理念、目標、経営戦略

| | |
|---|---|
| **経営理念** | 自社や自事業が存在する役割、社会から与えられた使命 |
| **目標** | ステークホルダーとの間で、将来的に達成することが共有された自社グループ、自社の姿 |
| **経営戦略** | 目標達成に向けた最適な経営資源の配分を行うルール・指針 |
| **計画・業務** | 経営戦略を実行する上で個別の取り組みに落とし込まれた計画、日々の業務 |

## ▶経営戦略の実現に向けて必要な能力を特定する

では、経営戦略における人材マネジメントの位置づけ、重要性について触れていきましょう。

経営戦略において人材マネジメントが効果を出すためにまず必要とされるのが、経営戦略の実現に必要な能力を特定することです。

企業が経営戦略の実現に向けてどのような能力に秀でている必要があるかを把握することは、人材マネジメントを行ううえで重要な鍵となります。

**特に重要な点が、企業が持つ競争優位性を見極めることです。一般に企業の競争優位性はその企業特有の強みによってもたらされます。**この企業の中核的な能力を「**コア・コンピタンス**」と呼びます。企業はコア・コンピタンスに従って必要な能力を特定します。

特定の職務や個人が成功するための要件を定義した企業の「コア・コンピタンス」を明らかにすることは、経営戦略と人材マネジメントを結ぶ手段の一つとなります。

具体的には次のような問いをもって特定していくことが効果的です。

「組織が最も得意とすることは何か?」
「組織が目標を達成するためには、どのような能力に秀でている必要があるか?」

この点を踏まえ、企業が戦略をうまく具体化して、進行し、遂行するためには、**どのような人材が必要であるかを正確に見極める**必要があります。

## ▶経営戦略を実現する「組織体制」を構築する

経営戦略の実現に向けて必要な能力を特定できたら、次にこの**能力を継続して発揮できる組織をつくることを考えます。組織のあり方は経営戦略と人材マネジメントをつなぐ重要なファクター**といえます。

まずはなぜ企業が組織を必要とするのかを理解しておく必要があります。詳細は次の項目で解説しますが、企業が経営戦略を実現する上で組織を必要とする際に、以下の点が発揮されることがポイントとなります。

①規模の経済
②範囲の経済
③分業の利益

まず①の「**規模の経済**」ですが、生産量などの活動量が大きくなると、単位当たりの生産コストが低下することを意味します。このように組織をつくることは規模の経済を働かせる目的があります。

次に②の「**範囲の経済**」です。これは組織が複数の事業を行うことによって、おのおの単独で事業を行うよりもコストが低減する効果です。自社が保有する販売チャネルやブランド、技術、生産設備、そして人材を効果的に共用できることはコストを低減するだけでなく事業の成長にも寄与します。

そして③の「**分業の利益**」です。分業によって資源が効率的に配分され専門性が高まる効果を指します。人材の持つ専門性を高めてもらうことで習熟による効果も得られます。

これらの3つの効果を前提に組織をつくります。組織が存在することで目標に向かって統一的な活動ができるようになります。**経営戦略に従って、人材の力を最大限に引き出す役割を担うのが組織です。より効果的な組織をデザインすることも人材マネジメントの重要なテーマ**となります。

## ▶トップダウンか、ボトムアップか

必要な能力を定義し、その力を最大限に発揮させる組織を構築すると、次

に必要になるのがその組織をどう動かすのか、という点です。

組織の指示系統は一般的には上から下の「**トップダウン**」で行われます。実質的に、権限と責任はセットである必要性から、役員、部長、課長、一般社員という指示フローが存在し、上位からの指示により現場での行動が促される構造が組織の枠組みとなっています。

しかしながら、実際には組織はトップダウンだけでは動きません。特にクリエイティブな成果を期待する業務であればあるほど、トップダウンは裏目に出る傾向があります。

現場から「**ボトムアップ**」で、日々の問題意識や改善意識、顧客ニーズをもとに考えたアイデアが生まれる環境を整えておく必要があります。

実は企業にはもう一つ、組織を動かす考え方があります。それは「**ミドル・アップダウン**」という考え方です。

これは現場主体で発案されたアイデアを管理職が吸い上げ、上層部に提案し、ミドルが調整役として機能しつつ、最終的には上層部からの指示で実行されるやり方です。**トップダウンでは得られない現場の考え方を反映する点と、ボトムアップでは運営が難しい全社的な動きを組み合わせた手法です。**

それぞれに長所と短所がありますが、実行したい戦略内容に基づき運用方法を選択することが重要になります。

## トップダウン、ボトムアップとミドル・アップダウン

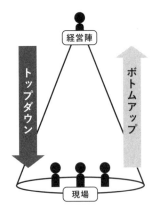
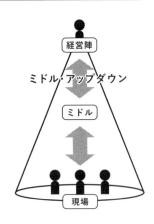

## ◤企業価値を高める人材マネジメント

経営戦略を実行する目的の一つにステークホルダーへの貢献が挙げられます。その尺度として「**企業価値**」が用いられることが一般的になりました。

企業価値とは「各ステークホルダーにとっての当該企業の価値の総和」といえます。これは株主にとっての価値だけを意味しません。消費者に対して、社員に対して、様々な対象に向けた価値です。

下の図からも分かるように企業価値の向上を図るには、企業と直接的、間接的な関わりを持つ利害関係者の価値の向上を図る必要があります。

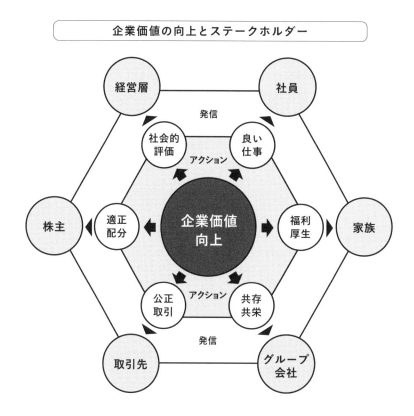

**企業価値の向上とステークホルダー**

こうした価値の向上において重要になるのが社員のモチベーションです。社員が不満を抱えて働くことは、商品やサービスの価値の低下をもたらします。そうすると信頼性の高い商品を提供することができず、顧客の満足度も低下します。そうすると結果的には企業の売上・利益を低下させることにつながり、株主の価値も低下させることになります。

反対に、社員のモチベーションを維持できると、好循環が生まれ、ステークホルダーの価値を高めることになります。

　この際、**社員のモチベーションに直結するのが人材マネジメントです**。このように人材マネジメントは企業価値を高める上での基盤になります。

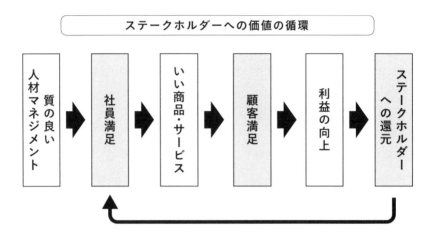

ステークホルダーへの価値の循環

質の良い人材マネジメント → 社員満足 → いい商品・サービス → 顧客満足 → 利益の向上 → ステークホルダーへの還元

## 5 「戦略」が先か、「人材／組織」が先か

経営戦略を実現する組織の効果的なあり方

### ▶戦略と組織の関係

経営戦略と人材マネジメントの関係性について解説しましたが、そもそも**戦略があって組織をつくるべきなのか、組織に従った戦略を描くべきなのか、**どちらでしょうか。

戦略と組織の関係性においては、常にこの2つの考え方が存在しています。**これらの考え方をどう定義づけ、優先順位を保てるか、ということも人材マネジメントにおいて特に重要な意味を持っています。**

経営学において世界的な権威である、アルフレッド・チャンドラーは、"Strategy and Structure"（邦題：『組織は戦略に従う』ダイヤモンド社）において、アメリカの成長企業4社の組織改革の事実をもとに「経営戦略に従って、組織構造も変革される」とする考え方を導き出し、「組織は戦略に従う」と提唱しました。

また、ドラッカーも次のように定義しています。「組織構造は組織が目的を達成するための手段である。組織構造に取り組むには目的と戦略から入らなければなりません。これこそ組織構造についてのもっとも実りある洞察である。」（『マネジメント［エッセンシャル版］―基本と原則』ダイヤモンド社）

これらは戦略がまず考えられるべきであって、**組織は戦略に従って形づくられるものである**、という考え方の参考となります。

一方で、事業拡大マトリクスなどで現在も企業経営に大きな影響力を持つイゴール・アンゾフは、"Strategic Management"（邦題：『戦略経営論』中央経済社）において、**「戦略は組織に従う」**と提唱しています。

例を挙げると、サイバーエージェントの藤田晋氏はインターネット以外はやらないことを前提にしつつも、**「人材にあわせて戦略をつくる」**ということを経営の根幹に据えており、インターネットの領域で若い人が面白がれる事業を選んで事業も人も成長させると宣言しています（参考『ハーバード・ビジネス・レビュー』2015年12月号）。

## ▶ 戦略が先か、組織が先か

「**戦略が先、組織が後**」という考えのもとでは、経営戦略の実現に向けて必要な人材を積極的に外部から獲得する傾向が生まれます。それは企業の目的を優先する、という意味で理に適っています。

しかしその一方で、企業の目的や戦略を優先することにより、社員のやりたいことや、やれることを踏まえない戦略が描かれてしまう可能性もあり、その場合は社員のモチベーションの低下や離反も覚悟しなければなりません。

また、「**組織が先で、戦略が後**」という考え方にもとづく場合は、社員のやりたいことやできることを重視し、いわば"身の丈にあった"戦略を展開できるのに対し、過度に人材を重視することは可能性に制約を与え、組織としての成長スピードを低下させることにもつながってしまいます。

このように、**それぞれに一長一短があることから、"いいところどり"をすることが人材マネジメントでは求められる**と考えるべきでしょう。どちらが先か、という議論以上に、大切なことはすべて取り込むマネジメントのあり方を考え抜くことに意味があります。

| | 戦略が先か、組織が先か | |
|---|---|---|
| | **戦略に組織が従う** | **組織に戦略が従う** |
| **メリット** | ・目標に対して合理的な組織構造を描くことができる<br>・機能面でのダブリなどムダを排除しやすい<br>・目標を達成する上で必要な人員やリソースが揃う | ・社員や既存の組織構造にフィットした事業が選択される<br>・社員の成長や保有するスキル、組織文化に合わせて成長できる<br>・社員の成長、組織の成長を促すことができれば当初の目標以上の成果を生み出すことができる |
| **デメリット** | ・描かれた目標や戦略以上のアウトプットは期待しにくい<br>・合理的な組織設計に偏り、企業の個性（競争優位）が減退しかねない<br>・社員のモチベーションの源泉や成長スピードと、会社の向かう方向性や速度にギャップが生じかねない | ・社員の成長がなされないと、既存の能力、関心範囲に事業成長がとどまってしまいかねない<br>・組織に甘えが生じやすくなり、成長スピードが減退しかねない<br>・目標との重なりがない社員が存在してしまう可能性が生まれる |

## ▶ 組織をデザインする"7S"の視点

経営戦略を実現する人材マネジメントにおいては組織を効果的にデザインすることが重要になります。その際に考えるべきフレームワークとして、"7S"分析が効果的です。

「7S分析」とは、世界的コンサルティング会社、マッキンゼーが提唱した、企業の構成要素を「S」の頭文字を持つ7つに分解し、客観的に自社の立ち位置を診断する手法のことをいいます。

"7S"とは、企業を構成する組織構造（Structure）、システム（System）、戦略（Strategy）、スキル（Skill）、スタッフ／人材（Staff）、スタイル（Style）、共通の価値観（Shared value）、という7つの要素になります。

この7つの要素は大きく2つに分類され、組織構造・システム・戦略は**「ハードの3S」**、スキル・スタッフ／人材・スタイル・共通の価値観は**「ソフトの4S」**になります。

## ▶ 7S分析を用いて戦略と組織のつながりを構築する

この7S分析は、**経営戦略と組織、人材マネジメントのあり方が相互に効果的に連結できているかどうか**、を調べ、対策を練る上で効果的です。

例としてサイバーエージェントを挙げてみます。

サイバーエージェントでは前述したように「人材にあわせて戦略をつくる」ことを価値観として共有しています。その価値観を軸に、インターネット事業をメインに戦略を展開し、大型の企業買収は行わず、自社の社員を積極的に子会社の社長として登用することで戦略を具体的に実行しています。

また、「CAJJプログラム」といった各事業の利益規模に応じた昇格・降格・事業撤退基準を持つことで、成果を上げれば一国一城の主になれる抜擢人事を可能にしています。

一方で、価値観の合わない社員には退職を促せる仕組みを持つなど、徹底して価値観に即した人材マネジメントを展開しています。

企業風土の形成も独特のやり方を持っており、社員をしっかり育成するために「終身雇用」を謳い、「一生懸命やる」企業文化の定着を図っています。子会社をたくさんつくり育てることで、事業の成長が人財の成長につながる風土を形成しています。ユニークなのが二駅ルールというものです。社員が本社の近くに住めば家賃を補助する、という制度です。

このようにサイバーエージェントでは戦略と組織、そして**人材マネジメン**

トを効果的に連結するために価値観を軸に様々な仕組みを自らつくり上げています。

サイバーエージェントグループにおける7S分析

| 組織構造 | 戦略 | 制度・運営システム |
|---|---|---|
| ・事業部制<br>・大型の企業買収をやらない<br>・複数の子会社設立<br>　〜次から次へと事業をつくる | ・インターネット事業が軸足<br>・人材に合わせ事業戦略をつくる | ・CAJJ プログラム<br>　〜各事業の利益規模に応じた昇格・降格・事業撤退基準<br>・成果を上げれば一国一城の主になれる出世レース<br>・ミスマッチ制度<br>　〜価値観の合わない社員は退職 |
| | **価値観<br>（ミッション・ビジョン）** | |
| | ・「人材ありき」<br>「人材にあわせて戦略をつくる」<br>　〜インターネットの領域で、若い人が面白がれる事業を選んで事業も人も成長させる | |
| **スキル** | **企業風土** | **スタッフ** |
| ・若く、モチベーションの高い社員<br>・面白いことをやる<br>・事業そのものに人材育成をビルトインし、早期に成功させる<br>・スピード | ・社員をしっかり育成<br>・終身雇用<br>・「一生懸命やる」企業文化<br>・日本の風土を重視<br>・事業の成長が人材の成長につながる風土<br>・二駅ルール〜社員の仲がいい<br>・隠しごとをしない | ・いい人材の採用へのこだわり<br>・社員のモチベーションへのこだわり<br>・入り口を厳しくすることで社員の自由度を高める<br>・リーダーとしての格を重視<br>・抜擢人事で人を育てる<br>　〜入社間もない若者でも抜擢 |

〈出所〉『ハーバード・ビジネス・レビュー』2015 年 12 月号（ダイヤモンド社）を元に著者が作成

## ▶▶価値観を軸に据え、個性的な組織をつくる

　先の7S分析を通していえることは、**組織をデザインする上では、軸となる「価値観」が与える影響が大きい**ということです。**「価値観」は経営理念ともいえます。**ここがぶれると組織デザインも、人材マネジメントもぶれてしまうことになります。

　「どんな組織をつくりたいか？」という問いに対して、単に「売上をあげる組織」という回答のみであれば、結果としてどこにでも存在する組織しかつくれません。**組織のあり方に理想が存在し、それが価値観として根差すこと**

によって組織に個性が生まれます。そして、その個性ある組織は、当然ながら個性ある商品、サービスを生み出します。

　この価値観のことを序章でも触れたように、「ウェイ」や「イズム」「バリュー」と呼ぶ場合もあります。いずれもほぼ同義と考えて構いません。もっと分かりやすくいい換えると、「自社らしさ」「自社ならでは」の考え方や動き方・動かし方、です。こうした**「らしさ」「ならでは」にこだわった組織づくりをすることも人材マネジメントにつながる大切な要素**といえます。

## ▶ ホラクラシー型組織

　ここまで組織のあり方について触れてきましたが、時代の変化と共に新しい組織のあり方が生まれています。

　その一つが「**ホラクラシー型組織**」です。アメリカの靴通販サイトのZapposが2013年より導入を発表したことで有名になりました。それまでの組織運営構造は主に社長、役員、部長、課長、係長……といった役職にもとづく「**ヒエラルキー型組織**」であったのに対し、**ホラクラシー型組織ではこのようなヒエラルキーが存在せず、意思決定やマネジメントを自律的な個人やチームに分散する形態をとります。**

　それにより組織の経営スピードを高めることができ、従来の「上層部が判断しなければ行動できない」といった状態を回避することができるようになります。また、現場の第一線で活動しているチームの判断で行動することができるので、問題解決も迅速に進めることができるようになります。

　一方で、ホラクラシー型組織を運営するためには、上層部の責任や権限に依存しない、自律した個やチームの存在が欠かせず、また社内に「**ホラクラシー憲法**」とも称されるルールを置くことが必要となります。このルールの中核には組織の共通基盤として存在するミッションや価値観が置かれることになります。

　ホラクラシー型組織運営をしている企業の一つにAirbnbが挙げられます。Airbnbでは役職を全てなくしているかというとそうではなくマネージャー職は存在していますが、いわゆる『指示役』として機能するというよりは『お手伝いをする人』という考え方をベースに機能しています。

　このように**組織構造にはその企業の「ありたい姿」や事業の特性、その企業に集う人材の想いが反映されます**。組織のあり方は社員が生み出す価値に大きな影響を及ぼすため、常に個性を重視して考えることが求められます。

# 6 ビジネスモデルと人材マネジメント

Human Resource Management

ビジネスモデルを支える3つの人材を確保する

## ▶ビジネスモデルとは

人材マネジメントのあり方は、その企業が採択する「ビジネスモデル」によっても大きな影響を受けます。戦略的にどのようなビジネスモデルを構築するかによって、人の採用、育成、配置などは変わってきます。

では、そもそも「ビジネスモデル」とは何でしょうか。

ビジネスモデルとは簡単に表現すると「**その企業の儲けの型**」です。どのように儲けるのか、ということを表したビジネスのスキームといえます。

典型的なビジネスモデルをいくつか挙げてみましょう。

一つ目は「**広告モデル**」です。

これは商品そのものの価格を抑えたり無料にしたりして、商品を媒体として広告を掲載することで広告料を得るモデルを指します。

分かりやすいのがLINEやFacebookなどのSNSです。これらを利用するのにユーザーは利用料を払っていません。一方で、多数の広告を受け取っています。事業はこうした広告主のスポンサーによって成り立っています。

もう一つは「**ライセンスモデル**」です。

これは開発済みのモノやサービス形態について2次利用する権利（ライセンス）を売買し、2次利用「させる」ことや2次利用「させてもらう」ことで収益を上げるビジネスモデルです。

セブン-イレブンのようなコンビニエンスストアなどがイメージしやすいですが、他にもシステムの独占的な販売ライセンスを得て、それを販売し、収益をあげるような企業も該当します。

このように戦略的に考え抜いた上で、「儲けの型」まで発展させた状態がビジネスモデルといえます。

| 広告モデル | 商品そのものの価値を抑えたり無料にしたりして、商品を媒体として広告を掲載することで広告料を得るモデル |
|---|---|
| 粗利合計モデル | 消費者を呼び込む目玉商品を用意しておいて、「ついで買い」を狙うことで、トータルの粗利で収益をあげるビジネスモデル |
| 副次利用モデル | 同じ商品を2度、3度と利用して収益をあげる |
| ライセンスモデル（フランチャイズモデル） | 開発済みのモノやサービス形態について2次使用する権利（ライセンス）を売買し、2次利用「させる」ことや2次利用「させてもらう」ことで収益をあげるビジネスモデル |
| サブスクリプションモデル | 商品やサービスを定期的に使い続けてもらい、売り上げを確実にあげていくモデル |
| コレクションモデル | ユーザーに商品のコレクションを促し、総額としてまとまったお金を使ってもらうことを狙うモデル |
| マッチングモデル | 商品・サービスを提供する側とユーザーとを仲介するビジネスモデル |
| フリーミアムモデル | 機能を制限した「ベーシック版」を無料で多くの人に使用してもらい、一部のユーザーの有料プレミアム版へのバージョンアップを狙うモデル |
| ダイナミックプライシングモデル | 需要の変動に合わせて価格を変更することで、収益機会およびサービス利用機会の最適化を図るモデル |
| ビッグデータモデル | 商品の売買やサービスの利用を通じて副次的に得られた膨大な情報をもとに収益化を図るモデル |

第1章 人材マネジメントの目的と役割

## ▶▶ビジネスモデルは「販売の努力」を排除してこそ価値がある

　こうしたビジネスモデルですが、儲けの型である以上、人が努力して何とか利益を出す、という状態だとすると、そのビジネスモデルはあまり適切な状態ではなく、すでに顧客に受け入れられにくいものになっているか、競合との競争にさらされてしまっているか、どちらかといえます。

　**ビジネスモデルの成否を判断する上で役に立つ考え方が「販売の努力」に依存しすぎないモデルになっているかどうか**、という点です。

　例えば、プリンターのビジネスモデルは、本体を販売し、その後、インクやトナーの交換を通じていわば「自動的に」収益があがる構図になっています。エレベーターのビジネスも、本体を納めてしまえば、あとは年1回などの点検や保守・メンテナンスサービスをしっかりと確実に行うことで収益をあげることができるモデルといえます。

　これらはカミソリの本体と替え刃の関係性に近い収益構造が存在することから「替え刃モデル」と呼ばれています。**いずれも共通しているのは「販売**

の努力」を極限まで低下させる儲けの型になっていることです。

　一方で、ビジネスモデルが広く普及してしまうと、この構図では稼げなくなり、**いつしか「販売の努力」に依存して、何とか成り立っている状況になります。そうなると、そのビジネスモデルは潮時といえる**でしょう。

替え刃モデルの例

| ジレット | 本体と替え刃 | キヤノン | プリンターとインク |
|---|---|---|---|
| IQOS | 本体とタバコ | オリンパス | 胃カメラと洗浄液 |
| プロジェクター | 本体と交換ランプ | 富士フイルム | レントゲン機器とフィルム |

## ▶ビジネスモデルと人材マネジメント

　これまでの解説から分かるように、ビジネスモデルは「人」の極端な関わりをできるだけ減らしつつ、収益性を高める儲けの型である、といえます。いわば、**ビジネスモデルをつくり上げ、それを運用することは「1人当たりの生産性」を高める**ことにつながります。

　それは、給与を高く支払うことにつながり、結果としてモチベーションの向上を促します。また、他の事業へと人のリソースを振り向けることも可能になり、事業の幅を広げる可能性も増します。また、ビジネスモデルとして、属人性を排し、できるだけ収益をあげる構造の再現性を高めることは、人材の質に依存しない事業をつくり上げることにもなります。

　つまり、**ビジネスモデルをつくり上げ、それにより儲けをあげることは、人材マネジメントの質を向上することに直結**するのです。

　実際、ビジネスモデルをつくることに長けた会社の多くが、事業の立ち上げは社員が行い、ビジネスモデルをつくり上げた後のその後の運用は、外部会社に運用を委託したり、契約社員やアルバイトのリソースでまわすことが多いといえます。そうすることによって**社員の循環を促し、また新たな事業をつくる、といった企業としての成長を企図している**といえます。

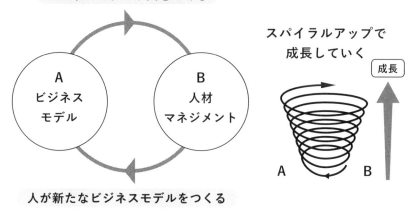

## ▶ビジネスモデルを生み出す人材、広げる人材、確実に運用する人材

　このように、人材マネジメントの質の向上を促すためにはビジネスモデルをつくり上げ、できるだけ社員の販売の努力に依存しない状況をつくることが重要です。

　この観点でいえることは、人材には三種類のタイプがある、ということです。

　1つ目は、**ゼロから1を生み出す人材**です。この人材はビジネスモデルを自ら構想し、つくり出すことに喜びを感じます。アイデアを生み出す力と人を動かす力に長け、何もない所から新たなビジネスを考案し、それを実現する力を有しています。

　2つ目は、**1を100に育てる人材**です。立ち上がったビジネスモデルをマネジメントし、大きく育て、盤石なものにしていく人材です。こうした人材は誰からも信頼される、安定したマネジメント力を有している必要性があります。

　3つ目は、**ビジネスモデルを安定的に運用し、長年に渡り、継続していく人材**です。ビジネスモデルが陳腐化していないかを常にウォッチし、改善を繰り返すことで、次につないでいきます。必要なのは確実な問題解決力と粘り強いコミュニケーション力です。

企業はビジネスモデルをつくり上げ、それにより成長を遂げていく存在です。そこには必ず人材が必要となります。そしてその**人材には適性が存在し、そのフェーズごとに必要な働きかけができることが条件となります。**

　**上記の3つの人材をバランス良く、企業の中に内在させ、それぞれに連携させる**ことも、企業が成長を遂げるための重要な人材マネジメントの一つといえます。

| 3つの人材 | | |

| ゼロから1をつくる<br>人材 | 1を100にする<br>人材 | 持続的に運用する<br>人材 |
| --- | --- | --- |
| 独創性があり、一匹狼のように仕事をする。<br>ルールや規則に馴染むのは苦手。<br>反対意見があるとむしろ燃えるタイプ。 | いわゆる組織のリーダーとして存在価値を発揮する。人を動機づけ、束ねるのがうまい。経営的センスを兼ね備える。 | 顧客との接点など、一つひとつの仕事に喜びと価値を見出し、安定的に運用することができるタイプ。独創性はあまりないが、堅実に問題解決を繰り返す力を有している。 |

# 1 ﹗﹗﹗

## 7 職場のマネージャーにとっての 人材マネジメント

### 職場のマネージャーが心がけるべき重要なポイントは何か

### ▶マネージャーにも変革が求められる

　企業として取り組むべき人材マネジメントについてこれまで触れてきましたが、同様に**職場のマネージャーにおいても意識と行動の変革が必要**とされます。

　特に今の40代、50代にとっては、自分が部下だった頃の上司の姿と、今自身が求められている上司のあり方の間にギャップを感じているケースが少なくありません。

　具体的には、前述の羊飼い型のマネジメントが必要とされるようになって、上司の役割や関わり、あり方が大きく変化したといえます。**上司は現場を牽引する役割に加えて、部下のやる気を引き出し、成果につなげるコーチ役として機能することが求められる**時代になりました。

　特に高圧的な態度は部下からパワーハラスメントと解釈される可能性も踏まえて、相手を尊重するスタンスを前提に働きかけることが特に重視されるようになりました。こうしたハラスメントが声高に叫ばれる可能性があることは、今のマネージャーを委縮させることにもつながっています。そのため、後述しますが、ハラスメントに関する適切な知識を上司、部下双方に持つことも大切になります。

　このように時代の変化と共に、職場の上司であるマネージャー層にも変化が求められ、**自らを客観的に振り返り、その変化に臨機応変に対応できる能力を有したものがチームを牽引できる**時代となったといえます。

### ▶職場のマネージャーに求められるスキルと行動

　では具体的に、職場のマネージャーはどのようなスキルを身につけ、行動すべきでしょうか。特に重要なのが**コミュニケーション力**です。

　具体的には、次の2つのスキルが代表的に必要とされます。

　①部下と対話し、主体性を引き出すスキル

〜1on1のコミュニケーションスキル

②チームを目標に向かって能動的に動ける状態に導くスキル

　　〜ファシリテーションスキル


　まず①の「1on1のコミュニケーションスキル」ですが、そもそも1on1とは「1人ずつ定期的に面談を行うこと」を意味しています。その面談のベースは**傾聴力**と**質問力**にあります。

　部下に一方的に自らの考えを伝え、指示を与えるのではなく、部下の話に耳を傾け、質問を重ね、その上で**期待する方向性や役割を示し、重ねていく**スキルです。


　もう一つが②の「**ファシリテーションスキル**」です。これはただ会議を仕切る、動かすスキルを意味するのではなく、チームを形成し、動かす考え方全般を指します。

　**チームの活動の目的と目標を共有し、そこに向けた対話の機会をつくり出し、最終的には合意形成を図っていく**スキルです。一方的に決められた戦略に従わせるのではなく、自ら考えさせ、導き出した戦略を動かせるように支援していく考え方になります。


　職場のマネージャーにはこうしたスキルを身につけて実践することが期待されます。結果として、人材マネジメントが企業が取り組むだけの絵にかいた餅で終わらず、現場の動きとして表れ、実際の利益に結びつくことになります。

　**職場のマネージャーにも考え方に加え、スキル、そして行動の側面から変化が求められている**のです。

# 第2章

# 時代の要請と
# 人材マネジメント

第2章では人材マネジメントを取り巻く社会的な変化とそれに呼応するために必要な人材マネジメントは何か、という視点を中心に解説をしていきます。組織と個人それぞれに変化を遂げる中で、柔軟かつ迅速な対応が求められています。

# 終身雇用、年功序列の終焉と変革

## 日本型雇用の変遷とこれからの人事制度

### ▶日本の成長を支えた終身雇用制度

　未来を考えるためにも、過去から今に至るトレンドを押さえておくことも大切です。過去を物語る代表格として「日本企業の多くに見られる雇用制度は」と質問されたら、ほぼすべての人が「**終身雇用制度**」と回答するかと思います。

　一般に終身雇用制度とは、倒産などの事由が発生しない限りにおいて、企業が従業員を定年退職まで雇用し続ける、という企業慣行を指します。現在でこそ見直しが叫ばれている終身雇用制度ですが、この制度は昔から日本社会に深く根づいていました。

　終身雇用制度が日本に導入され始めたのは1950年代だといわれています。制度のメリットとしては、企業側は、優秀な人材の長期確保、長期的な人材育成（特に、企業固有のスキル習得）、労働意識の低下防止（勤務年数に比例した退職金等の報酬）など、従業員側は長期の安定した収入の確保が挙げられます。

　こうした長期雇用ならではの特徴が、日本企業におけるスペシャリストの育成や技術継承の仕組みをつくり、経済成長を支えた、と考えられています。

　このような背景から、企業が右肩上がりに成長を続けていく、と信じた日本企業の多くで終身雇用制度がこぞって導入され、現在まで続く日本固有の文化が誕生しました。

### ▶年功序列と新卒一括採用

　終身雇用制度を取り上げる際に、「**年功序列**」と「**新卒一括採用**」の2つはかかせないキーワードです。

　終身雇用制度を維持するための大原則は「**年功序列**」、すなわち、勤務期間に応じて一定のポストと定期的な昇給を与えるシステムです。さらに簡単にいえば「若いうちにした苦労が将来（給与や退職金として）返ってくる」仕組みのことです。この仕組みによって、若者たちは未来の報酬を目指し、最

初は決して好待遇ではないながらも与えられた仕事をこなし、昇格・昇給を経て、定年退職という「ゴール」に向かっていきます。

　この年功序列と親和性が高かったのが、「**新卒一括採用**」の仕組みです。年功序列で最も重要視されるのは「勤続年数」であり、入社から何年間が経過したのか、を容易に管理できる枠組みが必要となります。

　この仕組みのもとでは、入社時の年齢はほぼ同じですので、ある一定の年齢に達すると昇進・昇給が行われることになります。そして、昇進対象の年次になると、上位の階層（年齢）から順にポストが上がり、その空いたポストに下位の階層から新たに対象者があてがわれる「ところてん方式」によって、年功序列が保たれます。

　現在でも、多くの日本企業で新卒一括採用は継続されており、安定した労働力の確保と、年功序列をベースとした人事制度の基盤となっています。

## ▶終身雇用制度の崩壊

　さて、このように日本の成長を支えてきた終身雇用制度ですが、1990年代に入ると、企業が右肩上がりの成長を維持することができなくなり、不調が見られるようになります。先ほども述べたように、終身雇用制度は年功序列のもとで成り立っていました。しかし、**バブル崩壊による企業業績の悪化によって、その肝となる「十分な量のポストの用意」と「勤続年数に応じた昇給の実施」が困難となりました。**

　このような状況下では、若いうちに苦労した代わりに、将来もらえる「はず」だった報酬は大幅に減少、またはもらえるかどうかも分からない状態となり、最悪のケースでは早期退職を勧告される、ということも起こり得ます。「どんな企業もこの先何十年生き残り続ける」、という前提が覆り、企業が存続するためには、勤続年数に応じた半自動的な昇進・昇給を一部ストップしてコストを削減せざるを得なくなったのです。

　その一方で、年功序列の考え方自体は変わらず残っているため、昇進年次には到達したが先輩たちも「昇進待ち行列」に並んでおり、自分の番が回ってこない、という光景が当たり前になりました。もはや勤務年数を重ねても給料は頭打ち、ということは珍しくもありません。

## ▶派遣社員の登場

　終身雇用や年功序列が崩れていき、正社員の人件費高騰に経済界が苦しむ

中、「労働者派遣法」が改正され、それまで一部の職種に限定されていた**派遣社員**の受け入れ範囲が拡大されました。

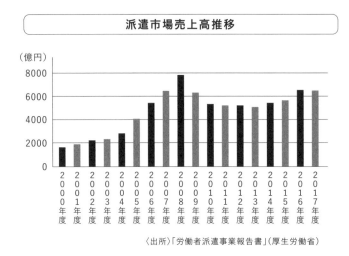

派遣市場売上高推移

〈出所〉「労働者派遣事業報告書」（厚生労働省）

　**2004年の法改正により製造業への派遣が可能になった**ことを皮切りに、2008年のピーク時には2004年の3倍弱まで派遣市場は拡大していきました。その後、リーマンショックにより一時縮小したものの、近年は人手不足を背景として再び拡大傾向にあります。

　人件費を抑えたい企業は、比較的安価にスキルを持つ人材を確保できるというメリットを求めて、正社員から派遣社員に労働力の確保を一部シフトしていきましたが、その分、将来的に自社を引っ張る人材を育てる機会が失われることや、長期的な修練が必要となるスキルの継承が途絶えてしまう、というデメリットを抱えることとなりました。

### ▶新時代における企業の取り組み

　こうした時代の変化を受け、企業も様々な取り組みを実施しています。終身雇用制度を前提としない働き方を踏まえ、エージェントを介した**中途採用の強化**や**再雇用制度の充実**など、人材の流動化に対応できる組織づくりが進められています。

　一方で、従業員に長く自社に在籍してもらう取り組みとして、**インターンシップの導入による入社後のミスマッチ削減**、**キャリアパスの複線化**による多様な働き方の受け入れ、**金銭的報酬以外の提供**（職場環境、プライベート

の自由度など)、**面談を通じた人材の適材適所への配置施策**などを通じて、一人ひとりの従業員と向き合う仕組みや姿勢を強化している会社も多く見られるようになりました。

とはいえ、諸外国(特に欧米企業)と比較すると、日本型雇用制度の残滓<sup>ざんし</sup>はいまだ存在し、ますます進んでいく働き方の多様化に対応した新たなシステムの構築が今後必要とされます。

## ▶年功序列の賃金体系の見直し

社員に労働の対価として支払われる賃金は「**基本給**」「**手当**」「**賞与**」で構成されます。そのうちの「基本給」は主に以下の3つで構成されます。

①年功給……勤続年数に比例して増える給与
②職務給……遂行している仕事に対して払われる給与
③職能給……職務遂行能力に基づいて決められる給与

このうち年功給に関しては、社員に対して生活面での安心感を与えることで長期に活躍してもらう給与として、長く基本給の根幹に位置づけられてきました。マネジメントをする側にとっても、勤続年数に比例して給与が増える仕組みを用いることは社員に対して説明がしやすい、というメリットもありました。

しかしながら、終身雇用を前提としない世の中になり、また様々な技術革新によって経験=熟練能力という図式が成り立たなくなった今、年功序列の賃金体系の見直しは必須といえます。その分、**後述する「役割」や能力「評価」に基づく給与の割合を高めることで社員の納得度を向上させていくことが課題といえます。**

# 2 働き方改革

## 少子高齢化社会を労働生産性の向上で勝ち抜く

### ▶ なぜ働き方改革が必要か？

　近年、長時間労働による従業員の肉体・精神的負担の増大による様々なトラブルが社会課題として取り上げられてきています。こうした世論の高まりも後押しとなり、政府が「**働き方改革関連法**」を打ち出し、2019年4月から適用開始となりました（中小企業は2020年4月から）。

　もともと日本においては少子高齢化による労働人口の減少が進行する中、労働生産性をいかにして改善することができるか、という点は、経済・産業界にとって非常に重要なテーマでした。これに加えて、上記の社会課題の解決、多様な人材の活用などの観点も加わって、**「働き方」を見直す動きが急速に広まっています。**

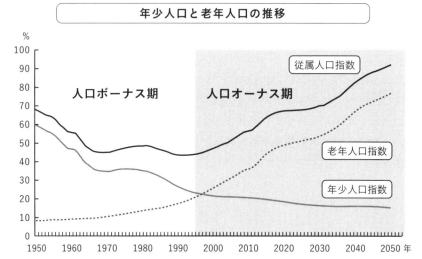

**年少人口と老年人口の推移**

%
人口ボーナス期　　人口オーナス期
従属人口指数
老年人口指数
年少人口指数

※従属人口指数とは、年少人口（0〜14歳の人口）と老年人口（65歳以上の人口）の合計を生産年齢人口（15〜64歳の人口）で割って、100を掛けて求めたもの
〈出所〉『働き方改革』（小室淑恵、毎日新聞社）

## ▶人口構成から見る働き方の変化

　ワーク・ライフバランス社の小室淑恵氏は、「**人口ボーナス期**」とその逆の「**人口オーナス期**」では、勝ち筋となる働き方が異なる、と主張しています。同氏によれば「人口ボーナス期」とは、人口構成比の子どもが減り、生産年齢の人口が多くなった状態を指し、労働力が豊富なため、社会保障費が少なくて済み、経済発展がしやすいとされています。一方で「人口オーナス期」は働く人よりも支えられる人が多くなる状況であり、人口構成の変化が経済にとってマイナスに作用する状態を指します。

　「**人口ボーナス期**」においては、肉体労働が中心となるため男性中心で、なるべく長時間働くことでコストダウンと大量生産を行い、品質の均一化のために同じ条件の人材を採用することが勝ち筋とされています。

　一方、「**人口オーナス期**」においては、労働力が不足するため男女関係なく働き、単価の上がった人件費の上昇を抑えるために短時間で効率よく働かせ、均一な商品に飽きた顧客を満足させるため多様な人材を活用することが重要である、としています。

　日本はまさしく、「人口ボーナス期」から「人口オーナス期」への変遷をたどった国であるものの、**企業は「人口ボーナス期」の働き方を近年に至るまで変えずにきていたことで、働き方に関するひずみが生まれていました。** そのひずみを受けてきた働く人々がこれを是正しようとする流れは、ごく自然なものといえます。

## ▶〈働き方改革①〉長時間労働の是正

　上記の背景から、各企業では様々な働き方改革の取り組みがなされています。その中でも代表的なものについて具体的に見ていきます。

　働き方改革といった時に真っ先に取り上げられるのは、「**長時間労働の是正**」です。先ほども述べた通り、かつては大量生産が勝ち筋であり、**労働時間がそのまま売上に繋がっていたため、残業している人ほど会社へ貢献している、という意識が強かった時代がありました。** 結果として、日本は世界でも有数の長時間労働国家となり、「過労死」という日本語が世界で認知されるほどに問題が大きくなってしまいました。

これを是正すべく、多くの企業で早帰りの推進や、一定時間以上の残業は上司の許可を必要とする制度を導入するなどの取り組みを行っていますが、なかなか根本的な解決に至っていないのが現状です。

　**本質的には、各企業における、残業をしなければならない根本的な理由を深掘りしていく**ことを意識すべきです。特に、人事評価制度において、時間当たりの生産性に対する評価（から生じる給与増加分）よりも残業手当の方が多くなるような仕組みが存在すると、生産性を高めるインセンティブが働かないので注意が必要です。

　その他にも、会議運営方法の見直しや、廃止できる業務の洗い出し、属人化している業務の標準化、最新技術（ＡＩなど）の活用など、様々な方法があります。ただし、これをやれば全社的に業務が削減される、という特効薬はありませんので、**様々な取り組みを実行しながら、企業・部署ごとの特徴をとらえた施策を検討・実行するPDCAサイクルを回していく**ことが重要です。

## ▶▶ 〈働き方改革②〉多様な働き方を受け入れる基盤づくり

　また、近年では少子高齢化などを起因とする労働人口の減少もあり、育児・介護・病気の治療などと仕事との両立をサポートする動きも活発化しています。**企業が多種多様な働き方を受け入れ、それを支援する基盤を整えていく**ことが、優秀な人材を維持・確保するための一つの要素となりつつあります。

　その中でも特に、女性の視点を活用することは非常に有効な方法の一つです。現状、女性は男性に比べて様々な面での両立を求められ、限られた時間を有効活用して高い生産性を上げる働き方を実行しているケースがよく見られます。そういった「ロールモデル」となる女性からの意見を吸い上げ、業務改善を牽引してもらうことにより、これまでになかった視点での改革が進むことが期待されます。

　こうした取り組みを積極的に行っていくことで、これまでは「働き続けたくても、やむを得ず仕事を諦めていた人」が企業に残りやすくなり、優秀な人材の流出を防ぐことができるとともに、求職者からも魅力的で安心できる企業であるというイメージを持たれやすくなり、**結果的に優位性を確保することが可能になります。**

## ▶ 〈働き方改革③〉副業解禁によるキャリア形成の自由化

　広い意味での働き方の変化という意味では、より幅広いキャリア形成を目指した副業解禁などの流れも見逃せません。2018年1月に、厚生労働省が発表した「**副業・兼業の促進に関するガイドライン**」では、これまで原則として禁止していた副業を、「勤務時間外において、他の会社等の業務に従事することができる」と変更しました。また、経済産業省も、人生100年時代を見据えた個人キャリアの複線化を推進し、日本の労働生産性を向上させる必要がある、という方向性を示しています。

　**企業としても、副業を解禁することで、イノベーションの促進、社員の満足度向上、人手不足の解消などのメリットがありますが、もちろんそれだけではなく様々なリスクが発生**します。

　例えば、副業を含めた就業時間が正確に把握できないことによる労働時間の長期化、自社ノウハウや企業秘密などの漏えいリスク、副業をしていない社員の不理解によるトラブルなどが挙げられます。

　これらの課題を踏まえると、単に副業をルールとして解禁するのではなく、副業解禁によって自社が得られるメリットを確認し、**副業をする・しないにかかわらず、自社が社員に与えることのできるキャリアの選択肢を拡充した上で、自社に適した副業に関するルールを設定し周知していく**、といったプロセスを踏んでいくことが重要です。

## ▶ 成功する「働き方改革」のコツ

　これまでご紹介した通り、働き方改革、と一口にいっても様々な視点があり、かつ明確な「答え」があるわけではありません。その中でどのようにして働き方改革を成功に導いていけるかを、それぞれの企業で考えていかなければなりません。

　成功している企業の事例を見ると、以下の点が成功に向けたヒントとして挙げられます。

①自社の風土や雰囲気とマッチした施策となっているか
②改善に取り組むメンバー全員が納得感を持てる内容か
③個人ではなく、チーム全体にフォーカスを当てた取り組みになっているか
④トップが強い意志を持って推進の旗振り役となっているか　など

## ▶新型コロナウィルス（COVID-19）による働き方の大転換

　これまでは一部の企業や職種に限定されていた「**テレワーク**」が、2020年に発生した新型コロナウィルス（COVID-19）によって全世界的に広がっていきました。働き方改革の側面で、これには大きく2つの意味があります。

　一つは、**働き方の多様性を認め、あらかじめ体制を整えていれば、働き方の移行は比較的容易**になる、ということです。多様性を認めることを「特殊な一部のケースの承認」ではなく、「一人ひとりの従業員の個性を最大限活かしていく」ことだと認識することが重要です。

　もう一つは、**急激な変化に柔軟に対応する組織のみが生き残っていく**、ということです。刻一刻と状況が変わる環境下においては、緻密な計画や厳格なルールが足枷となることも往々にしてあります。これまでに前例のない取り組みや働き方であったとしても、トライアンドエラーで変革を推し進めなくてはビジネスをすることもままなりません。

　今後一層、多様性と柔軟性をより強く意識した働き方を提供する企業が、顧客や従業員に選ばれていく動きが加速していくことは間違いありません。

# 3 新卒一括採用から通年採用へ

## 競争激化の中で優秀な人材を獲得するためには

### ▶新卒一括採用の仕組み

　本章冒頭でも取り上げましたが、これまでの日本企業の人材戦略を支えてきた基盤は「**新卒一括採用**」のシステムです。よく目にする言葉ではありますが、改めてこの仕組みについて見ていきたいと思います。

　新卒一括採用とは、「**当該年度に（近年では主に大学を）卒業予定である学生を、ある一定の時期に、大量に採用する」システム**のことを指します。企業は、業務計画上必要とする人材を常に一定数確保することを目的に、このシステムを導入しています。

　また、**このシステムは入社後の人材育成プログラムとセットで機能**します。将来的に企業の中枢を担う潜在能力の有無を面接時に見極め、入社後に研修やOJT（On the Job Training）を通じて教育を行うことにより、一定数の管理職を企業内に確保することが可能となります。

　これらにより、永続的に企業規模と人材の質を維持・発展させていくことができる、と考えられてきました。

### ▶新卒一括採用のメリット・デメリット

　新卒一括採用のメリットは、何といっても安定的な人材確保の手段となる点です。特に、好況時や市場の拡大期においては、人員増強による規模の拡大を事業戦略として選択する企業も多く、**その際に必要となる人材を短期間のうちにまとまった数で確保できる手段**となります。事業規模が大きく、全国各地に事業所や生産拠点を持つような大企業にとっては、現在でも新卒一括採用による人材確保が盛んに行われています。

　一方で、同システムのもとにおいては**景気や市場の急変への対応力が弱い**というデメリットが存在します。「新卒」を採用するということは、ポテンシャルはあるが実務経験のない人材を将来への「投資」として確保する、ということであり、当初採用時に描いていた事業戦略と全く異なる環境に急変した場合、採用した人材とのミスマッチが生じてしまう可能性があります。

また、応募者側の視点では、「新卒」と「既卒」の間に大きな差が生まれるため、景気動向ややむを得ない事情により一度でも「新卒」ではなくなってしまった場合、能力に大きな差がなかったとしても採用されることが困難になる、という問題も生じます。

既存のビジネスが成長期にあり、市場も安定している時代においては、有効な手段であった新卒一括採用ですが、**近年の不安定・不確実な世の中においては、企業側・応募者側どちらの観点でも最良の方法ではなくなってきている**状況にあります。

### ▶ 就職活動が大学教育の妨げになる？

ここで少し、採用をされる側の置かれている状況について見ていきたいと思います。

多くの企業が新卒一括採用を行うことによって企業間の人材獲得競争は激化していき、採用の早期化や長期化が進行していきました。そのような状況下、応募者である学生の就職活動における負担を減らすため、政府による就職協定（1953〜1996年）や、日本経団連による倫理憲章の制定（1997〜2013年）、政府の提言を受け、「倫理憲章」から「指針」への変更など、様々な取り組みが行われてきました。

残念ながら、「ルールを守っていては、優秀な人材を他社に取られてしまう」という危機感や、そもそもルールを批准していない企業（外資系企業や日本経団連非加盟企業など）の存在もあり、いずれの時代においてもルールが完全に守られることはありませんでした。

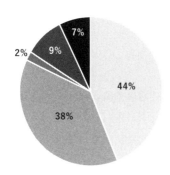

日本経団連の「新採用指針」への対応方針

- □ 広報・選考ともに遵守する予定
- ▨ 広報は遵守し、選考は遵守しない予定
- ▧ 広報は遵守しないが、選考は遵守する予定
- ■ どちらも遵守しない予定
- ■ その他

44%
38%
2%
9%
7%

〈出所〉『こう変わる！新卒採用の実務』
（労務行政研究所編、労務行政）

こうした現状もあり、大学教育の観点からも、新卒一括採用に対する見直しの機運が高まってきています。

## ▶始まる通年採用への移行と課題

近年では、従来の春に1回のみ新卒採用を行う、というパターンから、春・秋の2回採用時期を設ける企業や、通年で採用窓口を設けている企業も増えてきています。いずれも、優秀な人材を獲得したい、という企業側の意思から行われているものです。

例えば、海外の大学・大学院に留学しているなど、従来の採用方法では獲得できなかった人材を、時期をずらすことで採用につなげられる可能性が出てきます。

一方で、採用期間を複数設ける、長期化させるということは、同時に採用担当者の業務負荷の増加も引き起こします。また、学生の立場からしても、就職活動期間のさらなる長期化や意思決定（内定受諾）のタイミングがつかみづらくなるなどの弊害が生じかねません。

いたずらに採用時期を増やすのではなく、**自社にとって理想的な人材ポートフォリオをしっかりと検討し、その構築に必要な人材を、適切な方法、適切な時期で採用できる採用戦略を策定**することが最も重要です。

# 4
— 副業解禁＆フリーランス時代の
人材マネジメント

## 副業解禁で変わり始めた人材市場と社内事情

### ▶副業解禁への動き

　ここでは前述の副業解禁に関して、さらに具体的にその内容と影響を見ていきます。以前は当たり前とされていた副業の原則禁止が、働き方改革への対策や優秀な人材の確保、人手不足への懸念なども相まって、原則容認の方向へ大きく変化しています。**まさに人材マネジメントにおける重要なコンセプトである"ヒューマンリレーションシップ"の重要性を示す変化**といえます。

　厚生労働省も2019年3月にモデル就業規則を改定。労働者の遵守事項の**「許可なく他の会社等の業務に従事しないこと。」という規定を削除し、副業・兼業についての規定を新設**しました。実際の現場でも、社員が会社に承認や許可を受けた上で副業を始めたり、そういった社員を後押しするような新制度を策定し、運用を進める企業が、今後徐々に増えると思われます。

### ▶企業の意識変化と懸念

　容認の方向性が見えてきたものの、リクルートキャリアが2018年に実施した兼業・副業に対する企業の意識調査によると、**兼業・副業を容認・推進**している企業は、全体の28.8％（2017年度の調査より5.9ポイント上昇）で、禁止している企業は7割に上る結果が出ています。

　**兼業・副業の禁止理由**については「社員の長時間労働・過重労働を助長するため」が44.8％と最も高く、次いで「労働時間の管理・把握が困難なため」「情報漏えいのリスクがあるため」と続きます。これは後述しますが、企業側としては労働時間と情報漏えいリスクの2点が特に懸念点として大きく挙げられるものになります。

### ▶副業のメリット・デメリット

　では、上記で挙げた懸念点がある中でも、副業・兼業を容認するメリットとは何でしょうか。次ページの図は中小企業庁が研究会で提出した企業側と

社員側それぞれの立場のメリットとデメリットを一覧化したものです。

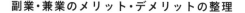

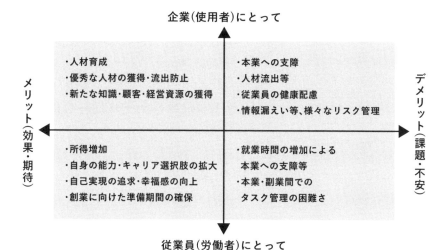

**副業・兼業のメリット・デメリットの整理**

企業(使用者)にとって

メリット(効果・期待)

・人材育成
・優秀な人材の獲得・流出防止
・新たな知識・顧客・経営資源の獲得

・本業への支障
・人材流出等
・従業員の健康配慮
・情報漏えい等、様々なリスク管理

・所得増加
・自身の能力・キャリア選択肢の拡大
・自己実現の追求・幸福感の向上
・創業に向けた準備期間の確保

・就業時間の増加による本業への支障等
・本業・副業間でのタスク管理の困難さ

デメリット(課題・不安)

従業員(労働者)にとって

〈出所〉「兼業・副業を通じた創業・新事業創出に関する調査事業研究会提言
～パラレルキャリア・ジャパンを目指して～」(中小企業庁)

代表的な項目を挙げていますが、これらの影響の大きさはそれぞれの会社の状況によって異なります。参考に、帝国データバンクが実施した2017年度の雇用動向に関する企業の意識調査では、副業・兼業を認めた企業での、その効果について、「定着率が向上した」26.6%、「従業員のモチベーションが高まった」16.5%、「従業員のスキルが向上した（本業に貢献）」16.2%と回答があり、特に従業員の労働意欲や人材確保・定着の面で効果があったと捉えていることが確認できます。

**企業と社員双方にとってのメリットとデメリットを踏まえ、不安や課題に対応しつつも、利点をより良く引き出せるような職場環境づくりや制度策定が肝要です。**

### ▶具体的な対応

そもそも、業務終了後のプライベートな時間を労働者がどのように使うのかは、本来的には本人の自由であり、会社から縛りを受けるものではありません。本項の冒頭に触れました厚生労働省のモデル就業規則には次ページの

通り記載がなされています。

　副業や兼業を可能としつつも、**禁止・制限の項目について明確に示してお
り、万が一トラブルが発生した場合には、就業規則や規程事項を根拠に、労
働者に是正を求めることが可能**です。

　また、今後、制度や取り決めをつくることになった際の参考となるように、
項目の一例を記載します。労働者が遵守する内容や枠組み、企業側が求めて
いる行動を、お互いが誤解なく認識できる形にすることを意識して策定する
ことが重要です。


〈例〉
**労働時間に関すること**

- 前提：本業に支障がないことを大前提とする
- 申請方式：副業を申請式とし、労働時間の申告を必須とする
- 労働時間の制限：月間○○時間は副業・兼業に使用できるとする

**守秘義務等に関すること**

- 前提：競業避止義務や守秘義務を大前提とする
- 「会社の情報」「ブランド」を使用する場合は事前申請必須とする

**その他**

- 社会的信用を損なわないこと

・個人のタスクを明確にすること（人事考課における目標設定など）

## ▶ フリーランス人材の活躍

　副業の増加と共に、「**フリーランス**」**として活躍する人材も急速に増えつつあります。**フリーランスとは、「何らかの分野におけるプロフェッショナルとして、その業務において組織に所属せず個人で仕事を請け負う人」のことを広く指します。

　詳細は第3章（119ページ参照）で解説しますが、近年はクラウドソーシング（インターネットを使って不特定多数の個人と企業がつながり、仕事の受発注を行う仕組み）を利用した業務の依頼も盛んに行われており、企業と接点を持つハードルが下がったことからも、活躍の幅が今後広がっていくと思われます。

　とはいえ、新型コロナウィルス（COVID-19）感染症流行時においては、仕事が減少してしまい苦境に立たされてしまった方も多く、**専門性を高めたり、スキルの幅を広げるなど、以前にも増して、個々人が工夫を重ねる必要性が指摘**されています。

## ▶ 個の活躍とマネジメント

　副業・兼業の容認志向とフリーランスにおいて、そのどちらにも共通していえるのは、個人の活躍に注目が集まっている点です。

　柔軟な働き方や通り一遍の定年雇用ではない人事制度からも見てとれるように、画一的なマネジメントでは企業と労働者の関係性が立ち行かなくなります。本人のやりたいことと会社が求めていることをマッチングさせること、誰か特定の属性を持つ人を贔屓（ひいき）するのではなく、**柔軟さの中に公平性が保たれるマネジメント・組織運営をすることがこれからは求められます。**

　全体のバランスをとると一言でいうのは簡単ですが、例えば何か新しい制度を導入した場合、それによって不利益を被ったり、影響度の高い人がないがしろにされるような内容ではないか、とシミュレーションをすることは有用です。個にフォーカスし過ぎると全体が見えにくくなってしまいます。

　個があって組織が存在することを前提としながらも、**これを導入する本来の目的は何か？　に必ず立ち返って、関係者の理解を得ながらマネジメントを進める**ことが最も大事なポイントとなります。

# 5 女性活躍の定着と抜擢人事

## 女性管理職登用のポイント

### ▶ 職場における女性活躍推進

　女性の職業生活における活躍の推進に関する法律「女性活躍推進法」が、平成27年9月に公布されました。

　10年の限りある法律でありながらも安倍首相の唱える「すべての女性が輝く社会づくり」の要となる法律となります。本法律では平成28年4月より301人以上の労働者を雇用する事業主は、以下の3つの行動が義務づけられました（300人以下の労働者を雇用する事業主については努力義務ですが、2022年4月からは101〜300人以下の事業主にも行動策定と届出が義務化されます）。

　①女性の活躍状況の把握、課題分析
　②課題解決のための行動計画の策定
　③女性の活躍に関する情報の公表

　企業として、**女性に対し、男女間の差をつけずに活躍できる場を提供する**ことが**法律として義務**づけられました。

　かつての日本の高度経済成長を支えるモデルとして、男性は激務によって企業の成長を牽引し、その間女性は家庭で子供と家を守るという構図がありました。

　その構図は今も健在ですが、家庭を持ち子供を育てながら働く女性の割合は増えています。

　次ページの図からわかるように、総務省統計局が発表した、平成29年就業構造基本調査によると、年齢階級別育児をしている女性の有業率は、5年前に比べてすべての年代で上がっています。

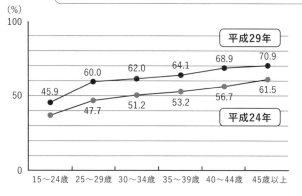

**年齢階級別育児をしている女性の有業率**

(%)

| 平成29年 |
| --- |

45.9　60.0　62.0　64.1　68.9　70.9

47.7　51.2　53.2　56.7　61.5

| 平成24年 |
| --- |

15〜24歳　25〜29歳　30〜34歳　35〜39歳　40〜44歳　45歳以上

(注)「育児をしている」とは、小学校入学前の未就学児を対象とした育児(乳幼児の世話や見守りなど)をいい、孫やおい・めい、弟妹の世話などは含まない。

〈出所〉「平成29年就業構造基本調査」(総務省統計局)

## ■ 日本の女性活躍の現状

　日本の女性がどれだけ職業生活の中で活躍しているかを見る指標としては、**厚生労働省が発表している「女性の活躍推進企業データベース」**にある以下の6項目が挙げられます。企業側はこの項目を情報開示するように求められています。

　①採用に占める女性の割合
　②月平均残業時間
　③平均勤続年数又は採用10年前後の継続雇用率
　④年次有給休暇取得率
　⑤育児休業取得率
　⑥女性管理職の割合

　特に⑥の女性管理職の割合を増やすことについては内閣府が力を入れており、2020年には社会のすべての分野で指導的立場を取る女性、いわゆる管理職に就く女性の割合を30％にするという政策目標がありました。しかし近年この数値目標が、「中央省庁の課長・室長職で7％、2020年の民間企業の女性課長職割合を15％」に引き下げられました。日本における女性管理職の30％到達までには課題が山積している状況といえます。

　2013年には安倍首相から経済界に対し、「上場企業の役員に1人は女性を登用してほしい」との要請を行い、その数値は右肩上がりですがまだ目標数

字には達していません（下図を参照）。

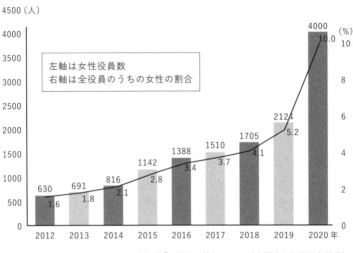

**上場企業の女性役員の推移**

4500（人）

左軸は女性役員数
右軸は全役員のうちの女性の割合

〈出所〉「女性役員情報サイト」（内閣府男女共同参画局）

## ▶女性登用の抜擢人事

　女性管理職を増やすために、企業や組織では抜擢人事を行うケースがあります。「あの人なら抜擢されても当然だ」「上はよく見ているね、抜擢人事は納得だ」といった空気の中で登用されるケースは抜擢された人も周囲も皆が納得するのですが、この**逆の空気になる抜擢人事は、組織の力を失わせ、人事評価への信頼を大きく損なう可能性**があります。

　突如、自分の部下だった女性社員がこれまでマネジメント業務に携わらず、管理職まで積むべき経験を積まずに一気に課長に抜擢され昇進したとしたら、地道に課長職までの経験を積んできた社員は納得できません。ここが女性抜擢人事の難しい所です。抜擢人事をする場合は、周囲が納得する実績や実力を兼ね備えた社員を慎重に選択する必要があります。

## ▶女性が管理職を希望しないという問題

　また、女性の管理職登用を掲げている組織においては、活躍している女性社員に次へのステップアップを目指して「管理職」への昇格を打診しますが、

それを**受ける女性側が喜んで受け入れられるかというと、そうではない実態があります。**

　独立行政法人労働政策研究・研修機構が調査した「男女正社員のキャリアと両立支援に関する調査結果」（平成24年度）の中で、管理職へ昇格したいという意欲のある女性は一般社員では10％というデータもあります。

　家族のケア（育児・介護）などで就労時間以外でも家庭マネジメントの責任を担っている女性の場合、管理職への昇格がプライベートの時間を圧迫しかねないという不安から、打診されてもしり込みするケースが多いのです。その場合、マネジメントの立場から、**どのように管理職登用の打診をすればいいか、困っている**という声もよくあります。

## ▶️女性社員を昇格に向けて動機づけるポイント

　女性の昇格をモチベートするポイントは以下の3つにあります。

①周囲からの期待値
②本人のキャリアオーナーシップの醸成
③プライベートな時間を確保できる仕組み・制度の構築

　①については、**女性は周囲との調和を重要視する傾向があるので、本当に周囲が望むならと後押しされるケースが多い**です。逆にいうと、抜擢人事のように、経営層などからの一本釣りでの登用を打診される場合は、職場のメンバーからの要請ではないので、応じないという方も多く見られます。

　②については、**自身のキャリアプランを自分でつくっていくというオーナーシップへの働きかけ**です。

　男性と比較すると女性の場合、管理職女性のロールモデルが少ない分、自身のキャリアプランを想像しにくい現状があります。だからこそ、先陣を切って新しいキャリアをつくっていけるメリットはあるのですが、それを荷が重いと捉えてしまう方がいます。

　**女性には、「ファーストペンギン（＝自分を信じリスクをとってチャンスを掴むことの象徴）」になる勇気が必要**なのです。

　そこでマネジメントの立場から、周囲の期待と合わせて本人のために自分のキャリアを自分でつくっていくこと（オーナーシップ）の重要性を語る必要があります。自組織の次世代リーダーを開発し育成する意味でも、これは

マネジメントとして非常に重要な仕事です。

　③については、残業ができない、夜間の仕事ができない、とっさの事態にマネジメントの対応ができないなどの制約を抱え、それが理由で管理職になることを躊躇している女性社員もいます。そこは**できる人がカバーする仕組み、カバーする人との連携強化、カバーする人の心理的負担の軽減**などが担保されれば、管理職への心理的ハードルが下がります。

　やりたいけれど、物理的に厳しいという制約が心理的モチベーションを無意識に下げている現実もあるのです。

**「できる部分から少しずつ」段階的に領域を広げていくことが、長期的なキャリア形成に重要である、**ということをマネジメントの立場から伝えていく必要があります。

# 6 男性社員の育休取得

## 制度を利用できる風土づくりが求められる

### ▶ 男性社員の育休が奨励される社会的背景

　男性の育児休暇取得を奨励する企業が増えてきました。転機になったのは、**厚生労働省が2010年より推進する「イクメンプロジェクト」**です。これは、働く男性が、育児をより積極的にすることや、育児休業を取得することができるよう、社会の気運を高めることを目的としたプロジェクトです。

　こうした動きが起こる**背景には、「出生率の向上」と「女性の労働力の確保」という2つの社会的課題**があります。

　育児に対する女性一人への負担が大きいことが、女性が特に第2子、第3子の出産を諦める大きな要因になっています。また同じ要因により、女性が出産後も継続して働くことが困難になり、キャリアを途中で諦めざるを得ないケースが生じています。

　こうした社会的課題への対策として、**女性一人で仕事と育児を両立させるのではなく、男女で協力して両立を目指す姿が奨励**されています。政府は2020年の男性社員の育休取得率の目標を13％に掲げています。

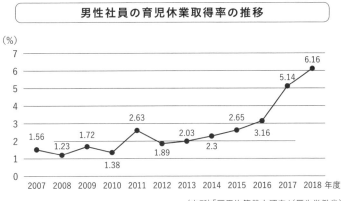

**男性社員の育児休業取得率の推移**

〈出所〉「雇用均等基本調査」（厚生労働省）

第2章　時代の要請と人材マネジメント

厚生労働省の発表によると2018年度の男性社員の育休取得率は6.16％ でした。取得率は高まってきてはいますが、政府目標とは依然大きな乖離があります

## ▶男性社員の育休への意識の変化

　その一方で、働く男性社員の意識は変わってきています。日本生産性本部の「2017年度 新入社員秋の意識調査」では、「子供が生まれた時には育休を取得したい」と回答した男性社員は過去最高の79.5％となりました。

　しかしながら、三菱UFJリサーチ＆コンサルティングが2017年に実施した「仕事と育児の両立に関する実態把握のための調査」では、３歳未満の子供を持つ20〜40代の男性正社員のうち、育児休業を利用したかったが利用できなかった人の割合は約３割にのぼっています。その理由としては、**業務が繁忙で職場の人手が不足していた」「職場が育児休業を取得しづらい雰囲気だった」**という点が挙がっています。

## ▶男性社員の育休取得のメリット

　働き盛りの男性社員の育休取得は、一時的に現場にとって大きな戦力ダウンとなり、職場内で非難はされないまでも、歓迎されることが少ないのが実態です。しかし**中長期的な視点で考えてみると、企業にとってもメリットがあります。**次に３点紹介します。

### ❶社員の帰属意識向上

　会社が男性の育児休暇取得をサポートすることで、会社は社員を大切にしている、社員一人ひとりの働きやすさに向き合い、実現しようとしているというメッセージを、育休取得者本人はもちろん、その周囲にも届けることができます。社員にとって**「働きやすい職場」となれば、社員の帰属意識が高まり、業務パフォーマンスが向上するだけでなく、人材流出の防止や、働きやすさを求める人材の確保**にもつながります。

### ❷職場の生産性意識の向上

　育休社員の業務を残された社員で補うためには、個人ではなく職場レベルでの業務効率化が求められます。**男性社員の育休取得をきっかけとして、業務の棚卸し、情報の共有、業務の見える化・平準化などが進み、職場の生産**

性の向上につながったという事例が、厚生労働省のイクメン企業アワードで、毎年、数多く紹介されています。

### ❸育休取得社員のマネジメントスキルの向上

社員は育休取得を通じて、通常の業務とは異なった軸での立場、役割を経験します。その経験は、将来、多様な価値観を持つ社員たちをマネジメントする場面で必ず活きてくるでしょう。また「困った時はお互い様」が肌感覚で身についていることが、職場に助け合いの文化を浸透させていく土台にもなります。上司に育休取得経験があることを、心強く思う若手社員も多いでしょう。

## ▶ オンラインシフトで男性育休は進むか

新型コロナウィルス（COVID-19）の影響でテレワークを強いられた結果、以前より家庭の時間を確保できたという男性が増えています。

今後、まとまった日数の育休をとるか否かだけではなく、**テレワークを組み合わせることで、毎日数時間だけ働くといったような、柔軟な育休の取得方法**についても検討が進んでいくと考えられます。

## ▶ 制度から風土へ

あなたの職場で、男性社員が育休取得を上司に相談した際、上司からの第一声は「おめでとう」でしょうか？

育休制度があっても、それを良しとする風土がなければ、育休を利用したくてもできない社員が増えるだけかもしれません。風土醸成には、育休を取得する社員だけでなく、それに関わる上司、同僚などの周囲の関係者全員が、**育休取得をポジティブに捉えることができる仕掛けが必要**です。

つまり育休を当事者だけでなく職場全体のイベントとして捉え、事例共有や部門表彰などを行うことによって、社員を巻き込んでいく姿勢が求められています。

Human Resource Management

# 7 介護離職と休職への備え

## 「お互い様」といえる仕組みと文化の構築

### ▶離職や休職を未然に防ぐのがマネジメント

2008年から毎年東京海上日動リスクコンサルティングが実施している「リスクマネジメント調査」で、2017年の調査で初めて「労働・雇用問題」が経営リスクの1位となりました。背景には大手企業社員の過労自殺が相次いで報道されたことで、わが社も他人事ではないと捉えた企業が多かったことがあります。

労働・雇用においてリスクマネジメントの観点で見ると、社員の離職や休職は未然に防ぐべき重要なマネジメント課題の一つです。**突然、離職や休職を宣言されるという状態にならないように、本人からの何らかの兆候を察知できるような密なコミュニケーションを心掛ける**ことが大切です。

また、休職に関しては本人からの申し出も重要ですが、マネジメントの立場から「今は自身や家族の健康が第一です。仕事をしばらく休んで、後のことは安心して任せてください」と積極的にいえることも重要です。

特に仕事熱心で責任感が強いタイプの方は、自分から休みを希望しにくい人が多いので、**本人が100%仕事に集中できるような環境や、身体を整えるための期間として休みを与える**こともマネジメントの仕事です。

### ▶介護離職問題

超高齢化社会に突入した日本において、**親の介護と仕事を両立させる社員は今後間違いなく増えていきます。**共働き世帯の数が専業主婦世帯を超えた今、自分の両親の介護を妻に任せて仕事するという構図は成り立ちにくく、かつその妻も自分の両親の介護が優先となっている現状です。

厚生労働省が発表している都道府県別 要介護（要支援）認定者は、平成30年時点で約640万人であり、今後も増えていくことが予想されます。2025年は団塊の世代が75歳を迎えるタイミングにあり、要介護者が格段に増えるといわれています。

『日経ビジネス』2014年9月号に掲載された特集記事によると、**介護をしな**

がら働き、そのうち企業が把握していない人＝「隠れ介護」は1300万人にのぼるとのことです。実に人口の1割というインパクトのある数字です。

　親の介護が必要となる年齢が社内で重要なポジションに就く年齢と重なることもあり、個人的な問題を会社にいいにくく抱え込んでいる人が多い現実もあります。両立が難しい場合、収入を減らしてでも柔軟な働き方のできる職業・職場への転職を余儀なくされる、つまり「介護離職」する方が増えていくと予想されます。

　人口の1割、つまりは社内の1割に介護離職予備軍がいると捉え、今はまだ問題が顕在化していない企業も先手で対策を考えておく必要があるでしょう。

## ▶休職の理由

　離職には至らなくとも、期待される業務遂行が難しくなる場合は休職することもあります。社員が休職に至る理由は様々ですが、まずは家族の問題と個人の問題に分けられます。**家族の問題**の場合、介護や育児に専念しなければいけない時期の休職が多く、**個人の問題**の場合、大きくは身体の疾患や心の疾患を患うことで業務を行うことが困難になり、医者からの業務執行をストップされることで休職に至ります。

　特に**心の疾患、いわゆるメンタルヘルスが著しく下がってしまうことによる休職は近年増加傾向**にあります。メンタルヘルスを下げてしまう理由として、業務に対する重責や長時間労働、業務内容と本人の資質の不一致によるストレス、職場のハラスメント系（パワハラ・モラハラ・マタハラ）などが挙げられます。

## ▶関係性を強固にしておく

　上記のようなメンタルヘルスを下げてしまう環境は誰にでも、いつでも生じるので、マネジメントする立場としては、信頼関係をベースに日々部下の様子をケアしておく必要があるでしょう。

　具体的な手段として次のものが挙げられます。

- 業務量や業務特性を把握する
- プライベートの様子や繋がりをなるべく把握する
- 会社用携帯、メール以外にもプライベートでつながるコミュニケーショ

ンラインを持つ（SNS、居場所、最寄り駅、趣味の仲間など）

　などが挙げられます。**マネージャーが社員へ向けるべき関心は、「ヒト（その人自身の性質・環境）とコト（業務内容）」です。**

　両方の観点でのケアを心掛ける必要があります。いつかは自分にも起こりうると社員全体が自分事と捉え、「お互い様」と思える土壌をつくり上げることも重要です。

マネージャーが社員へ向けるべき関心

コト
（業務内容）

ヒト
（その人自身の性質・環境）

ヒト・コトの双方に関心を向ける

# 8 シニア人材の活躍

**シニア人材の可能性を最大限に引き出すマネジメントとは**

## ▶人生100年時代におけるシニア人材

昨今よく耳にするようになった「**人生100年時代**」という言葉。人生100年時代と聞くと、何となく多方面に課題が山積しているイメージもありますが、社会につながりを持つ一人の人間として活躍できる期間が、以前より長く持てるようになった、とポジティブに捉えることもできると思います。

これからますます加速していく**少子高齢化社会で直面する深刻な労働力不足も考えると、経験豊富なシニア世代を企業が雇用することは、双方にとってメリット**のあることです。

内閣府が出した統計によると、労働力人口に占める65歳以上の高齢者の割合は平成29年で12.2%となっており、この上昇傾向はしばらく続くものと思われます（次ページの上図を参照）。

また、「何歳頃まで仕事をしたいですか」という問いかけに対して、「働けるうちはいつまでも」が29.5%で最も高く、「70歳ぐらいまで」が23.6%となっており、シニア世代の労働意欲が平均して高いことが伺えます（次ページの下図を参照）。その就業理由についてですが、60〜64歳では「生活の糧を得るため」という回答が多いのに対し、65〜69歳では「健康にいいから」「いきがい、社会参加のため」の割合が増え、就労に対してより主体的で前向きに考えられていることが読みとれます（97ページの図を参照）。

## ▶シニア人材に再活性化を求める「役職定年制度」

また、企業側もシニア人材に活躍の場を提供する仕組みを数々導入しています。その一つに「**役職定年制度**」があります。これは、「特定年齢に達した社員が管理職を外れ、一般職や専門職として処遇される制度」です。一般的に、人件費の抑制やポスト不足の解消を目的に行われることが多いですが、これからシニア人材になる社員に新たなキャリアプランの構築を求める効果もあるといえます。

## 労働人口の推移

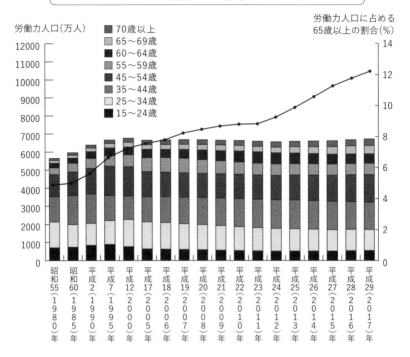

労働力人口（万人）

■ 70歳以上
■ 65〜69歳
■ 60〜64歳
■ 55〜59歳
■ 45〜54歳
■ 35〜44歳
□ 25〜34歳
■ 15〜24歳

労働力人口に占める
65歳以上の割合（％）

〈出所〉「労働力調査」（総務省）、「平成29年版高齢社会白書（全体版）」（内閣府）
(注1)「労働力人口」とは、15歳以上人口のうち、就業者と完全失業者を合わせたものをいう
(注2)平成23年は岩手県、宮城県及び福島県において調査実施が一時困難となったため、補完的に推計
　　　した値を用いている

## 時系列にみた就労希望年齢

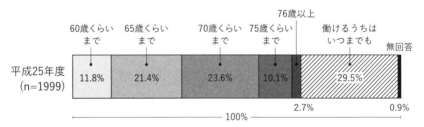

平成25年度
（n=1999）

| 60歳くらい<br>まで | 65歳くらい<br>まで | 70歳くらい<br>まで | 75歳くらい<br>まで | 76歳以上 | 働けるうちは<br>いつまでも | 無回答 |
| 11.8% | 21.4% | 23.6% | 10.1% | 2.7% | 29.5% | 0.9% |

— 100% —

〈出所〉「平成25年度高齢者の地域社会への参加に関する意識調査結果」（内閣府）

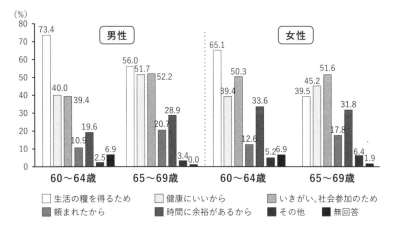

高齢者の就業理由

〈出所〉「平成23年高年齢者の継続雇用等、就業実態に関する調査」（独立行政法人労働政策研究・研修機構）
（注1）複数回答
（注2）60 〜 64歳は雇用者のみの回答、65 〜 69歳は自営業者を含む
（注3）平成23年7月現在の就業等の状況に対する意識を尋ねたもの

　2013年4月には厚生年金支給開始年齢の引き上げ（60歳→65歳）に伴い**高年齢者雇用安定法が改正**されたことを皮切りに、政府・企業とも、よりシニア世代が働きやすい環境の仕組みづくりが続けられていますが、その具体的なやり方や企業制度、マネジメント手法などは、まだまだ手探り状態であったり、人によってうまくいかない場合も現場では発生しているのではと思います。

　この項目では、シニア人材の雇用タイプに分けて傾向を読み解くと共に、どのようなマネジメントが、シニア人材である本人はもちろん、雇用側・チームメンバーそれぞれにとってプラスに働くのか、一案を示せればと思います。

## ▶異なる２つのタイプ

　60歳以上の年齢で就労を希望している方をシニア人材と定義づけた場合、大きく分けて２つのパターンが存在します。

　一つは、正社員として定年まで働き続けた方が、再雇用社員や嘱託社員として、同じ会社で勤務する場合。もう一つは、まったく新しい企業に転職組として入社し、勤務する場合です。

マネジメントのポイントは共通点もありますが、**特に前者の場合、同じ部署である際には、これまでと環境としては変わりなく思えるのに、急に自身の立場や雇用条件に大きな変化が起こるため、より繊細な注意が必要**となります。

　多くの企業では定年の"１年"以上前から今後のプランについて確認をするような面談や研修の機会が設けられていますが、**仕事だけではなく、ライフプランそのものにも寄り添う**形にしていただく方が望ましいといえます。"ライフ"は仕事と切り離せるものではなく、特にシニア人材の世代では変化（子供の就職、結婚、両親の介護、持病など）が起こりやすい時期です。趣味やボランティアといった活動まで視野を広げて、その中の一部に仕事がある、という位置づけで話を進めると、本人も想像しやすく、また今後について家族への相談をするきっかけにもなります。また、そこまで親身に考えてくれる会社に対して、より愛着心が生まれるかもしれません。

　その上で同じ企業に勤めることを選択された方には、感謝の気持ちを伝えると共に、**これまでの勤務との違いについて、しっかり説明をすることがとても重要**です。ここで認識のずれが生じてしまうと、後々、色々な場面でひずみが発生してしまうので、次の項目でも触れますが、**チェックリストなどをつくって、抜け漏れなく伝える**ことが大切です。

## ▶確認すべきチェックリスト

　採用時、新しい雇用形態で勤務を始める際、年に１回の更新面談など、折を見て、以下の内容を確認し合うことが重要です。

- 雇用条件のすり合わせ
  （勤務時間、残業の有無や給与面について）
- 労働環境の確認
  （立ち仕事中心かデスクワークか、PC利用の頻度など）
- 部署（会社）の目標と、その中での自身の役割は何か
  （具体的であるとなお良い）
- 不安なことはないか
  （業務面はもちろん、健康面などにも触れる）

　**特に時間を使うべきなのは、期待値のすり合わせです。どのような活躍を**

求められていて、周りからどう期待されているのかを具体的に示すことは、本人にとって分かりやすい指標の一つになります。

　シニア人材というと、経験豊富であるが故に、年齢とのバランスもあってうまくコミュニケーションがとれず、孤立してしまったり、チームの士気を下げてしまったりという話も耳にすることがありますが、先述した期待値の調整を本人のみならず、同じチーム内のメンバーにも共有することによって、チーム力自体を高める方向へ導くことが可能です。

　**シニア人材は相乗効果を高める役割も持っている**のだと認識してもらえると、マネジメント側も、より力を入れたい気持ちが呼び起こされるのではないでしょうか。このことは長期的な視点で取り組むポイントの一つになります。

## ▶職場環境を見渡す

　では実際、職場の環境はいかがでしょうか。例えばちょっとした機材の配置、導線で動きやすさは変わります。つまずきやすい場所はどの世代の方にとっても危険です。また、ＰＣ・資料の文字の見やすさはどうでしょうか。

　もちろんそれぞれの世代、個々によって快適な職場環境というのは一様ではなく、誰もが納得する形にすることは難しいのですが、身体的な老化は誰にでも訪れるものです。**まずは相手目線で配慮することを心がけ、日々改善の行動をとれるように意識する**ことが大切です。

　一度落ち着いて職場の環境を眺める時間をつくってみると、実はある人が行っていたちょっとした気遣いが、チームの円滑なコミュニケーションに寄与していたなど、意外な気づきを得ることもあります。

## ▶信頼関係構築のカギは一個人としてみること

　**複数の人が集まって仕事をしていると、やはり大事なのはベースとなる信頼関係の構築**です。信頼は毎日の積み重ねや、劇的な出来事、相性など様々な要素が組み合わさって構築されているものですが、前提としてシニア人材だからと無意識の壁をつくっていることはないでしょうか。**一方的な思い込みや偏見はどんな関係にもマイナス**です。特にシニア人材に対して多いイメージとして、能力の衰えを思い浮かべる方がいるのではと思います。次ページの図は、心理学者であるレイモンド・キャッテルとジョン・ホーンが考えた知的能力の分類と年齢による推移です。

## 流動性能力と結晶性能力

| | 流動性能力 | | 結晶性能力 |
|---|---|---|---|
| 1 | 新しいものを学習したり覚えたりすることなど。 | 1 | 一般的知識や判断力、理解力など。 |
| 2 | 過去の経験の影響を受けることが少ない。 | 2 | 過去に習得した知識や経験がもとになる。 |
| 3 | 生まれながら持っている能力に左右される能力。 | 3 | 日常生活の状況に対処する能力。 |
| 4 | 30代にピークに達した後、60歳ころまでは維持され、それ以降は急速に低下する。 | 4 | 60歳頃まで徐々に上昇し、その後は緩やかに低下する。 |
| 5 | 流動性知能が老年期以降低下することは、加齢に伴う脳機能変化と関連したもので、いわば正常な老化性変化と思われる。 | 5 | 70歳、80歳になればなだらかに低下するものの、そのレベルは20代近い能力が維持されている。つまり、高齢になっても何かを学び取得することが十分可能であることを示している。 |

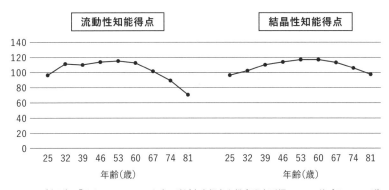

〈出所〉『サクセスフル・エイジング』(東京都老人総合研究所編、ワールドプランニング)

　これによると、確かに新しいことを学習したり覚えたりする能力というのは60歳を過ぎると低下していきますが、判断力や理解力、過去に取得した知識や経験をもとにした能力は、80歳まで20代に近いレベルで保たれていることが分かります。

　この点を踏まえた上で、偏見なく個人として接し、適材適所で力を発揮してもらうことで、もったいない誤解が発生することを防ぐことができます。

## ▶承認と助け合いの精神

"精神"と書くと少し大げさに聞こえるかもしれませんが、どの場面でも大切なことが、**承認と助け合い**を意識するということです。

**承認**とは、携わっている業務や意見について、"ありがとう"という感謝を表すことです。事実をベースに少しそのことに触れるだけでも構いません。自身がこの組織で何らかの役に立っているということを感じてもらうことを指します。

また、どうしても他メンバーに質問することや困ったことに陥ることが多いかもしれませんが、**助け合い**の気持ちで応えることが、やがて自身の経験やスキルとして還ってくると考えましょう。

## ▶モチベーション維持に続けてほしいこと

シニア人材になると、他者から意見を聞かれる場面が減ります。このことは定年まで勤務してきた方にとって、非常に大きなショックとなります。やはり人は社会的な生き物ですから、**誰かに必要とされている実感を持つことで安心し、やる気ややりがいを見出す**側面があります。

チームの活性化という意味でも、ぜひシニア人材の方の意見も聞き、実際に参考にさせてもらうことはもちろん、本人のモチベーション維持のためにも、そういった場面を随所につくることが大事です。また、自身の役割や成果を確認する定期的な面談の機会を持つこともとても有効です。

---

**ミドル・シニア人材の活性化に取り組む企業が増えている**

**実際の例**

・ベテラン人材と入社1〜2年目社員のペア制を敷き、技術を伝承
・ベテラン店長と新入社員だけの店舗をつくり、若手に修羅場を与えることで早期に育成
・シニア人材をプロのトレーナーとしてイチから育成し、全国を飛び回り社員育成を実施
・第一線を退いたシニア社員が若手社員の相談窓口として現場の人事関連業務を担当
・社員に早期からキャリア形成を促し、専門性の強化を会社として支援

など

# 2－9
# 外国人雇用の進展とダイバーシティ

## 押しつけず、認めることで風土が醸成される

### ▶外国人雇用の現状

厚生労働省の「外国人雇用状況の届出状況」によると、2018年10月時点の外国人労働者数は、前年同月比より14.2%増加し、146万人を超えました。**2019年4月の出入国管理及び難民認定法の改正**もあって、今後、労働力不足が深刻な業種を中心に、外国人労働者の受け入れがさらに加速する見込みです。

多くの企業にとって、国内の労働力人口が減少する中、外国人労働者の雇用は労働力確保のための現実的な解決策の一つになっています。その一方、優秀な外国人労働者にとって魅力的と思われるような、働きやすい人事制度や人材マネジメント体制が整っている企業はまだ多くないのが実情です。

### ▶外国人雇用の目的

外国人を雇用する目的は様々ですが、これまで多くの日本企業が労働力の確保や人件費の抑制を目的として、外国人社員の雇用を行ってきました。外国人社員に期待されていることは、新たな価値を生み出すことというよりは、既存のオペレーションのためのリソース確保やコスト低減といったものでした。

企業が海外市場への事業展開を進めるために、現地事情に通じた外国人社員を雇用することもあります。しかしその場合でも、外国人社員に期待されることは、新たな事業戦略の立案というよりは、日本人社員が立てた戦略を実現していくための橋渡し役、ということが多いのではないでしょうか。

外国人社員にとって働きやすい人事制度や人材マネジメント体制が整備されてこなかった背景には、**企業が、外国人社員の働き方や、価値の発揮の仕方に対して、限定的にしか考えてこなかった**ことが一因にあるでしょう。

### ▶外国人社員にとっての日本企業の魅力

その一方で、外国人社員と日本企業の関係は変わりつつあります。外国人

社員にとって、勤務先としての日本企業の魅力が相対的に低下してきています。**かつては賃金が外国人社員が日本企業で働く一つの要因でしたが、日本と他のアジア各国との賃金格差は年々縮まっています**。特にＩＴ人材などの高度な専門性スキルを有する人材は、一般的に、日本企業より中国企業の方が高い賃金で雇用しています。

また成長機会という点においても、日本企業では重要な意思決定に関われる機会が少ないため、特に**成長意欲の高い外国人社員は、より自身の裁量、権限が高い企業に活躍の場を求める**ようになっています。

### ▶日本企業にとっての外国人社員の位置づけ

また日本企業における外国人社員の位置づけも変化してきています。多くの日本企業において、失われた30年を経て、イノベーションを求める声はこれまでになく強まっており、イノベーションを実現する土壌として、職場における**ダイバーシティ（多様性）**を進める動きが活発になっています。

外国人社員に対して、労働力の補填や日本人社員のサポート役ではなく、**日本人社員とは異質な存在として、社内のダイバーシティを進め、新たな価値創造を起こす役割が期待される**ようになってきています。

### ▶同質性 vs 多様性

外国人社員が活躍しやすい環境を整備するために、押さえておきたいのが、組織における**同質性と多様性**の違いです。

日本企業の多くは、今現在も**同質性**の高い集団です。同質性にもメリットがあります。意思疎通が図りやすく、コミュニケーションコストが低くなります。決まったことを着実に実行していくには、同質性の高い集団の方が効率的です。製造業を中心とした多くの日本企業では、同質性の高い人材が改善を繰り返すことで競争力を向上させてきました。

**多様性**はコミュニケーションコストが高くなりますが、その一方で、同質性では期待のできない、予定調和から外れた新しいアイディアが生まれる可能性が高まります。異質なものがぶつかることで、化学反応が生じるのです。

### ▶多様性にこそ求められるマネジメント

では異質な存在を集めた多様性集団をつくれば、イノベーションが生まれるのでしょうか。**マネジメントのない多様性集団は、多くの場合、ただの非**

効率組織に終わるでしょう。異質な存在が集まる集団だからこそ、それらを繋げるマネジメントが必要になります。

　現場で実際にマネジメントを行う際に大事なポイントは、**多様性のマネジメントは同質性のマネジメントとは異なることを正しく認識する**ことです。

　自分自身が同質性の高いマネジメントを受けてきた日系企業のマネージャーは、多様性の特性に対する意識が弱く、同質性のマネジメントを多様性のメンバーに強いてしまうことがあります。

　例えば、「朝礼や週報のような形式でメンバーをマネジメントすることは、組織にとって望ましいことだ」という認識を持って、外国人社員に一律に同様の様式を求めても、上手くいかないかもしれません。**「日本式のやり方を覚えさせることが、外国人社員のためになる」ということは、ゼロベースで考えてみると、思い込みである**可能性もあります。

## ▶まずは押しつけず、認めるところから

　**多様性マネジメントの第一歩は、押しつけず、相手を認めるところからで**す。この時、組織としての短期的な効率性は、ある程度犠牲にする覚悟が必要です。さもなければ、既存組織にはないイノベーションを生み出すことは難しいでしょう。

　相手を受け入れることにコミュニケーションコストがかかっても、自分たちの過去のやり方をむやみに押しつける前に、まずは異質な存在である相手を認めてみる。**マネージャー自らがそうした行動を続けることによって、多様性を受け入れる組織風土が醸成**されていきます。

第**3**章

# 「人材獲得」における
# 人材マネジメント

第3章では人材マネジメントの入口である「人材の獲得」をテーマに様々な手法や考え方について解説していきます。新卒採用、中途採用をはじめ、様々な"新しい手法"が生まれつつあります。

# 3

## 1

# 人材獲得の代表的手法
# （採用、再雇用、契約、派遣、M&A）

### 激化する人材獲得競争

## ▶人材獲得に向けた戦略を立案する

　人材獲得に向けてまずやるべきことは「どのような人材を、どのように
獲得するか」ということです。そのプロセスは一般に次のようになります。

　①企業としてのミッション・ビジョン・戦略の確認
　②①に沿った必要な人材の確認
　③不足している人材の確認
　④人材の獲得方法の検討
　⑤人材の獲得方法の展開

　企業としての向かうべき方向性を確認した上で、必要な人材を特定し、そ
の獲得を検討します。もちろん外部から獲得する前に、内部の人事異動で調
整できる場合はそれを優先すべきです。

　なお、人材獲得の王道とされるのは「**新卒採用**」です。新卒採用において
は直接学生にスカウトメールを送るダイレクトリクルーティングや、SNSを
活用したソーシャルリクルーティング、人工知能による学生と自社のマッチ
ングを行う企業も増えています。

　一方、「**中途採用**」に注力する企業も増えています。中途採用は通年行われ
ることが多く、特定の事業や業務を推進する場合や、重要なポジションに欠
員が生じた場合に行われます。

## ▶高齢化社会で見直される「再雇用」

　少子高齢化の進行を受け、今後労働人口が減少していくとされている中、
高齢者を労働力として活用する、ということが政府の施策で取り組まれてい
ます。2013年4月より施行され、2020年3月にさらに改正された「**改正高年
齢者雇用安定法**」では、企業が**高齢者の希望に応じて70歳まで安定した雇用
を行う仕組み**を取り入れることを要請しています。

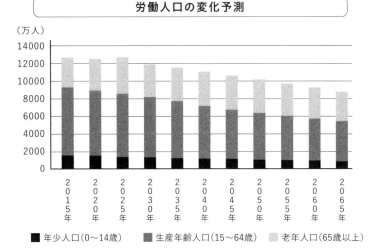

**労働人口の変化予測**

（万人）

■ 年少人口（0〜14歳）　■ 生産年齢人口（15〜64歳）　■ 老年人口（65歳以上）

〈出所〉『人材育成ハンドブック 新版 いま知っておくべき100のテーマ』
（眞崎大輔監修、ラーニングエージェンシー編著、ダイヤモンド社）

　企業は高齢者の再雇用を行うことで、人員不足の解消やベテラン社員の知識やスキルなどを社内で伝承できる、というメリットがあります。この際は単に再雇用を進めるだけでなく、就労環境・条件の整備や、知識・スキルの主な継承先である若手社員との認識ギャップのフォロー、そしてモチベーションを維持させるための施策の検討・導入などを併せて行うことが重要です。

### ■似ているけど違う「契約社員」と「派遣社員」

　一時的にスキルを持った人員を確保する、という観点では契約社員や派遣社員の活用も有効です。雇用期間に定めがある社員を総称して**非正規社員**と呼ぶことがあり、この中の一つの形態が「**契約社員**」です。正社員に比べ単価が低い傾向にあることから、企業としては人件費の圧縮や雇用の調整として流動的な人員の確保を行うことができる、というメリットがあります。

　契約社員は、企業と雇用契約を直接結ぶのに対して、直接の雇用関係を持たないパターンもあり、この中の一つの形態が「**派遣社員**」です。

　派遣社員はあくまで派遣元の企業の従業員であり、派遣元企業と派遣先企業が労働者派遣契約を締結することで、派遣先企業での業務を行います。

　派遣社員と派遣先企業の間には直接的な雇用関係がないことから、企業側としては人件費の削減が、派遣社員自身には各自のライフスタイルに合わせた働き方ができるなどのメリットがあります。ただし、労働者派遣はリーマ

ンショック以降に発生した「**派遣切り**」など、社会的問題として議論されることも多く、法令等に則った適切な管理体制が強く求められる点は注意が必要です。

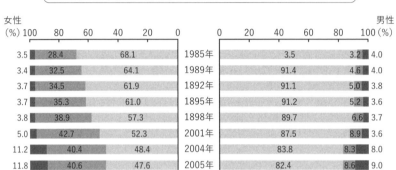

**雇用者（非農林業）における非正規社員の割合**

| 女性 | | | | 男性 | | | |
|---|---|---|---|---|---|---|---|
| 3.5 | 28.4 | 68.1 | 1985年 | 3.5 | 3.2 | 4.0 |
| 3.4 | 32.5 | 64.1 | 1989年 | 91.4 | 4.6 | 4.0 |
| 3.7 | 34.5 | 61.9 | 1892年 | 91.1 | 5.0 | 3.8 |
| 3.7 | 35.3 | 61.0 | 1895年 | 91.2 | 5.2 | 3.6 |
| 3.8 | 38.9 | 57.3 | 1898年 | 89.7 | 6.6 | 3.7 |
| 5.0 | 42.7 | 52.3 | 2001年 | 87.5 | 8.9 | 3.6 |
| 11.2 | 40.4 | 48.4 | 2004年 | 83.8 | 8.3 | 8.0 |
| 11.8 | 40.6 | 47.6 | 2005年 | 82.4 | 8.6 | 9.0 |

■ 正規の職員・従業員　■ パート・アルバイト　■ その他（労働者派遣事業者の派遣社員、契約社員・嘱託、その他）

〈出所〉「平成18年版男女共同参画白書」（内閣府男女共同参画局）

## ▶ 組織と人材をセットで獲得する「M＆A」

　人材獲得の手段としては他にも、**M＆Aによる人材獲得**が挙げられます。これまでに紹介した手法はいずれも、自社に何らかの事業が存在する上で、その事業に必要な人材を確保する、という観点の手法です。

　一方、**M＆Aによる人材獲得では、「事業ごと人材を確保する」ことが可能**となります。また、その人材は元々その事業に精通していたわけですから、新たに育成をし直す必要もないため、育成コストも抑えることができます。これは新事業の立ち上げ、同一事業の規模拡大のいずれを意図した買収の場合でも、同様です。

　この手法で気をつけなければならないことは、統合後における企業文化の融合に納得感を持たせること、**特に買収された側の企業に所属していた従業員に対する十分な配慮を行う**ことです。獲得した人材のモチベーションを喚起し、新会社のビジョンに共感してもらえなかったら、せっかく獲得した即戦力人材が離れていってしまうことになりかねないので、注意が必要です。

## 2 採用の変化と対策

### 採用手法の多様化とその背景

### ▶採用手法の多様化

　人材獲得手段は、時代の流れに即して多様化が進んできましたが、第2章で述べた通り旧来、日本型組織においては、年功序列を維持するための「新卒一括採用」が人材獲得方法の主流であり、ほとんどの企業がこの採用手法をとっていました。

　そして、企業は獲得した労働力を活用し、均一な品質の商品を大量生産することでコストを押し下げることで、日本企業は爆発的な成長を遂げてきました。

　しかし、リーマンショックなどによる景気の後退や、少子高齢化のさらなる進行による日本企業および市場の成熟化が進んだことで、**「優秀かつ即戦力となる人材を少数精鋭で獲得したい」** という意識が企業に広がり、これまで日本では比較的注目されていなかった、中途採用の市場が発展することとなりました。

　また欧米企業などでよく見られる「トップ人材の引き抜き」など、外部から経営層となるプロ人材を調達する**「ヘッドハンティング」**の手法や、近年では社員が企業に人材を紹介する**「リファラル採用」**なども加わり、様々な採用手法が日本企業に浸透してきています。

### ▶新卒採用の変化と対策

　先ほど、新卒採用は旧来からある手法、と紹介しましたが、もちろんその中でも様々な変化が起こっています。例えば、「採用窓口の通年化」「インターンシップ制度」「採用支援サービスの多様化」などです。

　**「採用窓口の通年化」**については、第2章ですでに触れた通り、企業側の採用の時期をずらしてでも「優秀な人材を獲得したい」という意識をベースとして、**学生の自由なキャリア設計（海外留学や長期ボランティアへの参加など）に寄り添った対応**といえます。こちらについては、企業側では採用担当

者の負担増加、学生側では就職活動期間の長期化や意思決定のタイミングが不明瞭になることが課題として考えられます。

　これらを解消するために、企業は具体的な採用戦略・目標の策定（いつ、誰を、どの方法で、何人採るのか）を行い、また採用スケジュールを含む全体像を学生に対してオープンにしていくことが必要です。

### ▶インターンシップなどの積極的活用

　また、従来の採用面接だけでは見抜くことが難しい業務適性や、優秀な人材の早期の囲い込みを行う手段として、「**インターンシップ**」と「**新卒採用**」を組み合わせた取り組みも盛んに行われています。

　インターンシップを行う最大の目的は、**企業と学生の間にミスマッチを生じさせない**ことです。入社前に実際の業務を体験してもらうことで、学生側はその企業が本当に自身に合うのかを確認でき、企業側も早期離職のリスクを軽減できる、インターン期間中に優秀な成果をあげた学生に早期から採用のアプローチをかけられる、というメリットがあります。

　ただし、学生をどのような業務に従事させるか、メンターとして誰を配置するかなど、「刺さる」体験の用意と、まだ自社の社員ではない学生に対して過剰な負荷を与え過ぎない配慮をバランス良く組み合わせることが大切です。

　これ以外にも、近年は「**採用支援のサービス**」が非常に多岐に渡っています。従来の就活支援Webサイトに加え、新卒者専門の人材紹介エージェントや、企業と学生間の入社前の面談のマッチング、特定の大学・学部などにフォーカスした求人サイト、企業が学生に直接スカウトを行うことができるダイレクトリクルーティングなど、挙げればきりがないほどのサービスが存在しています。

　これらのサービスの多様化は、**企業における「自社の求める人材像とできる限り近しい人物を採用したい」というニーズが高まっている**ことが要因です。自社の求める人材像を明確化し、その層がどのサービスを利用しているかを特定した上で、利用サービスを選択していくことが重要です。

様々な新卒採用支援サービス

スカウト型

LabBase

キミスカ

Athlete
Planning

OfferBox

特定型

総合型

paiza新卒

マイナビ2022

理系就職 AGENTneo

リクナビ2022
PRODUCED BY RECRUIT

応募型

## ▶中途採用の変化と対策

　新卒採用と双璧をなす「中途採用」市場は拡大を続けています。背景には、不透明な事業環境における変化への対応力強化や、価値観が多様化した顧客に対する新たな価値の提供、人生100年時代の到来に伴うキャリアの考え方の変化などが存在します。

　VUCA（ブーカ、119ページ参照）な時代、と呼ばれるほどに先を見通すことが困難となった現代では、自ら主体的にあらゆる情報を収集し、スピーディーかつ柔軟に打ち手を検討できる人材が求められてきます。

　様々な情報にアクセスするためには、自社内の人材も多様であることが望ましく、**中途採用によってある意味「異質」な人材を獲得することが他社との差別化や競争力の確保**につながります。

　ただし、最終的な人材ポートフォリオのイメージがなく、ただ従来の自社の価値観と異なるという点のみで採用したとしたら、良い組織風土の崩壊や昔からの社員の反発を招くことにもなりかねないので、注意が必要です。

　また、定年年齢の後ろ倒しなどにより、労働年数がますます長期化する中で、一つの会社に留まらず、自身のありたい姿の実現のために会社を選択する、という考え方を持つ人々が増えてきています。

企業側から見ると、優秀な人材の獲得の機会が増える、という反面、自社から優秀な人材が流出するリスクも抱えることになるので、手放しには喜べません。

　売上や顧客へのサービス提供などの「企業の外側」だけでなく、**企業風土や待遇の改善、従業員の成長支援など「企業の内側」に目を向け、企業の魅力づくりを行い、優秀な人材に選んでもらえる仕組みをつくり上げる**ことが必要です。

## ▶ 多様化する採用手法

　その他の採用手法の例としては、「ヘッドハンティング」や「リファラル採用」などが挙げられます。これらは主に外資系企業で実施されてきた手法で、近年では一部の日本企業においても取り入れられています。

　**ヘッドハンティング**の対象となるのは、主に経営層や高い専門性が求められるポジションです。ベンチャー企業など、自社で人材を育成する余力や時間がない中で、直ちに事業を立ち上げたり拡大したりする必要がある場合には非常に有効な手法です。

　即戦力かつハイクラスな人材を確保できる手段ということは、同時にそうした人材を失うリスクを自社も抱えていることになります。加えて、ヘッドハンティングの場合は仮に本人に転職の意思がなかったとしても、優秀であれば破格の条件でスカウトが来る可能性があるので、自社内の**優秀な人材については、特に自社内および他社における同格の人材と比べ、十分な評価ができているかをしっかりと確認し、定期的にコミュニケーションをとる**ことが重要です。

## ▶ 知人の採用を検討するメリットと注意点

　最後に紹介する**「リファラル採用」は、自社の社員が知人を自社の採用担当者に紹介する、という採用手法**です。欧米ではよく行われる方法ですが、近年課題となっている採用した人材の早期退職に対する解決策の一つとして、日本でも注目され始めています。

　自社のことを熟知した社員による紹介であることから、ミスマッチは起きづらく、入社の意思も比較的固いため、採用コストを抑えられることがメリットです。

　一方で、一歩間違えればいわゆる「縁故採用」にもなりかねませんので、

採用したい人物像の明確化や、採用ルールの策定・周知、採用責任者と紹介者の役割分担など、事前にしっかりと検討することが重要です。

### ▶ 変わる採用の「場」── オンライン面接

　近年では面接の場はFace to Faceだけではなくなってきています。**Web会議システムなどを利用した「オンライン面接」**を実施する企業も若干ながら増えてきています。

　オンライン面接の最大の利点は移動コスト（費用・時間の両面）がないことで求職者が面接に向かうための心理的ハードルを下げられることです。

　例えば、海外駐在員や海外大学院の学生（社費留学生なども多くいます）は、通常であればターゲット外になっていますが、オンライン面接であればコンタクトすることができます。また、中途採用においては、求職者は現職に勤めながら転職活動を行うことがかなり多く、勤務時間中のちょっとした隙間時間にオンライン面接を実施することが間口の拡大につながります。

　一方で、オンライン面接ではリアル面談と比べ、「求職者1人対面接官複数人とした場合、面接官が質問をしにくい」「一方的な話が続くと聴き手の集中力が切れやすい」「その人のトータルの人柄・印象がつかみづらい」といった部分もあるため、**それらを認識した上で面接の運営や、質問事項をしっかりと準備しておく**必要があります。

# 3 再雇用によるシニアの戦力化

早期のセカンドキャリア開発を促す

## ▶シニア世代の継続雇用の現状

　第2章でも解説したように、少子高齢化に伴う労働人口の減少が急速に進む中、シニア世代を働く現場でいかに活用するかということは、企業にとって大きな課題となっています。こうした状況を受けて、**「高年齢者雇用安定法」の2013年の改正により65歳までの雇用を確保**するために、定年年齢を65歳未満に定めている事業主は以下の3つのどれかを企業として採用することが義務化されました。

　①定年の廃止
　②65歳まで定年の段階的な引き上げ
　③希望者全員を対象とする65歳までの継続雇用制度の導入

　実態は、ほとんどの企業が③の継続雇用制度（定年再雇用制度）を採用しています。定年後、最大5年間で1年ごとに契約更新する嘱託社員として再雇用し、年収は一律で定年前の半分程度に引き下げるのが一般的です。

　法律に従って企業側は雇用の継続を行い、被雇用者も収入を得たい、会社に価値貢献をしていきたい意思を叶えるべく再雇用の制度を選択するというのがボリューム層でしょう。

　なお、本書執筆時点（2020年6月）では、さらに高年齢者雇用安定法が改正され**70歳までの就業機会の確保について多様な選択肢を法制度上整える努力義務が追加**されました（2021年4月1日施行。詳しくは158ページを参照）。

## ▶定年再雇用制度を取り巻く課題

　一昔前、定年退職前の窓際族で高収入（年収2000万円程度）を得ている社員を「Windows2000」人材と揶揄することもありました。

　退職間際で業務への熱量がダウンし、なかなか全盛期のように会社を盛り

立ててくれないシニア世代が一定数いるのは事実です。そのような方々も含めて**再雇用後の大きな問題は、被雇用者のモチベーションやモラルの低下**です。会社側としては戦力として働き続けてほしい反面、基幹業務は育成の観点でも次世代リーダー層にスライドしていくことになります。

そのため再雇用者には基幹業務が割り振られにくく、目標を持てないまま淡々とこなし義務的に働き続ける方も多いです。役職定年制度や再雇用によって役職を外れたにもかかわらず、**以前の管理職の意識を変えられず、自分がリーダーシップをとっていた時代がそのまま続いていると思い、周囲との関係性を再構築できない**方もいます。

メイン業務から遠のき収入も下がり、これまでの役割に基づく周囲との関係性のままではいられないので、どこにモチベーションを持てばいいか分からなくなるのです。そのような方が組織に一定数存在すると、チームにもたらされる弊害もあります。

**また、同一労働同一賃金に関連した法改正に対応していくことも課題です。「嘱託社員だから」賃金を下げるという場合、法律に抵触する可能性があります。**正社員との待遇の棲み分けも課題です。

いずれにしても、再雇用した社員にいかに活躍・貢献してもらうかという明確なビジョンがないまま、継続雇用だけを進めても、会社側も被雇用者もお互いにフラストレーションを抱える結果となります。

### ▶再雇用のメリット・デメリット

定年後も会社に在籍してもらうことのメリットは主に下記の4つです。

- 組織内外の人間関係が良好な場合は継続して業務を依頼しやすい
- 実績に基づいた能力であることが分かっているので信用できる
- 即戦力として引き続き価値提供してもらえる
- 別の人材を採用するよりも、社内ルールや実務内容を理解しているので、指導、教育に時間を割かずに済む

一方、デメリットとしては、

- 役職が変わっても、元の役職の際の関係性を変えることが難しく、業務指示などが出しにくい

- 過去の成功体験をベースに部下教育が行われるので、パラダイムの変化に気づきにくい、教わる方も意見しにくい

などが挙げられます。

## ▶▶「戦略的」再雇用制度への転換が求められる

　定年を境に、被雇用者の人事評価や雇用形態が大きく変わることが現状ですが、定年を迎えても急に能力や成果が落ちるわけではありません。むしろ、経験、技能の伝承や人材育成など、シニア世代だからこそ力を発揮できる場面も数多くあります。シニア世代の知見を企業のリソースと捉え、活用し、被雇用者自身も価値提供のスタンスを持って業務を行ってもらうWin-Winの関係を構築することが理想です。

### 戦略的再雇制度とは

#### 戦略的再雇用

・技能の伝承や人材育成など、シニア世代のスキルを資産と捉え雇用する
・被雇用者自身にも、価値提供のスタンスをもってプロフェッショナルな働き方を求める
・Win-Winな雇用

#### 自動的再雇用

・定年後、本人が希望するまま雇用する
・会社としての目的や役割は決めずただ在籍させる
・本人のモチベーションが上がらず、他の社員の足かせになる可能性がある

　実践のポイントは、職務内容と賃金のバランスにあります。
　シニア人材が経験と能力を発揮でき、やりがいを持って働ける仕事をつくっていく必要があります。賃金は、「定年後は一律に下がる」となると、どうしても仕事に対する「割り切り」感が生じてモチベーションがダウンしがちになります。**在籍時の何％という一律の決め方ではなく、定年後の役割や貢献にもとづいて話し合いを重ねるなど、合意を前提に再設定すべき**です。

## ▶ポストシニア世代へのキャリア研修

　定年後もシニア世代に活躍してもらうためには、定年後の会社でどのように価値貢献をしていくのかを、社員に考えてもらう必要があります。近年ニーズが多いのは、**40～50代のうちに人生100年時代を見据えたセカンドキャリアを検討してもらう場の提供**です。定年時の次のキャリアとしての選択肢は、

　　①定年再雇用
　　②出向・転籍
　　③転職
　　④起業～独立自営

となります。転職や起業をするキャリアを自ら選択する社員もいますが、経営幹部、特殊技能者を除き、中高年の「転職」は極めて厳しい現実です。定年後の正社員としての採用は非常に狭き門です。

　このような状況において、マネジメント業務の観点で重要なことは、40代、50代のうちに、定年後の準備をすることを会社側から働きかけていくことです。

　なかには、**65歳までは定年再雇用で働き続けられるだろうと、キャリアチェンジの準備をせずに過ごしているポストシニア世代も、少なくありません。**先に挙げたように定年再雇用後も同じポジションのまま会社に居続けることはできないので、役割の変化、周囲からの期待値の変化、関係性の変化に備えて心づもりをしてもらわなければなりません。

　**定年後再雇用は同じ職場であっても、同じ環境＆待遇下での業務ではない**ケースがほとんどであることを強く認識していただく必要があります。

## ▶強みを認識し専門性を高める

　定年後の働き方で一番の理想は、強みを武器に専門性を確立したポジションに就くことでしょう。技術職の方であれば、技術スキルの伝承を若手に行っていくなどが一般的です。「若手への技能伝承」は多くの企業における重要な課題となっています。また、その方の一番の強みをエッジに企業としてのフラグを立てて分社化し、その会社の社長に就任してもらう案もあり得ます。

117

そのためにも、**定年後に自分は何でフラグを立てていくのかをしっかり考え、スキルを開発し自分をブランディングしていく**、ということをシニアに求めていくことが必要になります。

　マネジメントする立場としては、その立場の方への働きかけを行い、在籍中からその強みを活かして価値貢献してもらうことが重要です。**年齢を重ねるごとにスキルが磨かれ熟成されていくプロセスを描いてあげる**ことがシニア世代の活躍に繋がります。

　例えば下の図のようなシートを用いて強みを再確認する機会を提供することも効果的といえます。

**強み分析＋キャリア開発のワークイメージ**

| キャリア・アンカーを明確にする〜自分の強みを発見する〜 | | これまでの人生で見つかった「強み」「気づき」 | 「強み」や「気づき」を活かせそうなこと |
|---|---|---|---|
| **意欲** | やりたいこと<br>好きなこと<br>楽しいこと<br>ワクワクすること | | |
| **能力** | できること<br>得意なこと<br>実績のあること<br>専門性のある事 | | |
| **価値** | 大切にしていること<br>譲れないこと<br>重視していること<br>人生の目的 | | |

# 4

# 外部人材の戦力化
# （契約社員、フリーランス）

## 外部と内部の人材の有機的なつながりによる価値創造

### ▶ VUCA時代での人材自前主義リスク

現代の社会環境は「**VUCA**」（ブーカ）と表現されます。これは、Volatility（**変動性**）、Uncertainty（**不確実性**）、Complexity（**複雑性**）、Ambiguity（**曖昧性**）という４つのキーワードの頭文字からとった言葉で、**あらゆるものを予測することが困難な時代である**という意味です。

ビジネスの世界においても、産業によって程度の差こそあれ、急激な構造変化は、現在進行形で進んでいます。そうした環境下では、企業の経営戦略には柔軟性が求められます。人材戦略も環境変化が前提となります。経営戦略の実現に必要とされる人材のスキルも、常に変わり続けることを前提とすべきです。

新卒・中途で採用した社員を、自社内で育成して戦力化していくことはもちろん必要です。その一方で、自社内での育成は、現行の社内のロールモデルのような人材を増やす方向性になりやすい、ということを認識しておく必要があります。

自社内のロールモデルが、事業環境の変化を乗り越えて活躍できるとは限りません。**人材自前主義に拘りすぎることは、VUCA時代においては経営リスクを高めることにつながります。**

### ▶「攻め」の外部人材活用が価値を生む

予測することが困難な時代だからこそ、活用したいのが外部人材です。外部人材の活用というと、派遣社員のような「非正規社員」や、業務を切り分けて外部へ委託する「下請け」、「外注」といったことが、これまでも行われてきました。このような外部人材の活用は、雇用のバッファー、コスト低減といった、「守り」の手段としてとられることが一般的でした。

**しかしVUCA時代に求められているのは、新たな価値を生むための「攻め」の外部人材の活用**です。内部人材と有機的につながり、組織内に化学反応を起こすことを目的にした、戦略的観点から企図された外部人材の活用が求め

られています。

　一例として、外部から経営人材を招く「**プロ経営者**」があります。大胆な社内改革が必要とされる場合など、経営判断を行う人材を外部に求める企業が出てきています。経営という高度なスキルに限らず、**自前主義によるリスクを認識して、企業の戦略実現のために外部人材の活用を柔軟に検討してみる**のが良いでしょう。外部人材を調達できる環境も整ってきています。

## ▶拡大するフリーランス人口

　人材派遣企業のランサーズによる「フリーランス実態調査(2019年度版)」によると、2019年時点での日本のフリーランス人口は、1,087万人とされています。これは**2015年と比べて22.6%も増加**しています。

　その土台として、クラウドやWeb会議といったITツールの進化により遠隔地ワークが簡単になったことや、企業とフリーランスをつなぐプラットフォームの出現および成長により、**フリーランスとして働く環境が以前と比べて格段に整備**されていることが挙げられます。

　スターバックスなどの喫茶店や、WeWorkなどのコワーキングスペースの増加は「ノマドワーカー」を生み出し、今ではフリーランスのワーキングスタイルとして定着しています。「ノマドワーカー」とは英語で"遊牧民"を意味する「ノマド(nomad)」と働く人を意味する「ワーカー(worker)」を組み合わせた言葉です。

　これにより、プライベートの事情によりフルタイムで働くことが難しい、定年退職後に自身のビジネススキルを活用する場所が分からない、といったような、**これまで働きたくても働けずに埋もれていた人材の労働市場へのアクセスが容易**になりました。企業の副業解禁により、自身のスキルを短期的に切り売りしたい人も増えています。

　**2019年時点では全労働力人口に占めるフリーランス人口の割合は17%**ですが、今後も技術の進化や社会通念の変化により、フリーランス人口は拡大するものと思われます。フリーランスという働き方が日本より一般的な米国では、同割合は35%もあります。

## ▶外部人材を活かすプロジェクト型組織

　では外部人材を有効活用するためには、どのような組織形態が望ましいでしょうか。一般的に外部人材の活用は所掌範囲や期間が限定的なことが多く、

その際は「**プロジェクト型組織**」が外部人材活用の成果につながりやすいです。

**「プロジェクト型組織」とは、「機能別組織」とは異なり、プロジェクトのためだけに存在する独立した組織**です。プロジェクトでは、目的と時間を含めた制約条件が明確になります。プロジェクトの範囲内に限定することで、外部人材に求める要件も明確になり、効果の測定も容易になります。外部人材側の視点でも、企業の組織の枠にとらわれることなく、プロジェクト内で自身の役割を果たすことに集中することができます。

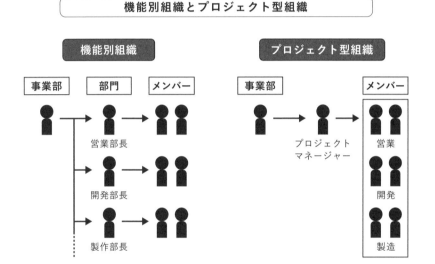

機能別組織とプロジェクト型組織

|  | 機能別組織 | プロジェクト型組織 |
|---|---|---|
| メリット | ・コミュニケーションがとりやすい<br>・社内にノウハウが蓄積されやすい<br>・各機能の専門性・効率性を高める | ・迅速な意思決定が可能<br>・外部リソースが活用しやすい<br>・プロジェクトマネージャーが育成される |
| デメリット | ・責任や権限が曖昧になりやすい<br>・社内調整に時間が掛かる<br>・部分最適に陥りやすい | ・ノウハウが共有されにくい<br>・全社的意思決定が難しい |

## ▶️外部人材を活用する際の留意点

外部人材を実際に活用する際に、企業側が押さえておきたいポイントを3

点紹介します。

### ❶要件定義

　外部人材に求める要件を明確に定義しておくことで、内部人材との役割の違いを明確にし、それを外部人材と内部人材に周知することで、**それぞれの所掌範囲を明確にする**ことができます。また定義が明確であれば、外部人材活用の効果も検証しやすく、その知見は、次の活用機会に活かすことができます。

### ❷内部人材のプロジェクトマネジメントスキル

　外部人材は活用すべきものであり、主体はあくまで企業にあります。つまり、外部人材に活躍してもらうためには、内部人材にマネジメントするスキルが必要になります。特にプロジェクト型組織においては、プロジェクトマネージャーが外部人材のマネジメントを任せられることが多く、企業には、**有能なプロジェクトマネージャーの育成が求められます。**

### ❸企業内へのノウハウ蓄積

　**外部人材からもたらされるものは、ノウハウとして、可能な限り企業内へ蓄積できるようにすべき**です。外部人材の活用期間終了後、ノウハウが残っていれば、その後同じような状況になった時でも、内製化で対応できる可能性が出てきます。このノウハウ蓄積は、内部人材の育成にもつながります。

# 5 派遣人材のマネジメント

派遣人材の "今" と派遣先企業におけるマネジメントのあり方

## ▶派遣人材の今と昔

　正社員、契約社員、パート・アルバイトと共に、代表的な就業形態の一つとして並ぶのが、「**派遣社員**」（派遣労働者）です。総務省の労働力調査（詳細集計）によると、2000年に38万人だった派遣社員数は、2008年にこれまでで最多となる142万人に達した後、リーマンショックを境に2012年には90万人まで減少するものの、その後再び増加し、2019年には137万人となっています。

　この背景には、経済全体の動きと、人材派遣をめぐる規制緩和／強化の流れが要因として強くあります。

### 人材派遣の規制に関する流れ

| 年代 | 人材派遣市場に関わる<br>経済の変化 | 人材派遣の潮流<br>（法整備） |
|---|---|---|
| 1985年以前 | | アメリカで広まっていた人材派遣サービスを真似る形で登場。業務請負の形式でサービスを提供 |
| 1986年 | 好景気の影響で雇用も多く、人材派遣市場も順調に拡大した | 労働者保護のための法整備（労働者派遣法施行）　13業務のみ認められる |
| 1990年代 | バブル崩壊、金融危機によりデフレが長期化<br>企業の業績が悪化する→人件費削減へ | 人材派遣を利用しやすいように規制緩和対象が26業務に拡大する |
| 2010年代 | 2008年のリーマンショックを機に景況感が悪化。若年層の貧困化やワーキングプアが問題に | 派遣契約の打ち切りが社会問題化し、批判拡大を受けて規制強化に転じる |
| 2015年 | | 派遣法改正　雇用安定措置の義務化が図られる |

　**2015年の改正では、同一事業所・部署での勤務は３年間と上限**が定められ、実際に法改正から３年が経った**2018年以降には長期間同様の業務が発生す**

る場合は直接雇用の可能性を検討するよう、企業に促しています。

　労働者派遣法が施行された1986年当時の「専門性に特化した人材」のイメージから、**「専門性」×「短期契約（最長3年）」**の掛け合わせが、現在の派遣人材を表す状態といえます。

　さらには2020年4月からいわゆる"**同一労働同一賃金**"がスタートしました。これにより派遣社員は原則として労働内容が等しければ賃金も等しくする、といった待遇を受けられるようになります。

## ▶派遣先企業にとっての派遣人材の位置づけ

　では、企業にとって"一時的"となってしまう可能性のある派遣社員を必要とする理由とは何でしょうか。厚生労働省の調査によると、最も多いのは、欠員補充などに対して迅速に人員を確保できるため、また、一時的・季節的な業務量の変動に対処するためという理由が上位に挙げられています。

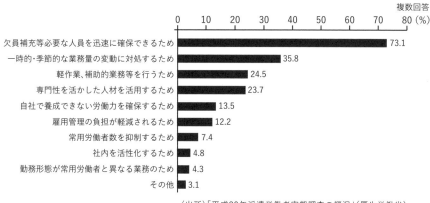

**派遣労働者を就業させる理由別事業所数割合**

複数回答

|  | (%) |
|---|---|
| 欠員補充等必要な人員を迅速に確保できるため | 73.1 |
| 一時的・季節的な業務量の変動に対処するため | 35.8 |
| 軽作業、補助的業務等を行うため | 24.5 |
| 専門性を活かした人材を活用するため | 23.7 |
| 自社で養成できない労働力を確保するため | 13.5 |
| 雇用管理の負担が軽減されるため | 12.2 |
| 常用労働者数を抑制するため | 7.4 |
| 社内を活性化するため | 4.8 |
| 勤務形態が常用労働者と異なる業務のため | 4.3 |
| その他 | 3.1 |

〈出所〉「平成29年派遣労働者実態調査の概況」（厚生労働省）

## ▶派遣人材が持つ背景への理解

　マネジメントでは、チーム全体はもちろん、個人それぞれをしっかり見て向き合うことが大切です。そのためにも、大前提としてどういった傾向（背景）を抱えた人材がいるのかという点を、ある程度理解しておく必要があります。

　次ページの図は、派遣社員として働く方々がなぜ派遣社員という就業形態

を選んだのか、という問いに対する回答で、大きく３つに分類することができます。細目では「正社員として働ける会社がなかったため」というものが37.7％と最も多くなっています。その後は、専門性を活かせるという能力的な側面から、収入面や通勤、都合の良い時間帯での勤務など、条件面をプラスに捉えた回答が続きます。

**派遣社員が現在の就業形態を選んだ理由**

(％、複数回答)

| | | |
|---|---|---|
| **条件が合う**<br>(雇用形態・業務内容) | 正社員として働ける会社がなかったから | 37.7 |
| | より収入の多い仕事に従事したかったから | 18.5 |
| | 簡単な仕事で責任も少ないから | 12.1 |
| | 組織に縛られたくなかったから | 9.5 |
| | 勤務時間や労働日数が短いから | 8.4 |
| | 体力的に正社員として働けなかったから | 2.4 |
| **スキルを活かす** | 専門的な資格・技能を活かせるか | 23.7 |
| **条件の良さ**<br>(プライベートとの兼ね合い) | 自分の都合の良い時間に働けるから | 18.4 |
| | 通勤時間が短いから | 16.8 |
| | 家計の補助、学費等を得たいから | 15.1 |
| | 家庭の事情(家事・育児・介護等)と両立しやすいから | 14.7 |
| | 自分で自由に使えるお金を得たいから | 13.3 |
| | 他の活動(趣味・学習等)と両立しやすいから | 11.9 |
| | 就業調整(年収の調整や労働時間の調整)をしたいから | 1.8 |

〈出所〉「平成26年就業形態の多様化に関する総合実態調査の概況」(厚生労働省)から抜粋

　これはあくまで派遣社員全体としてみた場合の数字になります。この後詳しく触れますが、**派遣社員の方それぞれに現在の就業形態に対する背景や考えがあるので、最初のマッチングや面談などを通して、それぞれの背景を理解する**ことを忘れない点が重要です。

## ▶マッチングで意識したい５カ条

　派遣人材を採用するとき、最初に行うのがマッチングです。今回は、派遣社員の中でも最も多い「**登録派遣型**」の事務職を想定して、マッチングでポイントとなる５カ条を次にまとめます。

　①人材として欲しいスキルはできるだけ具体的に多く挙げる

②業務内容は端折らず提示する

③チームの人数・性別・年齢構成、雰囲気を率直に伝える

④面談時はオープンマインドを心がける

　　（※できれば直属の上司となる予定の人が同席する）

⑤必ず職場見学をしてもらう


　どれも当たり前と思われるかもしれませんが、急いで人材が欲しい時には、いずれかの項目の扱いがぞんざいになることが多々あります。なかなか欲しい人材に巡り合えない時には、落としどころを検討することも重要なポイントの一つですが、**これは外せないという条件は何かを、最初に決めておくと全体がスムーズに進みます**。採用の軸をブレさせないようにすることが肝要です。


## ▶社内のマネジメントバランス

　派遣労働は、派遣社員、派遣元企業、派遣先企業の三者が関わる就業形態です。それぞれに関係性がありますが、実際に最も関わりを持つのは、「派遣社員―派遣先企業」間となります。なかでも派遣先企業、つまり社内でのマネジメントの舵取りが重要です。

　例えば、同じ派遣元企業から派遣された方でも、先に述べたように一人ひとり働き方に対するポリシーや、派遣という就業形態を選んだ背景が異なります。任された仕事の枠組みの中でコツコツ頑張りたい方もいれば、意見を求められたらはっきり伝えて価値発揮を高めたいという方もいます。時間帯や残業の条件を優先して派遣という働き方を選んだ人もいれば、スキルアップ重視で多少の残業は問題ないという人もいます。さらに社内には直接雇用のメンバーもいますので、それぞれの志向性と会社が求める役割や成果を意識した、バランスのとれたマネジメントが必要となってきます。

　各々の企業のスタイルがあると思いますが、チーム内での連携やミーティングの実施などを経て、**それぞれにどういった役割を期待しているのか、具体的にチーム内で共有したり、各面談で双方の話をすることが、チーム力を高める**のに有効です。

　また、何らかのトラブルや行き違いが発生した際には、派遣元企業に入ってもらうことも選択肢の一つに入れましょう。無理に当事者と社内だけで解決しようとせず、**派遣元企業が間に入ることで、お互いの信頼関係を高める**

きっかけにもなります。

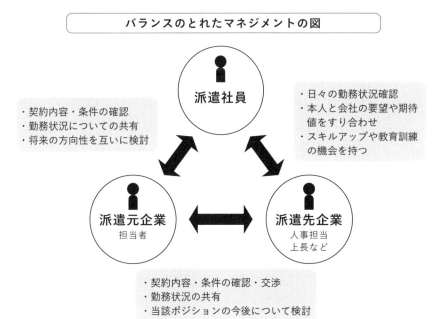

バランスのとれたマネジメントの図

派遣社員

・契約内容・条件の確認
・勤務状況についての共有
・将来の方向性を互いに検討

・日々の勤務状況確認
・本人と会社の要望や期待
　値をすり合わせ
・スキルアップや教育訓練
　の機会を持つ

派遣元企業
担当者

派遣先企業
人事担当
上長など

・契約内容・条件の確認・交渉
・勤務状況の共有
・当該ポジションの今後について検討

## ▶ポジションを戦略的に見る

　派遣人材は契約期間が限られた人材です。将来そのポジションをどうする
のか、人事戦略や経営戦略を考えておざなりにしないことが、今後の組織体
制を変化（継続）させていく上で肝となります。

- 別の派遣人材に任せるのか
- 直接雇用を提案するのか
- これを機にチームの在り方を見直すのか

　このポジション一つとっても、組織にとって重要なターニングポイントに
なることに違いありません。**派遣採用したその日から、今後のポジションに
ついてどうあるべきか、マネジメント側には日々検討を重ねる**ことが求めら
れます。

# 6 M&Aによる人材の獲得

## 経営戦略実現のための合理的な人材獲得手段

### ▶ 注目を集めるアクハイアリング

人材獲得のための「**M&A**」は、**買収**（Acquisition）と**雇用**（Hiring）を組み合わせた造語で、**アクハイアリング**と呼ばれています。これまでM&Aの目的は一般的に、事業拡大、技術や個客の獲得、ブランド力の強化といったものが主流でしたが、近年、人材獲得を主な目的としたアクハイアリング型のM&Aを行う企業も増えてきています。

その背景としては、企業の人材獲得競争の激化があります。労働力人口の減少で全体のパイが縮小している中で、限られた優秀な人材を確保することに多くの企業が頭を悩ませています。特に知名度が低いなどの理由により、労働市場で**新卒・中途社員を思うように採用できていない企業にとって、アクハイアリングは、外部人材の活用と合わせて、人的リソース確保の有効な手段**になります。

### ▶ スキルの高度化、専門化

アクハイアリングが注目を集めるもう一つの理由に、企業に求められるスキルが高度化、専門化していることが挙げられます。内部人材を教育して、時間をかけてそのスキルを習得させることもできますが、**それを待っていては事業環境変化のスピードに対応できない**可能性もあります。

そうした場合、そのスキルを保有する人材を労働市場から個別に獲得することもできますが、企業が戦略的に新規参入を目指す分野で、**まとまった規模の人材が必要な場合は、個別採用よりは、アクハイアリングによる人材獲得のほうが効率・効果的**になることもあります。

例えば、高度なＩＴスキルが事業戦略上で必要になった際、そのスキルを有する人材を個別に獲得して、彼らを内部組織に組み込むやり方もあれば、そのＩＴスキルを保有する企業を買収して、組織ごと取り込むやり方もあります。**特にスピードが求められる事業環境においては、人材獲得、育成、組織整備に必要なコスト、時間を考慮すると、アクハイアリングが最も合理的**

な選択となることもあります。

### ▧戦略ありきの人材獲得

アクハイアリングを実行する大前提は、それが企業の経営戦略に沿ったものであるということです。優秀な人材が所属する企業を割安で手に入れる機会がたまたまあったから、という理由で買収しても、企業の経営戦略に合致しなければ、その優秀な人材が活躍できる場を提供できない可能性があります。

その場合、獲得した人材が能力を発揮できず企業の負担になってしまったり、活躍の場を求めて自ら離職してしまったりすることが考えられます。

**アクハイアリングを行う際は、あくまで戦略実現のための手段として検討することが重要**です。アクハイアリングにはコストがかかるし、リスクも生じます。まずは経営戦略の実現にはどのような人材が必要か定義した上で、その人材獲得の手段を、自社での育成、労働市場からの獲得などの別の手段を横に並べ、メリット・デメリットを整理して検討すべきです。

### ▧獲得した人材に活躍してもらうために

アクハイアリングによって獲得した人材に活躍してもらうために、企業が特に注意すべきなのが、**リテンション**と**フィッティング**の2点です。

#### ❶リテンション

M＆Aで獲得した人材に継続的に働いてもらうためには、金銭的施策に加えて、非金銭的施策も重要になってきます。例えば、経営幹部が積極的にコミュニケーションをとり企業文化を伝える、買収の背景や本人に期待していることを明確に伝える、ことが必要です。

#### ❷フィッティング

獲得した人材を適材適所に配置することにより、組織にフィットさせ、生産性を高めることが必要です。フィッティング度合いの向上は、リテンションの向上にも直結します。ただフィッティングを高める前提としては、そもそも組織にフィットできない人材は獲得しないことも重要です。

新 型コロナウイルス感染症（COVID-19）の拡大を受け、勤務体制やコミュニケーションのオンラインシフトなど、全世界的にワークスタイルの変化が余儀なくされました。新卒採用の世界にも大きな変化が生じ、会社説明会や面接などの採用過程をリアルな場ではなくオンライン上で実施する潮流が生まれています。急激な変化にともない各所で混乱も生じましたが、オンラインに移行するかしないかという部分は本質的な話ではなく、ひとつのきっかけに過ぎません。オンラインシフトによって学生の価値観が変わったというわけではなく、従来から存在していた「企業の変化への対応力」という問題が炙り出されただけなのです。

　学生が企業に対して抱く印象は、企業とのファーストコンタクト時の体験に大きく依存します。その印象が最初の志望度決定に強い影響を与え、その先は実際に採用過程を経る中で多少の変動はあるものの、実は第一印象からそれほど大きくは変わらないという傾向があります。

　現在では、新卒採用において企業と学生は基本的に、ウェブ上の採用ページを経由して出会います。さらに学生たちは、企業の採用ページを皮切りに、その企業がどのような採用活動を展開しているのかをシビアな目で見ています。例えば一言でオンラインといっても、デジタルネイティブ世代、しかもスマートフォンを日常的に使いこなす彼らにとって、パソコンを使わなければエントリーできないとか、入口はオンラインでも最終的に書類を郵送しなければならないといった企業に対しては、ネガティブな評価につながります。

　それを学生の甘え、わがままと切り捨てる前に考えるべきは、自社の採用活動を一つのサービスと捉え、そのサービスのユーザーである学生たちの目線にどれだけ立って設計しているかという点です。

　採用活動のオンライン化の流れが一時的なものなのか、今後主流となるのかはまだ不透明な部分もありますが、一連の動きの中で学生が見ているのは、企業が持つ変化への対応力です。特に同業他社との比較において、その差は如実に現れます。知らないうちに学生からスルーされる企業となっていないか、危機感を持ち本腰を入れて取り組む必要があるでしょう。

第 **4** 章

# 「人材育成」における
# 人材マネジメント

第4章では獲得した人材の育成方法を中心に解説します。育成方法は、大きくOJT（On the Job Training）とOFF-JT（Off the Job Training）に分けられます。また、対象者も新人／若手／中堅／シニアに分かれていて、教育手法も階層別／選抜型／手上げ式と様々です。最適な組み合わせを考えることが求められます。

# 4

## 1

# OJTとOFF-JTを
# どう使い分けるか

### 現場での業務と研修での学びをつなぐ

## ▶ 育成すべき能力とは

　ハーバード大学の教授でマネージャーに求められる能力の研究で知られる
カッツ・ロバート・Lは、マネージャーに必要な能力を、業務を遂行する上
で必要な知識やスキルで構成される「**テクニカル・スキル**」、人間関係を良好
にするための「**ヒューマン・スキル**」、そして問題の本質を見極め、解決する
ための「**コンセプチュアル・スキル**」の3つに分類しました。

　これを「**カッツ・モデル**」といいますが、社員を将来的なマネージャーと
して育成する上で多くの企業や現場で活用されている代表的な考え方です。

## ▶ OJT と OFF-JT の役割分担

　人材の育成方法は大きく、「**OJT**」（On the Job Training）と「**OFF-JT**」
（Off the Job Training）の2つに分けられます。

　**OJTとは、職場の上司や先輩が実際の業務を通してアドバイスを行い、主
に若手社員に対して知識や技術を継承・指導していく人材育成方法**です。製
造業を核として成長してきた日本企業においては、古くから取り入れられて
きた手法でもあります。

　一方の**OFF-JTとは、研修など、職場から離れて知識のインプットやスキ
ルトレーニングを行う場**のことを指します。対象に対しても特段制限はなく、
経営層向けから新入社員向けまであらゆる階層に実施されます。過去は「座
学・講義聴講型」での研修が主流を占めていましたが、近年は「受講者参加
型」のものが増加傾向にあります。

　米国の人材開発研究機関であるロミンガー社の共同創業者であるマイケ
ル・ロンバルドとロバート・アイチンガーらの研究によれば、**人が能力を獲
得するのは、70%が実際の仕事の経験、20%が他者からのアドバイス、10%
が研修や書籍からの学び**だとされています。一見するとOJTにリソースを集
中させた方が効率的に見えますが、実際の現場ではOJTがうまく機能しない、
OFF-JTで学んだ知識・スキルが現場で活用されていない、などの問題がよ

く発生します。

　**OJTとOFF-JTは相互補完的な役割を持っており、適切に組み合わせることで人材育成が効果的なものになります。**この項目ではこれらの壁を乗り越えるための取り組みを紹介します。

## ▶ OJT推進のポイント

　OJT推進の場面では、「計画が策定されておらず行き当たりばったり」「振り返りがなく、やらせっぱなし」などがよく問題として取り上げられています。これらの問題を避けるためには、しっかりとOJTの全体像を意識して取り組むことが必要です。

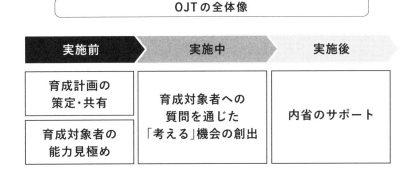

OJTの全体像

| 実施前 | 実施中 | 実施後 |
|---|---|---|
| 育成計画の策定・共有<br>育成対象者の能力見極め | 育成対象者への質問を通じた「考える」機会の創出 | 内省のサポート |

**推進のポイント**

〈OJT実施前〉
- 育成計画を作成し、それを職場内で共有する
- 育成対象者の力量を見極め、適切な量と質の業務を与える

〈OJT実施中〉
- 答えは簡単に教えず、質問等を通じて育成対象者自身に考えさせる

〈OJT実施後〉
- 業務の成功・失敗要因について内省する機会をつくり、サポートする

## ▶ 現場の成果につながるOFF-JTの構築

　職場の実際の業務を通じて育成するOJTに対し、職場から離れて実施するOFF-JTには、学んだ知識やスキルが現場で活用されないという課題がつきものです。その課題を解決するための2つのアプローチをご紹介します。

1つ目のアプローチは**レディネス（学習準備性）**を形成することです。

**レディネスとは、本人が学習内容に対する必要性を認識していることを含めて、学習の準備が整った状態**のことをいいます。研修においてレディネスを高める方法としては、教育心理学者であるジョン・M・ケラーの「ARCSモデル」による研修設計が参考になります。

ARCSは、Attention（受講者の関心を引くテーマ設定）、Relevance（受講者の業務に関連する内容）、Confidence（努力すれば達成できるレベルでの課題設定）、Satisfaction（受講者にとって有用なインプットの提供）、の頭文字をとったものです。

2つ目は、**受講者の上司を巻き込んだ研修設計を行う**ことです。「受講前の段階」では、受講者との会話の時間を設け、研修の目的や受講後の姿について共有してもらいます。「受講後の段階」において重要なことは、研修で学習した知識・スキルを活用できる業務機会を用意することです。こうした支援により、研修での学びを実際の業務にスムーズに反映することが重要です。

本章ではまずOJTにおいて大事なポイントに触れます。OJTは、上司による部下との関わりをメインとした内容と、目標管理による業務を通じた育成、の2つに分かれます。その後にOJTを補完する位置づけとしてのOFF-JTの解説に繋げていきます。

## ▶️オンラインシフトで加わる新たな手段

新型コロナウィルス（COVID-19）の感染拡大によって一気にオンラインシフトが進んだ結果、**新たなOJT、OFF-JTの形**が生まれつつあります。

OJTの側面においては、これまでのように実際に面と向かっての指導や顧客訪問への同行などによるスキル育成の機会が少なくなっていることで、**Web会議システムを活用したデモンストレーションやロールプレイ**などを活用していく必要があります。そのためには、指導する側にも一定以上のITリテラシーが求められます。

OFF-JTは後に述べる通り、研修のオンライン化の動きが加速しています。これまでのオンライン教育の主軸であった**Web（e）ラーニング**から、**演習や双方向性に重きを置いた「Webによるライブトレーニング」**にシフトしていくことが想定されます。

# 2 人を育てる上司がやっている習慣

## 自律型人材を育成する関わり方

### ▶育成とは何か？

人材育成の方法を検討する前提として、そもそも育成とは何か、ということについて考えてみましょう。

人材育成を考える際、マネジメント系の研修でよく引き合いに出される人物が山本五十六です。第二次世界大戦時の日本で、大日本帝国海軍の連合艦隊司令長官を務めた有名な軍人です。山本五十六は、部下に物事を教える際に、このような名言を残しました。

**「やってみせ　言って聞かせて　させてみて　誉めてやらねば　人は動かじ」**

ここまでは有名なフレーズですが、実はこの後にまだ言葉が続きます。

**「話し合い　耳を傾け　承認し　任せてやらねば　人は育たず。
やっている姿を感謝で見守って　信頼せねば　人は実らず」**

というフレーズです。「相手を動かす」ということは上司がこうするべきだと考えていることを相手に実行してもらうという、いわばゴールが明確な状態が多いシーンと思います。この有名なフレーズの「動かじ」の後には、人が育つ、人が実ることを目指した取り組み内容が書かれています。

動かすのは一時的にできたとしても、**継続的に動いてもらうように育てるには「話し合い」「耳を傾ける」「承認する」「任せる」**という長期的な関わりが必要といえるでしょう。また、**任せた後には「感謝を持って見守る」「信頼する」**ことが人を実らせることにつながるというのです。

育成の基本的な考え方がこの言葉に詰まっているといえます。

### ▶シンプルに育成ができない時代背景

しかしながら、部下がいるすべての上司が十分に部下の話に耳を傾け、部

下のために時間を使えているといい切れるでしょうか。おそらく大半の人が
やりたくてもできていないのが現実でしょう。

　育成には時間がかかります。一度言って部下がその通りに動いてくれるの
であればそれ以降、育成の必要はありません。一度言った通りに動けないの
は、上司と部下の能力的な側面が理由のケースもありますが、一度話を聞い
ただけで、相手の考えが100％理解できるとはいえないほど、上司と部下の
心（価値観やスタンス）のギャップが大きいという背景もあります。

　同質性が薄まり、多様性社会といわれるように、物事を考える背景や前提
が全く違う相手が部下であるということも増えています。

　このように**多様性がスタンダードになるにつれ、マネジメントの変数は増
えます。これまで以上に部下と向き合わなければ相手を理解することは容易
ではないでしょう。**

　現在のマネージャーは、プレイングマネージャーとして自分の力でも成果
をあげなければいけない、それに加え部下の成果を創出することも求められ
ている。その部下は、自分の歩いてきたレールを忠実についてくるとは限ら
ず、様々な価値観を持って仕事と向き合っている。その部下が何を考えて何
を目指しているのか、時間をかけて向き合わなければいけない……。**そのよ
うな現状に頭を抱えるマネージャーが多い**のです。

## ▶育成のゴールは自律的人材が増えること

　では、マネジメントの変数が増えた上司は、どこを目指して部下を育成し
ていけばいいのでしょうか。

　一つの基準としてあるのは、**部下の「自律的に行動する力を高める」**とい
うことです。

　組織の人材は「2・6・2」に分けられるといいます。上位2割の自分で
進んで成果を出せる人材、中間の6割のボリューム層人材、下位2割の管理
を必要とする人材、と分けられます。

　**マネージャーとして、一番時間をかけるべきは6割のボリューム層人材の
育成**です。上位2割を引き上げることに注力するマネージャーは多いですが、
彼ら彼女らはいわなくても自分で成果をあげていきます。いわば「自律的人
材」です。

　自分の意思を持っていてやりたいことが溢れている人材は、活動量が自然
と増えて成果につながります。

上位２割は、「活動」を自分で生み出し、自分で量を増やしていく努力ができる人材です。育成の観点でできることは上位２割の主体性を潰さないように、寛容なマネジメントを行うことです。「やりたい！」ということに対してよほどのことがない限り、「やってみなはれ」の精神で対応をすることです。

一方、下位の２割の人材は、能力的・心理的・環境的な側面からいまだ「自立」というステージに立てていない人材の可能性が高いです。基礎能力・メンタルをまずは６割の部分に引き上げるべく、**基本を忠実に繰り返し、練習できる環境を整備し、管理する**ことが必要です。

ボリューム層の６割は、うまくいけば多くの人材が上位２割に入り込めるポテンシャルを持っています。ただ、能力的・心理的・環境的な側面からそこに行きついていない人材が多い層ということです。少しでも多くの人材が**「自律的に行動できる」ようになり、主体的に成果を創出し、上位２割の人材になるために、特にマネージャーはこの層に注力して「能力向上」「メンタルケア」「環境整備」に力を注ぐ**ことが求められます。

## 自律的に行動する力を高める上司としての「３つの習慣」

上司として、部下の自律を促す育成には３つの習慣が大事といえます。習慣は継続していることが重要なので、長期的に実践していくことが前提です。もちろん自身の業務に忙殺されることもあると思いますが、育成も一つの業務と捉えて時間を割いていく必要があります。

３つの習慣とは、「**部下に関心を向け続ける**」「**部下の仕事をつくる**」「**部下との相互共感を行う**」ことです。一つひとつ見ていきたいと思います。

## 〈習慣①〉部下に「関心を向け続ける」習慣

部下が今、何に興味を持ち、何にやる気を出し、何に困っているのか……を皆さんは把握していますか？「１カ月前に面談したから分かっている。大丈夫」「１週間前に一緒にお酒を飲んだから、分かっている。大丈夫」と思っていませんか？ それだけでは把握できているとはいえません。

関心を向けるというのは、接触を持った機会において、どのような会話がされたかが重要になってきます。例えば毎日同じ場にいても、頻度多く接触をしていても、上司が自分の話、仕事の指示、仕事の話という自分発信の会話だけをしていては、関心を向けているといえません。

**大事なのは短い時間でも、部下が何に興味を持ち、どのような価値観で今**

を生き、将来何を目指しているかなど、相手へ100％意識を向けて接することです。大事なのはそれをどんな時も継続することです。

　SNS（ソーシャルネットワーク）では「裏アカウント」という言葉があるように、2つのアカウントを持ち、表の顔と裏の顔を使い分けて自分の意見を発信する人が増えています。表と裏では全く違うことを発信するケースもあります。それは決して悪いことではなく、人間は「多面性を持っている」ことの現れです。一つのイメージに固執したくないともいえるでしょう。
　このような世相を踏まえると、部下に「仕事の顔」「プライベートの顔」があるとすれば**「仕事の顔」だけに関心を向けていればいいというわけでもないようです。**仕事とプライベートは相互に影響を及ぼし合っていると捉え、**部下の持つ多面性に目を向け関心を寄せ続けましょう。**
　例えば、ある上司は部下のSNS投稿すべてに「いいね！」ボタンを押し続けています。「関心を寄せ続ける」ことの一つの現れです。SNSアカウントで上司・部下がつながることは人によってハードルが異なりますし、人それぞれの解釈に合わせる必要がありますが、SNSで互いにストレスなくコミュニケーションがとれる上司であることも一つの「信頼関係」の指標といえそうです。

　「関心を向け続ける」ためには、具体的にはとにかく反応の形跡を残すことが大事です。メールに短文でもレスポンスする、相手の発信に反応する。マザーテレサが「愛の反対は憎しみではなく、無関心です。」といったように、**愛（関心）を向けるということは、「YES」でも「NO」でも反応し続けることです。**
　忙しすぎると無関心になってしまいがちです。無関心が故に、いざ会話をする際、自分の話しかしない、という状況に陥ってしまいます。できるだけ部下の話に耳を傾け、相手からできる限りの情報を引き出しましょう。**「上司が短い時間でも向き合ってくれた」という体験の積み重ねは「信頼」に繋がります。**

### ▶ 〈習慣②〉部下の「仕事をつくる」習慣
　部下が最も成長するのは職務遂行を通じてであるということは忘れてはいけません。**上司は「業績達成」と「人材育成」を別々に実施するのではなく、**

両者を統合して、職務を通じて部下を育成していくことが求められます。社内・社外に対し価値を提供できる業務、部下本人が「やってみたい」と思える業務、部下の新キャリアにつながる業務などを総合的に判断して、**上司が部下の活躍の機会を増やすことで、会社としての生産性も上がり、部下育成にも繋がります。**

　特に新人・若手の場合は、重要なプロジェクトを担当させるにはまだ知識・経験が足りないという理由から、仕事を与えられず、社内に居場所がないと悶々とするケースをよく聞きます。結果、若手は活躍の場を外に求めて早期離職してしまうことも少なくありません。

　例えば、IT系企業の開発部署などにおいて、若手人材の技術力が低く、顧客向けに品質が担保されないという理由から、本業の開発の仕事を振られず調整や雑用ばかりしているなどの実態もあります。

　そうした場合、上司としては、顧客向けの開発業務だけにスポットを当てさせるのではなく、顧客向けの開発業務がスムーズにいくような業務を新たに与え、新しい仕事をつくることで部下のモチベーションを上げることもできます。社内向け開発業務などを割り振って、いざ社外向けの仕事をとなった時の準備をさせておくなどのやり方もできます。

　**一つの物差しで業務を捉えさせるのではなく、価値の発揮場所、それに合わせた評価の仕方は複数あるということを示す**ことで部下も安心して働けるようになるのです。

### ▶〈習慣③〉部下に「共感し、共感を呼ぶ」習慣

　これからの時代はＩＱ（＝知能指数）の高い上司だけではなく、ＨＱ（＝Humanity/Hyper-Quotient、人間らしさの知能指数)、ＥＱ（＝心の知能指数＝自己や他者の感情を知覚し、また自分の感情をコントロールする知能を指す）の高いリーダーが選ばれていくといわれます。

　ＡＩの進化により、ＩＱの高さを武器にする仕事は、ＡＩに任せていけばいいといわれるようになりました。我々は**ＡＩにはできない人間だからこそできる強みにフォーカスして仕事を行っていく必要があります。**

　その一つが「共感」をするということです。**相手の感情に関心を向けて、対話をしながら相手へ入り込んでいきます。**また、上司が部下に共感を示すと同時に、部下からも上司に「共感をしてもらう」ことが求められていきま

す。**「相互の共感」**です。相手の意見には同意できなくても、なぜそのような考えに至ったのかの背景を理解・共感するということが重要です。

　共感ができない人は、「意見に同意できなければ共感は難しい」と思い込んでいる人が多いですが、そうでなくとも共感は可能です。ポイントは**「意見に同意する」のではなく、相手の発言の背景やスタンスを理解する**ということです。

　共感を表すには、「それをいいたい気持ちはよく分かるよ」「○○さんの立場に立つと発言は理解できるなあ」などのフレーズを使います。**相手の気持ちを、あたかも自分が感じたかのごとく捉え直して伝える**ことです。重要なことは表面的にではなく心からの共感を行うことです。できることなら、部下にも同じことを実施してもらい、相互に共感し合えるように努めていくことが大切です。

　日々、忙しくしているマネージャーもスーパーマンではありません。したがって、「○○マネージャー、今回のＸＸの件大変だっただろうな」「深夜まで時間を使って部下フォローをしていてすごいな」など、共感・理解をしてもらうことも時には重要でしょう。

　上司として強い部分ばかりを見せるのではなく、ここぞという時に、ぽろっと弱みを出すことで、部下の共感は増すでしょう。もちろん、普段から信頼される仕事をしていることが前提にはなりますが、人間らしさや人となりを存分に出して応援される上司は、周囲の共感を誘います。

　このように「人を育てている上司」は、実は「部下に育てられている」という側面もあります。「あの上司を、本物のリーダーにしてあげたい」「リーダーとして一旗あげさせたい」と思わせてくれるリーダーがいる、そこまでの存在が組織の中にいることは、部下にとっても幸せなことなのです。

　お互いに共感をし合い、お互いが必要な存在であってほしいと思います。

# 3 "1on1""リアルタイムフィードバック"が人材育成の要

## コミュニケーションでの聴く、訊く、伝える

### ▶コミュニケーションを通じての人材育成

　育成を考える際に、上司が部下に関心を示し、仕事をつくり、コミュニケーションをとっていくことが重要であることを前項で解説しました。ここではさらにコミュニケーションに関して深掘りして大切な点を考えてみましょう。ビジネスにおけるコミュニケーションとは、目的達成のために相互が納得するプロセスを構築していくことといえます。この時に**重要なのが、「相手と自分との重なり合い」です。重なり合いが増えるにつれ、信頼関係が構築され、相互理解も促進され、それが行動促進へとつながります。**人材育成におけるコミュニケーションの要諦は、相手と自分との重なり合いを増やしていくことにあります。

### ▶ジョハリの窓

　自分と他者との認識のずれを理解するために活用される「**ジョハリの窓**」という考え方があります。重なり合いを増やすためには、自分は気づいていないが他人から見えている「**②盲点の窓**」に気づき、自分は知っているが他人には知られていない「**③秘密の窓**」を開示していく必要があります。

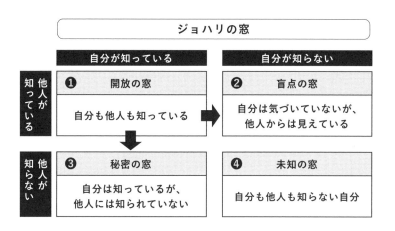

ジョハリの窓

|  | 自分が知っている | 自分が知らない |
|---|---|---|
| 他人が知っている | ❶ 開放の窓<br>自分も他人も知っている | ❷ 盲点の窓<br>自分は気づいていないが、他人からは見えている |
| 他人が知らない | ❸ 秘密の窓<br>自分は知っているが、他人には知られていない | ❹ 未知の窓<br>自分も他人も知らない自分 |

上司が部下から、「③秘密の窓」を開示してもらうために有効なのが"1on1"ミーティングを通じて聴いて、訊くこと。「②盲点の窓」に気づいてもらうために有効なのが"リアルタイムフィードバック"で伝えることです。

## ▶なぜ"1on1"が効果的なのか

　"1on1"に明確な定義はありませんが、ここでは「上司と部下が1対1で、1〜3週間に一度、15〜30分の個別ミーティングを持つこと」と定義します。この"1on1"が効果的な理由は2つあります。

　1つ目の理由は、人材育成を目的としたコミュニケーションでは、質よりも量が重要だからです。多くの企業において、業績評価面談など上司と部下が1対1で話す機会はあると思いますが、「質」はともかく「量」に対する意識は低いのではないでしょうか。**1時間の面談を月に1回するよりは、15分間の面談を4回する方が人材育成には効果的です。短時間で行う"1on1"は、量を確保しやすい**ことが特徴です。

　2つ目の理由は、個人の働き方やキャリアに関する考え方が多様化していることが挙げられます。消費者向けのマーケティングでは、より一人ひとりのニーズを掴み対応する「パーソナライズ化」が当然になっているように、**部下育成も「パーソナライズ化」の視点が大切**になります。全員が集まる場で総論的な意見を聞くのではなく、一人ひとりの個別具体的な考えを聴き、解決策を共に導くことが、部下との信頼構築、相互理解につながり、互いの「③秘密の窓」の開示に効果的です。

## ▶"1on1"を行う前提

　"1on1"を実践する際、現実的には、上司に多くの負担が生じます。部下一人ひとりのために、定期的に時間を確保するためには、「空いた時間で対応しよう」という気構えでは不可能です。**あらかじめ自分のスケジュールに"1on1"の予定を確保し、空いた時間に他の予定を入れるくらいの覚悟が必要**です。

　ここで大事な視点は、"1on1"は部下の成長のために行うということと、部下育成は上司の重要な役割であるということです。部下育成に関してより効率的・効果的な手段があれば別ですが、多くの企業で"1on1"が取り入れら

れ、定着している理由は、それが結果として最適な手段であるからです。まずはテストという位置づけでもいいので、"1on1"が部下育成にどれだけ有効か、試してみることをお勧めします。

　上司が忙しくてどうしてもスケジュールが捻出できず、他の仕事に"1on1"の時間がとられているなら、その仕事は部下育成よりも優先順位が高いのか、ということを自問自答する必要があります。**その仕事は部下に任せることができるかもしれませんが、部下育成はそうはいきません。**部下育成より優先しなくてはならない仕事はそれほど多くないはずです。

　次は"1on1"を実践する際の具体的なポイントである傾聴と質問について解説します。

### ▶まず、「傾聴」する

"1on1"ではとにかく部下の話を「聴く」ことに注力することが求められます。ポイントは「聞く」ではなく「**聴く**」です。つまり物理的な音を聞くのではなく、「聴」の漢字に込められているように、**耳と目と心を総動員して、部下の話を傾聴する**ということです。別の作業をしながら部下の話を聞くなど言語道断で、決められた15分なり30分の**時間は、部下のために使い切る覚悟で臨んでください。それが部下との信頼構築の起点になります。**

「傾聴」で大事なことは、自分が「傾聴」していることを部下に届けるということです。目をつぶって集中状態で聴いていても、部下は聞き流されているような印象を受けているかもしれません。**体を部下の方に向け、目を見て、表情を出し、頷きや相槌を入れる**ことで、部下に「傾聴」が届き、部下の話が促進されます。

　部下の話している内容が、明らかにおかしい、間違っていることもあると思います。そんな場合でも、まずは一旦、部下の話を"受けとめる"ようにしてください。**"受け入れる"ことはできなくても、"受けとめる"ことはできるはずです。受けとめることが、部下の「③秘密の窓」の開示につながります。**

　部下の話を受けとめるために注意すべきは、**否定のニュアンスが伝わる言葉を使わない**ことです。「でも」「だけど」「どうせ」「だから」というような、Dで始まる言葉を、「**D言葉**」といいます。「D言葉」は、使う本人にその意図がなくても、相手に否定のニュアンスが伝わる可能性があるので、注意が

必要です。否定のニュアンスが届いた瞬間に、部下は「③秘密の窓」を閉じてしまうかもしれません。

## ▶相手に関心を向けて「質問」する

　"1on1"では傾聴が基本スタンスですが、相互理解を深めるためには、「聴く」ことに加え、質問を通じて「訊く」ことも意識する必要があります。**"1on1"での質問とは、相手に問いを投げかけ、「考える」「気づく」きっかけを与える行為**です。これを実践する際のポイントは2つあります。

　1つ目は、**部下の話の全体像を整理し、モレている視点に気づいたら、すぐに指摘するのではなく、質問を通じてそれに気づかせる**ことです。
　例えば、部下が部分にとらわれ過ぎている場合は、「その問題について、あなたのいう問題は○○の部分に関するものだね。△△の面はどうだろうか？」というように、部下が全体を意識できる質問が効果的です。そのためにも**常に部下より高く、広い視点で物事を捉える**ことが上司には求められます。

　2つ目は、**部下が自分自身を主語にして回答できる質問をする**ことです。部下の発言が、「会社としては」とか、「周りの環境が」といった、自分以外のものが主語になっている時は、それ以上思考が深まらなかったり、その後の行動に結びつきにくい可能性があります。
　「それに対して、○○さんはどう思いますか？」とか、「その環境下で、○○さんが今、できることって何でしょうね？」といったように、自分を主語にして回答しなくてはならない質問を投げかけられることで、**部下は物事を自分事として捉え、建設的に思考を進める**ことができます。

## ▶「フィードバック」を行う前提

　上述の「②盲点の窓」に気づくためには、「自分の気づきを相手にフィードバック」をすることが効果的です。しかし注意しなくてはいけないことは、**コミュニケーションには、「聴く」「訊く」「伝える」という段階がある**ということです。自分の話を聴いてくれない、自分に対して質問もしてくれない相手からのフィードバックを、素直に受け入れることができるでしょうか。**フィードバックを通じて部下育成を目指すなら、まずは上司が部下への「聴く」「訊く」を自らに課していく**必要があります。

## フィードバックのステージ

| ステージ❶ | ステージ❷ | ステージ❸ |
|---|---|---|
| **信頼構築** | **相互理解** | **行動促進** |
| 相手への集中！ | フレームの共有化！ | メッセージを届ける！ |
| コアスキル | コアスキル | コアスキル |
| 「聴く」 | 「訊く」 | 「伝える」 |

### ▶ フィードバックには鮮度がある

「フィードバック」とは、**相手の行為に対して、自分が感じたことや認識を伝える行為**です。**それにより相手は、自他の認識の間のギャップに気づき、自分で見えていなかったことに意識がいく**ようになります。ここで重要なのは、フィードバックには鮮度があり、可能な限りリアルタイムで行う必要があるということです。

時間の経過とともに認識はぼやけてきます。出来事の1カ月後に、上司から部下にフィードバックをしても、上司の認識と部下の認識のいずれか、もしくはその両方がぼやけており、ギャップが明確にならない可能性があります。その場でフィードバックをもらえなかったことに対して、部下が不信感を持つ危険性もあります。

フィードバックは**リアルタイムで行う**こと。時間がなかったり、物理的に離れていてどうしても**リアルタイムが難しい場合は、ポイントだけでもいいので、可及的速やかに行う**ことを徹底する必要があります。

### ▶ フィードバックの目的

信頼構築や相互理解が進んでいるという前提で、フィードバックは相手の「②盲点の窓」に気づかせることに効果的ですが、その最終目的は、相手の行動促進にあります。逆にいうと、**相手の行動促進につながらないフィードバックは意味が薄い**ということです。

フィードバックは時として、相手にとって耳の痛い、相手が聞きたくない内容を伝えなければならないこともあります。だからこそ徹底した「相手軸」が求められます。「自分軸」に立ち、自分の憂さ晴らしのようなフィードバックをしてしまったら、相手の行動促進につなげることは難しいでしょ

う。フィードバックをする際は、ただただ相手の成長を願って、相手に**ギフトを贈るようなスタンス**が求められます。

　良いフィードバックを生む条件として、相手への興味関心があります。フィードバックの本質は、気づきを相手に伝えることですが、そもそも興味関心のない相手に対して、価値ある気づきを得ることは難しいです。**フィードバックを通じて人材育成をするなら、部下に関心を持ち続ける**こと。もう少し行動レベルに落とし込むと、部下を観察し続けることがポイントです。観察を続けていれば、ちょっとした違いに気づくこともできるでしょう。

## ▶ポジティブフィードバックを行う

　フィードバックは、ネガティブなもの以上に、ポジティブなものを増やすように心がけましょう。**ポジティブフィードバックは、相手のさらなる行動促進**につながりやすいです。部下をよく観察していれば、部下の成長に気づく機会が幾度となくあるはずです。

　前よりもアウトプットの質が上がった、スピードが速くなった、対応が丁寧になったなど、細かな点でもいいので、気づいたときにリアルタイムでフィードバックすることを心がけましょう。ネガティブフィードバックが続けば、部下の心労が重なり、行動促進が止まってしまう可能性があります。**ネガティブフィードバックの2倍から3倍くらいのポジティブフィードバックを目指しましょう。**

## ▶フィードバック文化を根づかせる

　フィードバックに慣れていない人にとって、フィードバックは気が重いものかもしれません。特にネガティブフィードバックは、伝える側にとっても、伝えられる側にとっても負担が大きいので、つい避けてしまいがちです。しかしそれは、貴重な人材育成の機会を奪うことになります。

　**フィードバックを人材育成に活かすためには、職場にフィードバック文化を根づかせる**ことが重要です。そのためには、上司が率先してフィードバックを受け、改善する姿勢を見せる必要があります。可能なら、**上司からだけではなく、部下からのフィードバックも行なえるようにしましょう。**上司がフィードバックに真摯に向き合い、自らの行動促進につなげていく姿を見せ続けていくことで、職場にフィードバックが根づいていくのです。

# 4 自然と人が育つチームの共通項

## コミュニケーションが増える「場」の仕組みづくり

### ▶人が育つチームとは

本章2項（135ページ）では、育成のゴールは「自律型人材」の育成であるとし、そのために上司がとるべき行動は「部下に関心を向け続ける」「部下の仕事をつくる」「部下と相互共感を行う」の3つと解説しました。これは上司だけではなく、チームのメンバー全員が相互に行うべきです。

最近はダイバーシティ・インクルージョン（「違い」を受け入れ、認め、活かしていくこと）の概念から、雇用形態の多様化や仕事に対する価値観の多様化が市民権を得るようになりました。そのような中で様々な社員をまとめるマネージャーは本当に難しい局面を迎えています。

**マネージャーだけに頼らずチーム全体がお互いの仕事を支え、メンバーを育成し、チーム力を上げていく意識を持ってもらわないといけません。**

弊社HRインスティテュートでは、「インディアン」という仕組みを導入しています。創業当初から27年以上も続く社内育成の仕組みです。「インディアン」という名前の由来は、アメリカの先住民であるインディアンから来ています。インディアンの部族は自分の子供だけに限らず、部族全体の子供を部族の大人が育てる文化があります。自分の子供も周囲の大人から褒められ、叱られながら成長していくのと同じように、弊社のメンバーも、役職や年齢、社歴を超えて一人のコンサルタントとしてお互いに育て合う「共育」を実施しています。

お客様やパートナー会社様へのパフォーマンス、コミュニケーションの質と量、自己研鑽の内容などをメンバーが様々な角度からチェックすることで、そのメンバーの成長を支えています。頑張っているメンバーには徹底的に褒め、あるメンバーの行動・言動がちょっと違うなと思う場合にはそのメンバーに受け取った印象を伝える、ということを行っています。役職や年齢を気にせずにいうということは勇気のいることですが、この習慣をカルチャーとして定着させることで、**受け入れる側も「自分の成長・進化のため」と受け取ってくれています。**

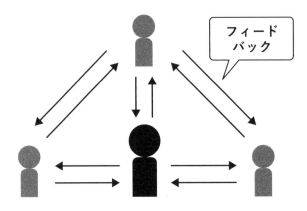

**HRインスティテュートのインディアンのイメージ**

フィードバック

会社の全メンバー同士双方向に
コメントフィードバックし合う
（4半期に1回）

## ▶「共育」にはコミュニケーション「量」が必要

　弊社のようにインディアンを仕組みとして導入していると、インディアンの数が多い、少ないで相手への関わり方が見えてきます。良くも悪くも相手へ伝えたいコメントが多くなる場合は、その相手との関わりが多いと分かります。逆にコメントが思いつかない場合の方が問題です。関心を寄せていない、関わっていないことが分かるからです。

　あるお客様とのお話で、最近の若手社員とのエピソードを聞きました。若手社員に仕事を練習させてみようと、提案書のベースを作成するように若手に依頼し、2、3日後にメールで送ってほしいと伝えたそうです。その後3日、4日経過しても音沙汰がないので、若手に聞いてみると「何を書けばいいのか分からなかった」と答えたそうです。

　そのマネージャーは「分からないなら、その時点で質問する必要がある」「〆切を守れないならそれを伝えてほしい」と伝えたそうですが、その若手社員は「質問していいのか分からなかった、できないと伝えることで自分の能力が低いと思われたくなかった、締め切りを過ぎても特にマネージャーから催促はなかったから、いわなくても大丈夫だと思った」という回答でした。その時マネージャーは、とにかく若手には、こちらからしつこいくらいコミュニケーションを行っていく必要があると悟ったそうです。

近年の新入社員は、上司や先輩へ求めるコミュニケーションのあり方が「学生時代の延長」の方も少なくありません。友だちのような感覚で上下関係に対する意識が薄く、敬語もそこまで必要性を感じていない方もいます。**入社時からコミュニケーション量をしっかりとり、相手を理解しつつもルールや規則はしっかり伝えなければなりません。**人を育てるチームには頻度の高いコミュニケーションが必要です。

### ▶若手の意見を尊重し、チャレンジさせる

　人を育てるチームは、若手の意見を尊重し、新しい取り組みにチャレンジさせることができるチームです。経験豊富なマネージャーは、時に若手社員のことを、年齢が若いから、経験が少ないから、社歴が浅いからと、意見をぞんざいに扱ってしまいます。経験からすれば、やっても時間の無駄、非効率と思うこともたくさんあるでしょう。しかし**新しい視点も必ずあるはずです。**否定から入らずに「**いいね、まずはやってみたらどうだろう？**」とチャンスを提供しましょう。

　もちろん、会社が新しく取り組むプロジェクトや事業を任せるレベルとなれば、発案者のアイデアが相当練られている必要はありますが、社内にある仕組みの改善レベルであればどんどん意見を受け入れ、チャレンジさせるべきです。**意見を受け入れてもらえると、若手は発言したことに意味があった、このチームでもっと発言してもいいのだ、という自信につながります。**

　人を育てるチームは、メンバーに自分がそこにいる価値があると思ってもらえるチームです。

### ▶チームでビジョンを語り合う

　人が育つチームとして進化していくには、個々人のビジョン（ありたい姿、あるべき姿）が語られることが重要です。個々人の向かいたい方向性がお互いに分かっていれば、有益な情報を提供できるのです。

　例えば、国内のB2B事業を本業としていた企業が、海外のミャンマーでB2C事業に乗り出そうと検討していたとします。それを同じチームのメンバーが発案してプロジェクト化したとしたら、チームメンバーは自然とミャンマーの情報や新規事業の情報を発案メンバーに伝えるようになります。

　**メンバーのビジョンを支え、後押しするためにはお互いに語り合うことがとても大事です。**今はできないから恥ずかしい、いってできなかったら恥ず

かしいと思わずに、お互いにビジョンを語り合うチームにしましょう。

　ビジョンを語ることで自分の背中を押すこともできますし、マネージャーが自らビジョンをチームメンバーに語ることで、メンバーがモチベートされます。**ビジョンは何回でも伝えていいので、分かりやすく、時にロジカルに、時に感情を乗せて伝える**ことが重要です。

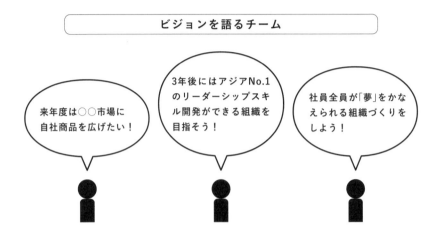

ビジョンを語るチーム

来年度は○○市場に自社商品を広げたい！

3年後にはアジアNo.1のリーダーシップスキル開発ができる組織を目指そう！

社員全員が「夢」をかなえられる組織づくりをしよう！

### ▶人を育てるチームの仕組み

　人を育てるチームには、ビジョンや課題を直接語り、時に本音で意見をいい合える「場」が存在します。ホンダの「ワイガヤ」、トヨタの「自主研」、花王の「大部屋」、小林製薬の「PDF（Plan − Do − Follow）」など、社員以外でもその名前を知っている有名な仕組みの存在が、チーム育成をサポートしてきました。

　マネージャーが人材育成の課題に直面した場合、一人だけで全員を育成しようとするのではなく、メンバー全員がお互いに育て合う仕組みをつくることが有益です。**お互いにコミュニケーションを取り合う場をつくる、その「場」で何を伝えるのか、どう伝えるのか、のルールを決め、メンバーがワクワクするような仕組みをつくる**ことが理想です。

　オンラインシフトが進み、直接顔を合わせる場は少なくなっていますが、**リアルでもオンラインでも本音を引き出せる「場」をつくることがマネージャーの重要な仕事**になってきます。オンラインだからこそできる意見の引き出し方、場のつくり方も多種多様に存在します。

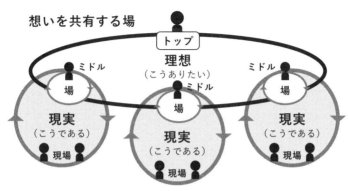

## 「場」の仕組みでチーム力を上げる

ホンダ ▶ ワイガヤ　　キヤノン ▶ 朝会　　花王 ▶ 大部屋

トヨタ ▶ 自主研　　セブン-イレブン ▶ FC会議　　など

想いを共有する場

トップ

理想
（こうありたい）

ミドル　　ミドル　　ミドル

場　　場　　場

現実
（こうである）

現実
（こうである）

現実
（こうである）

現場　　現場　　現場

**対話によって**
・トップの求めるコンセプトと意味を知る
・ほかの現場の状況と取り組みを知る
・ほかのミドルの動き方を知る

**実践を経て**
・成果を振り返る
・他と成果を共有し、改善策を練る
・さらなる実践に向け鼓舞する

### ▶ Will・Must・Can を重ね合わせる

　組織心理学者であるエドガー・シャインは「**キャリアアンカー**」の枠組みとして「**Will・Must・Can**」の3つの問いの必要性を提唱しています。「Will」とは何をやりたいか。「Must」は何をすべきか。そして「Can」は何ができるか、を問うものです。この問いは社員が自らのキャリアを考える際に用いることができるだけでなく、個人と組織が互いの考えを重ね合わせる際に活用することも効果的です。

# 5
# OFF-JT
# 代表的な3つの方法とその手法

## 階層別教育、選抜型教育、手上げ式教育

### ▶受講者によって異なる3つの教育のタイプ

　企業における人材育成の主たる場は、上司による育成やチームによる業務そのものです。しかしながらそれらの関わりだけで十分とはいえません。OJTで補えない部分を補完する役割としてOFF-JTが重要になります。

　**OFF-JT**の主な方法は「**研修**」ですが、この研修を受講者の観点で大きく分けると、以下の3つに分類されます。

　　①全ての社員……階層別教育
　　②選抜された社員……選抜型教育
　　③自ら希望する社員……手上げ式教育

　本項では、それぞれの教育方法の目的、研修内容について紹介します。

### ▶会社の"底力"を上げる「階層別教育」

　最もよく見られる研修の形がこの「**階層別教育**」です。この方法では、受講対象者を勤続年数や役職等で分割することで、**同一内容の研修を行い、会社全体で横串を刺し、全体のレベルを底上げすることができます。**

　若年層向けのものは、ビジネスマナーやロジカルシンキングなど、比較的各社同じようなプログラムが多く、上位層向けのものは、経営判断を行うためのトレーニングをはじめ、それぞれの企業の特徴や風土を踏まえた多様な方法があります。

　一般的な教育方法である一方、これらは終身雇用制度や年功序列の考え方をベースとした部分も多く、**近年では階層別教育とその他の教育方法を組み合わせて研修制度を設計している企業も増えてきています。**

### ▶「選抜型教育」でトップパフォーマーを育てる

　「**選抜型教育**」とは、その名の通り**受講対象者を何らかの形で選抜して、特**

定のプログラムを受講させる教育方法です。従来は次期経営層・役員を選出するために行われていることが多いですが、企業におけるトップパフォーマー（一般的な社員と比較して突出したパフォーマンスを示す人材）の育成を目的として実施されることもあります。

　トップパフォーマーは成長のスピードが著しく速く、通常の学習内容や業務経験では彼らの潜在能力を最大限まで引き出すことは困難です。そういった人物が社外との関わり合いの中で、自身の成長スピードが遅いことに気づくと、貴重な人材を失うことにつながりかねません。これを防ぐために、若年層のうちから選抜型教育として外部派遣や国内外の大学院での学習支援などを行っている企業もあります。

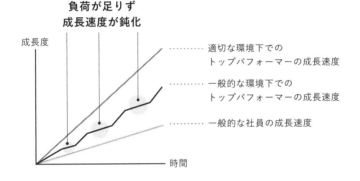

〈出所〉『生産性』（伊賀泰代、ダイヤモンド社）を元に作成

## ▶ 実務に必要な知識・スキルを獲得する「手上げ式教育」

　最後に紹介するのは、企業が用意したいくつかのプログラムの中から受講者自身が希望して参加する、「**手上げ式教育**」です。

　**受講者は自身の業務や課題感をもとに習得したい知識やスキルとマッチする研修を選択することができます。**一方、研修企画担当者としても、比較的容易にプログラムの種類やレベル（上級・中級・初級など）を設定でき、プログラムの新設・廃止が容易、というメリットがあります。

　内容はマーケティング、財務分析、グローバルコミュニケーション、ＰＣスキルなど、非常に多岐に渡ります。それぞれの企業や部門・部署で求められる専門性などにもとづいて、基礎的なスキルの習得から、さらなる専門性

を高めていくためのプログラムまで幅広いテーマの設定が可能です。

## ◢オンラインシフトが生み出す新しい教育のあり方

2020年は新型コロナウィルス（COVID-19）の影響もあり、**集合型教育は一般的に対面から一気にオンラインへ**と舵を切りました。オンライン教育というと代表的なものは以下の3つに分けられます。

①Webライブ教育
　➡生講義＋演習というカリキュラムがメイン、リアルタイムで双方向のコミュニケーションが可能
②Web（e）ラーニング教育
　➡講義動画視聴や設問解答式で知識のインプット＋アウトプットを行う
③Web上のディスカッションをメインとする教育
　➡事前に資料や動画でインプットした後、内容についてのディスカッションをWeb上で行う反転学習
　※本分野においては、米ミネルヴァ大学が先進的な事例といえる。

　当然のことながら従来の集合型教育も重要な手段として存在します。オンラインが加わり、**選択肢が広がっている今、どの手法を使って研修を行うか**も重要な検討項目になってきます。

　リアルに人が集まる価値、オンラインで生み出される価値、双方をハイブリットで行う価値を踏まえ、目的に応じて研修手法を考えていく必要があります。

# 6 次世代リーダーを育てる "他流試合"と"修羅場の創造"

**視点、視野、視座を揃えた経営人材のつくり方**

## ▶なぜ次世代リーダー育成が必要か

　OFF-JTの中でも近年、重要性が高いとして取り上げられているのが次世代リーダーの育成です。次世代リーダーとは、企業の将来の経営人材候補になる、中堅社員のことを指します。

　**質の高い次世代リーダーを一定数社内にプールしておくことは、企業の中長期的な競争力の向上に繋がります。**「経営者の最も重要な仕事は、次の経営者を育てること」という言葉もありますが、企業として、次世代リーダーを戦略的かつ計画的に育成することは、重要な経営課題の一つです。

## ▶次世代リーダー育成プログラムの事例

　次世代リーダーの育成の手法の一つに、経営的な視点が必要とされる困難な課題を割り当てる手法があります。その一例が、米国企業で採用されることが多い「**ジュニアボード**」というプログラムです。

　これは、若手リーダーである中堅幹部・社員を「ジュニアボード」として任命し、彼らに中期経営計画または経営の主要課題に関するテーマについて実際の役員と同じように、問題発見〜原因探求〜課題設定〜戦略立案を検討させることにより人材育成を図るだけでなく、実際に役員会に意見を具申してもらうことで、実際の経営においても良い点を取り入れていこうとするものです。

　**こうした経験を繰り返して、次世代リーダーは経営人材への階段を昇っていきます。**「ジュニアボード」のようなプロジェクト型の課題でなくても、経営人材に必要な視点、視野、視座をそなえるために効果的な施策はあります。

## ▶他流試合で視点を増やし、視野を拡げる

　企業を取り巻く外部環境は複雑さを増し、変化のスピードは速まっています。外部環境を正確かつ迅速に捉えることが、自社の戦略立案の要諦になります。**経営人材には、多様な視点と広い視野を持って、外部環境と自社との**

関係性を捉え続けることが求められています。それには「外の世界」を知らなくてはなりません。

昨今ではSNSの浸透もあり、他業界の人材とつながれる機会が各段に増えています。ただ、注意すべき点は、ただの異業種交流会や勉強会では経営人材の育成にはさほど効果がないということです。外部の人材と触れ合うこと自体が刺激的かもしれませんが、それは本来、手段であって、目的とすべきではありません。

そこでお勧めしているのが、**他流試合**です。ただの情報交換ではなく、異質な存在である他社と同じテーブルに着き、**論点に対する自らの仮説を構築し、それを他者の仮説と、仮説構築プロセスや根拠の妥当性などの点から、相互に比較、評価し合う「試合」にするのです。**

そうすることで、自社・自業界とは異なる他社の視点の、本質的な意味合いを捉えることができるでしょう。自分の仮説がない状態では「試合」にはなりません。他流試合に参加することで、自らの仮説を持つことの重要性に気づくこともできるでしょう。

こうした他流試合の機会は自然発生的には生じないため、目的や手段を細かく設計した研修形式で「試合」の場をつくることをお勧めします。

### ▶ 修羅場で「決める」経験を積んで、視座を高める

経営人材には必要だが、次世代リーダーが通常の業務では得がたい経験とは何でしょうか。それは「決める」経験です。

**ここでいう「決める」とは複数オプションの中から一つを選ぶことではありません。**現状から課題を抽出し、複数の解決策を準備し、それを実行するための社内コンセンサスを取りつけ、リーダーシップを発揮して周囲を巻き込んで解決策を実行し、その結果により生じた責任は、周囲への波及効果も含めて、すべて自分でとることを意味します。

このような**誰に頼ることなく自分の責任で「決める」**場は、まさしく修羅場。企業は、必ずしも規模は大きくなくていいので、次世代リーダーに一つの事業を任せる、海外子会社の責任者に任命する、といったジョブ・ローテーションによる修羅場の機会を創造することで、彼らを経営人材として育成できます。大企業のトップは、海外の子会社で修羅場を経験して実績を残した方が名を連ねています。**「決める」を積み重ねることで、視座を高め、より大きなことを「決める」ことができるようになる**のです。

# 4-7
# ミドル、シニアを活性化する
# "リカレント教育"

## 中長期的な競争力確保のための戦略的な教育

### ▶ リカレント教育とは

　近年、注目されている教育テーマの一つに「**リカレント教育**」があります。リカレント教育とはそもそも、教育機関を卒業した社会人が、その後のキャリアにおいて「教育」と「就労」を交互に行うシステムのことを指します。日本では、広く、**社会人による「学び直し」**という意味で使われています。

　人生100年時代といわれる今、経済産業省の報告書においても「付加価値を発揮し続けるためには、『一億総学び』社会のもとで、絶えず学び 直しを通じたアップデートや新たなスキルの獲得が必要不可欠」と述べられており、補助金などのリカレント教育関連法案も検討されています。

### ▶ 注目を集めるミドル、シニアのリカレント教育

　リカレント教育は世代を問わずに推奨されていますが、その中でも特に、ミドル、シニアのリカレント教育については、企業と社員の双方から注目を集めています。

　エン・ジャパンが2018年にミドル層以上に行ったアンケートによると、対象者の90％以上が今後、「リカレント教育を受けたい」と回答しています。人生100年時代というキーワードが普及し、定年後の生活に不安を感じる機会が増えているせいか、多くの人が、長く働き続けることを希望するようになってきています。**現職からの転職や、定年後の再雇用、再就職に備えて、知識やスキルのアップデート、新規習得のためのリカレント教育への関心も高まっています。**

### ▶ 企業にとってのリカレント教育の必要性

　今後、多くの企業において、ミドル、シニア層の割合が高まっていくことが想定されます。労働力人口の減少により、新規労働力の確保が難しくなっていく中、**ミドル、シニア層に長く「戦力」として働いてもらうことは、企業の中長期的な競争力を左右する課題**になります。

例えば、仕事の第一線を外れたミドル・シニアの社員が、役割を得ることなく定年までその企業で過ごすということは、社員本人にとってだけでなく、その企業にとっても大きな損失になります。そうした**ミドル・シニア社員が、「戦力」として働き続けるためには、外部環境変化を踏まえた知識やスキルのアップデートが不可欠**です。

また、政府は「経済財政運営と改革の基本方針2019」の中で、70歳までの就業機会確保に向けて、高年齢者雇用安定法の改正案を示しました。希望者全員を65歳まで雇用することが義務づけられていましたが、改正案では現行の義務に加えて、70歳まで働けるように再就職支援や起業支援をすることを、努力義務として課しました。そして2020年3月に改正され**70歳までの就業機会の確保**が現実化しました（2021年4月1日施行）。

雇用延長に関する政策は年金問題と密接に関連しており、中長期的に見ると、今回の改正案が示したような高齢でも働ける制度が整備されていくでしょう。

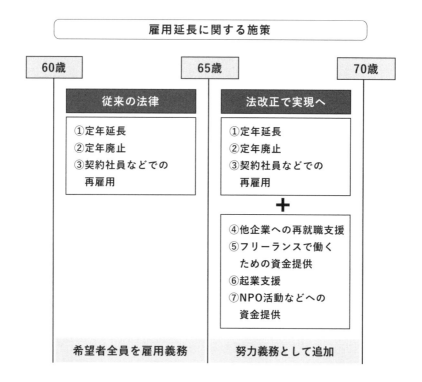

## ▶定年延長のロールモデルが描けない

　企業側は現行法にもとづいて雇用義務を果たす制度を整えていますが、**雇用延長や再雇用の成功例は、あまり共有されていません。法律に従って制度はつくったものの、それを有効活用しきれていない**企業が多いのではないでしょうか。

　一般論として、定年を控えるシニア社員には、これまで培ってきたスキルを活用できて、やりがいのある仕事で、満足のいく給与を受け取れることを求める人が多くいます。一方、企業側としては、人材の新陳代謝や、若年層のモチベーションも考えると、定年間近の社員に準備できる職務は限定的になります。市場価値で考えると、高い給与も支払えないでしょう。

　慢性的な人手不足により、社員も企業も満足する形で60歳以上の人材を活用できている企業もありますが、多くの場合では、社員、企業の双方が納得するようなロールモデルを描くことは困難です。

## ▶ 60歳を超えても活躍できる人材

　一方、60歳を超えても活躍している人材をゼロベースで考えてみると、組織に依存することなく、自らの市場価値を高め、市場に求められる高度スキルを磨いてきた人材像が浮かび上がってきます。そうやって**活躍している人材と、60歳を超えて活躍場所を失っている社員とでは、キャリアリテラシーに大きな差**があります。

　早い段階で自らのキャリアと向き合い、主体的にキャリアを形成してきた、キャリアリテラシーの高い人材は、年齢にとらわれることなく、定年後でも活躍を続けることができます。

　社員のキャリアリテラシーが低い原因は、社員側だけにあるわけではありません。そもそも「終身雇用」や「年功序列」を前提とした企業では、社員が主体的にキャリアを考える必要性が少ないからです。企業が**60歳を超えても活躍できる社員を生み出したいなら、社員のキャリアリテラシーを高める教育を行うべき**です。

　そのための施策を2点紹介します。

## ▶ 1．キャリア教育の前倒し

　研修などを通じて社員にキャリア教育をしている企業もありますが、その多くは定年を控えた50代以上を対象としたものです。しかしそれでは、60代

になってからも活躍できるスキルを開発するのに、時間が十分ではありません。

　**企業は、できれば30代、遅くても40代前半には、社員が定年後も含めた自身のこれからのキャリアの全体像を描けるような機会を用意した方が良いでしょう。**主体的に自らのキャリアを考えることができる社員が増えれば、変化の激しい市場環境における、企業の競争力の底上げにもつながります。

　ところが、実情としてはミドル、シニアのリカレント教育は進んでいません。リクルートマネージメントソリューションの調査によると、企業の4割はミドル・シニアの活性化に具体的な施策を打ち出せないでいます。必要性は認識しつつも、事例も少ないため、具体化に戸惑っている企業が多いようです。

　では、実際にミドル・シニアに対するリカレント教育の設計をする際に注意すべきポイントは何でしょうか。

　まずは、「**何を学ぶか**」を決めることです。

　ミドル・シニアは基本的なビジネススキルを習得していることが前提になるので、多くの場合は、専門スキルをさらに学ぶことになります。ミドル・シニア層社員のスキル保有状況に個人差が大きいため、対象者への一律の教育よりは、個別の事情を踏まえた教育設計が望ましいです。

　次に「**どのように学ぶか**」を考えます。

　近年は、社内教育に限らず、セミナーや社会人向け大学などのサービスも充実してきています。eラーニングやWeb上の講座を活用することで、時間や費用対策にもなります。

　最後に「**どうやって活かすか**」につなげます。

　ミドル・シニアに学んだ先のゴールを示す必要があります。本人が業務で活用するだけでなく、本人が学んだスキルを社内研修の講師として展開することも有効です。

### ▶2. 企業内キャリアカウンセラーの常設

　社員のキャリアリテラシーを高める2つ目の施策は、**人事部に社員のキャ**

リアを扱う専門のグループを設置することや、企業内に専任のキャリアカウンセラーを常設することです。

　キャリアカウンセラーは、当然、社員がその企業内において活躍することを前提に活動しますが、場合によっては、社員に早期退職や他企業への再就職支援を促すことも必要です。社会情勢を踏まえた上で柔軟な人事施策を行うには、そうしたことが実施できる組織体が必要になります。

## ▶キャリアパスの複線化

　またこうしたリカレント教育の前提として整備が求められるのが企業内における「**キャリアパスの複線化**」です。

　キャリアパスの複線化とは、**社員の専門性を高め、社内に専門職を形成することを目的に組織内での職種や職務における昇格や異動の道筋が複数に分かれている仕組み**をいいます。

　また、こうした複数のキャリアパスを盛り込んだ人事制度のことを「**複線型人事制度**」といいます。

　キャリアパスが複線化することは多様化する人材に対して、それぞれに活躍の場を提供し、能力を高める機会を通して、個々のニーズに合致したキャリアの形成を促すことにつながります。

テレワークにシフトし自宅が職場に、しかも共働き世帯では夫婦共々、学校が臨時休校で子供も常に家にいる。そんな光景が全国各地で展開されました。「名ばかり共働き」という、テレワークの夫婦間の業務時間配分の不平等さを表すキーワードも生まれました。初めての事態の中、テレワークの現場からは人材マネジメント上の新たな課題も見えてきました。

最大の変化は、社内外を問わず他者とのコミュニケーションが、リアルな場で行うものからオンラインツールを用いたものに移行した点でしょう。オフィスに人が集まって仕事をしている場合には、ちょっとした雑談などを通してお互いの状況について意外と豊富な情報をやり取りしているものです。オンラインでのコミュニケーションの場合、本来の目的からはずれた雑談が混じる割合が極度に下がることで、チームメンバー間の認識の齟齬（そご）や軋轢（あつれき）などが発生する可能性も出てきます。

また、独身世帯か、夫婦のみの世帯か、子育て世帯かといった、それぞれの置かれた状況の違いによって働き方に大きな差が生まれます。それぞれの抱える前提に対して、通常以上にお互いに理解と配慮をしなければ、どこかモヤモヤとしたものを抱えてしまうといった事態も起こります。

また、自宅の環境も一人ひとり異なります。特に若手社員の場合、自宅に無線通信環境が整備されていないケースも多く、円滑に仕事を進める上で障害となってしまうことも。そういった場合には、会社側の責務として社員の自宅の執務環境を整備する必要性も問われてきます。

さらには、「オンラインハラスメント」という新たな問題の発生も懸念されます。自宅にいながらオンラインベースで仕事をするということは、私空間に否応なく仕事が持ち込まれるということでもあります。それによって生じる社員の精神的負担に対するケアはもちろん、オンラインコミュニケーションにおける作法を周知させるなどトラブル抑止に向けた施策も重要になるでしょう。

すべてではないものの、世の中の働き方がテレワークやオンラインベースに変わることで、人材マネジメントにもこれまでと異なる課題が生じます。今後はこうした課題への対処の仕方に、会社や経営者が「人材」をどう見ているかというスタンスや思想が如実に現れる時代となるでしょう。

# 「人材の評価と組織運営」に おける人材マネジメント

第5章では、人材の評価を軸に解説します。評価に関わる目標設定や組織運営の考え方についても触れていきます。評価は、業績の向上／人材構成／適正な処遇の3つを果たす人材マネジメントの要として重要です。

# 5

## 1
—

# 評価の原理原則
# （役割、機能、効果など）

## 「評価」の位置づけを確認する

▶ **評価の３つの側面**

　ここからは「人事評価」について解説していきます。いわゆる「**人事評価**」は、人材マネジメントにおいて大きく３つの側面を持ち合わせています。

　１つ目は、企業が経営戦略・事業戦略を計画する上で、**業績向上への強化に繋げる**ことです。その手段の一つとして個人の目標設定を行います。

　各部署や部門別に策定された年度計画などにもとづいて、**個人の目標に落とし込み、双方すり合わせの上で明確な目標を設定、それを評価に繋げる**ことによって、業績向上に関わるモチベーションを得たり、適正な評価ができるように、**会社の方向性と個人の方向性を一致**させる役割を持ちます。

　２つ目は、**育成**としての側面です。例えば期初、第１四半期、半期、第３四半期、期末など一定のタイミングごとに、目標に対しての実績を振り返る機会をつくり、良い点、改善が必要な点を洗い出します。

　**自身の振り返りだけではなく、さらに評価者や同僚など他者のフィードバックを得る機会を持てば、大きな気づきを得て成長する**チャンスとなります。

　３つ目は、昇給・賞与・昇格・昇進といった**処遇に反映させる**ことです。目標に対しての結果に加え、現在のスキルや力を指標等に照らし合わせ、**今期の賞与や次期の立場を確定**します。

| 評価の３つの価値 | | |
|---|---|---|
| **1** | **2** | **3** |
| 業績向上 | 人材育成 | 適正な処遇 |

## ▶優秀な人材の確保と流出防止

　人事評価の副次的な側面を見てみましょう。企業に勤めている人であれば、会社から正当に評価されたいという想いは、皆が持っているものではないかと思います。転職することがごく当たり前となった昨今では、**評価制度の有無や運用実態が転職理由となる**ことも珍しくはありません。

　また、これは育成に関してもいえることです。企業は、将来に向けて社員の能力開発に注力する義務があります。未来のリーダーを育てるのはもちろん、どこへ行っても活躍できる人材を育てることを目標にすべきです。そうして**自身の育成に寄り添ってくれた企業に対して、社員はここでもっと力を発揮したいと思う**でしょうし、そうでない企業であれば、優秀な社員であればあるほど離れていきます。

　このことを経営陣はもとより、評価者となる立場が上のメンバーはしっかり心得ておく必要があります。

## ▶評価制度の歴史

　ここで、これまで日本の企業がたどってきた代表的な評価制度や注目を浴びた海外由来の制度を振り返っておきたいと思います。

### 人事評価制度の変遷

| 年代 | 経済トピック | 代表的な人事評価制度 |
|---|---|---|
| 戦後〜 | 高度経済成長期 | 年功序列と終身雇用 |
| 1990年代〜 | バブル経済の崩壊 | 成果主義と年俸主義の台頭 |
| 2000年代〜 | 景気拡大ののち、リーマンショックから景気後退へ | MBO(目標管理制度=Management by Objectives)やコンピテンシー(行動評価)の導入 |
| 2010年代〜 | 3.11後、アベノミクスにより景気拡大傾向 | ノーレイティングなど評価制度の見直しが始まる<br>リアルタイム評価、360度評価への注目 |

　大きくは年功主義から能力・成果主義へと軸足が移り、現在はその成果主義に見直しをかけているような状況です。背景としては、**価値観の多様化や労働力の流動化など変数が非常に多くなってきた**中で、ある一つの枠やテーブルで人を評価するということが難しくなってきた点が挙げられます。ま

た、評価に求めるものも、処遇確定だけでなく、先に述べた内容を含めて重要になっています。

## ▶ 人事評価制度で明確にすべきこと

### ❶評価基準

評価するにあたっては、会社の在り方や社員に求める行動・姿勢などを明確化する必要があります。**どのようにすれば評価されるのか、という点を文字で明文化し透明性を持たせるだけでなく、さらにマネージャーや役員が率先して行動で現す**ことも重要です。

### ❷評価対象

また人事評価の対象は大きく「**対"人"**」と「**対"仕事"**」に分けられます。「対"人"」に関しては主に職能資格に基づく「**職務遂行能力**」であり、それぞれの等級ごとに求められる能力を満たしているかどうかで評価されます。「対"仕事"」に関しては「**職務**」や「**役割**」に沿って評価される部分であり、「職務」に関しては「**職務記述書（ジョブ・ディスクリプション）**」を作成することで、任される仕事の内容やその責任範囲、達成度合をもとに評価されます。「役割」に関しては、それぞれの社員に求められる役割を「**役割等級**」を用いることで明らかにした上で、そのプロセスや結果をもとに評価する方法です。

### ❸影響の範囲

この人事評価制度がどこまで影響を及ぼすものなのか、正しく理解してもらうことが重要です。冒頭で記した通り、評価に紐づく目標設定自体が会社の経営戦略・事業戦略から落とし込まれています。**自身の行動が会社の業績に直結していることの自覚と責任を感じてもらえるように説明する**ことが大切です。また、ここでの目標に対する結果がどう評価に結びつくのか、何を達成したらクリアとなるのか、プロセスも含めて、**目標設定時にしっかりすり合わせを行う**ことが大切です。この時間をしっかりととることで、モチベーション高く業務に従事することを自然と促すことができるようになります。

評価制度は会社の社員に対する姿勢を映す鏡の一つです。自社の人事評価制度が何をどう明確化しているか、改めて確認してみてください。

## ▶評価者の責任

　これまでは評価のポジティブな面を中心に話を進めてきましたが、評価者は社員に対して、良い評価をすることもあれば悪い評価を下すこともあります。フィードバックや育成という面では、むしろ改善を求める内容の方に力を入れることも必要です。

　評価者はこういった難しい対応（立ち居振る舞い）を求められる中において、**社員に対して、誠実であること、公正な評価に努めること、本人を必ず成長させるという気概を持って接する**ことが重要です。評価者は会社から権限を与えられて評価をしている責任と、被評価者よりも圧倒的に立場が上であること、を自覚した上で謙虚にその職務を全うする必要があります。

## ▶テレワークの社員の評価

　新型コロナウィルス(COVID-19)の影響により、テレワークの社員が増えています。今後、**恒常的にテレワークを続けるのなら、通常勤務を前提とした評価制度は、見直す**必要があります。

　テレワークでは、社員の働き方、特に時間の使い方に関する自由度が高くなる一方で、企業側の視点で見ると、社員を管理できる範囲が狭くなり、その結果、プロセスへの評価や定性的な評価が難しくなります。相対的に、**結果への評価、定量的な評価の比重を高める**ことが求められます。

　社員側の意識も、単に会社に行って会議に参加していれば良い、というような考えは淘汰され、より結果を出すこと、実績で示すことが求められるようになるでしょう。

## ▶テレワークの浸透により「ジョブ型雇用」が進む

　急速にテレワークへの移行が進む中、企業が職務内容を明確にして成果で社員を処遇する「**ジョブ型雇用**」の導入を加速しています。
「ジョブ型雇用」とは**職務や勤務地、労働時間などを明確に定めた雇用契約**であり、主に欧米の企業で採用されています。

　企業側のメリットとして次のものが挙げられます。

- 高い専門スキルを有する人材を確保しやすい
- 様々な理由から依頼していた職務がなくなった場合にも配置転換を行う必要がない

一方、雇用される社員側にも以下のようなメリットが挙げられます。

- 自らの専門スキルを活かして職務や勤務場所を絞り込める
- ワークライフバランスを保ちやすい

反対に企業にとってのデメリットは、社員を会社都合で転勤や異動を命じることができず、社員側にとっては仕事がなくなった時のリスクが生じる、といったことが挙げられます。

日本ではこれまで職務や勤務地などを限定しない「**メンバーシップ型雇用**」を採用していますが、グローバル化やテレワークのに対応するための雇用契約として、ジョブ型雇用が注目を集めています。

なお、ジョブ型雇用を導入するためにはその職務ごとに**何を（内容）、何のために（目的）、どの水準で（目標）、どの責任や権限の範囲で行うのか**、といったことを客観的に示す「**ジョブディスクリプション（職務記述書）**」を作成し、企業と社員が互いに同意することが必要となります。

またジョブ型雇用は第1章で解説した「**ホラクラシー型組織**」を実現する上で欠かせない雇用形態ともいえます。

### ジョブ型雇用とメンバーシップ型雇用の主な違い

|  | ジョブ型雇用 | メンバーシップ型雇用 |
|---|---|---|
| 職務 | 限定的で明確 | 総合的で曖昧 |
| スキル | 専門的スキル | 総合的スキル |
| 転勤・異動 | 原則なし | 原則あり |
| 採用 | 欠員補充時の採用が中心 | 新卒一括、定期中途採用が中心 |
| 給与・報酬 | 成果、スキル依存 | 職能、年功依存 |
| 教育 | 自己研鑽がメイン | 会社からの教育あり |
| 雇用保障 | 弱い | 強い |

# 2 評価の代表的3つの手法
# 絶対、相対、ハイブリッド評価

長所と短所を知り、評価に対しての視野を広げる

## ▶絶対評価

　これまで述べてきたように評価する基準（人事評価基準）が決まっており、それに照らして評価を行うことを、「**絶対評価**」といいます。絶対評価を正しく運用するには、**評価基準が明確**であること、評価者がその基準を理解した上で、**客観的事実にもとづき被評価者を評価**することが必要です。

　この場合、会社の期待する水準は明確であることから、実際の評価をもとに、不足している点や改善を求めたい点を**適切にフィードバックすることにより、本人の能力開発に結びつけることが容易**です。そういった意味では、本人の納得を得やすい評価手法となっており、会社目標や部門目標を個人目標と紐づけることで、会社の業績に直結する感覚を養うことが可能です。

　逆に短所については、運用やその準備そのものに多大な時間がかかる点です。評価基準や項目は、最初の設定もさることながら、会社の状況や時世に応じた見直しを入れることが大切です。

　会社や社員が広く納得し、自社のカラーも感じられるような評価基準をつくるには、事前調査なども含めるとかなりの労力と分析が必要となります。

　また、このような基準をもって評価を実施する上では、**評価者に対する訓練や計画的な評価能力・技術の向上をはかるための中長期的な育成プランも求められます。**

　上記以外の短所では、評価レベルの分布基準や各スコアに対する定員枠などが存在しないため、**評価結果が寛大化傾向に陥る**可能性が指摘されます。

## ▶相対評価

　「**相対評価**」とは、複数の被評価者の客観的事実に基づき人事評価を行い、各々に優劣をつけ、成績順に序列化する評価方法をいいます。上位5％を「S」、次の20％を「A」、次の55％を「B」、次の15％を「C」、最後の5％を「D」などと予め設定しておいた分布に従って評価をつけます。相対評価では明確な評価基準はないことが多く、全体の中で人と人を比べ優れている

第5章　「人材の評価と組織運営」における人材マネジメント

か劣っているかで判断をするものです。そのため、この判断結果をもって、**本人の納得がいくように説明したり、能力開発や人材育成の機会に繋げることは難しい**といえます。

　また、その時々のチーム内の状況によって評価が左右され、例えば皆が優秀な結果を出していたとしても、CやDの評価を何人かにはつけなければならなくなり、逆の状態も想定できます。このように、必ずS～D評価に振り分けなければならないという状況は、**チーム内の協調性が乱れたり、無用な競争を生む恐れを含んでいます。**

　一方、長所としては、分布を事前に決めているので、昇給や昇進についての原資を見積もることが容易だったり、寛大化傾向が発生しにくい状況にできます。また、細かい評価基準を必要としないため、運用が比較的簡単であること、昇給や賞与にメリハリをつけられることもポイントの一つです。

| | 絶対評価 | 相対評価 |
|---|---|---|
| 長所 | ・絶対的な評価基準があるため、評価結果に対して本人の納得を得やすい ( モチベーション維持につながりやすい)<br>・実際の評価結果に照らした適切なフィードバックにより、本人の能力開発に結びつけられる | ・昇給や昇進に関して、原資を見積もりやすい<br>・寛大化傾向が発生しづらい<br>・運用が比較的容易<br>・昇給や賞与にメリハリをつけられる |
| 短所 | ・評価制度の運用やその準備に多大な時間がかかる<br>・評価者の訓練や育成が必要<br>・評価結果が寛大化傾向になりやすい | ・チームメンバーなどによって結果が異なることがあり、本人の納得感を得づらい ( 能力開発や育成の機会につなげることが難しい)<br>・チーム内の協調性を乱す場合がある |

**絶対評価と相対評価の長所と短所**

### ▶ 評価手法の変遷

　ここまで述べると、絶対評価と相対評価のいいとこどりをできないのか？と考える読者も多いと思います。大きな流れとしては、相対評価が主流だった時代から、納得性・能力開発・人材育成を重視した絶対評価にすべきであるという考え方が浸透してきています。

　特に、これまでも触れてきた企業の経営戦略・事業戦略から個人の目標設定とその達成度を測ることを評価の柱に位置づけるのであれば、絶対評価が選択されることは必然のように感じます。

とはいえ絶対評価の短所を完全に補完するのは容易ではありません。そこでほぼ真逆に位置する**相対評価の仕組みを一部取り込むことによってよりバランスを持った評価制度として確立した**のが「ハイブリッド評価」です。

## ■ハイブリッド評価

ハイブリッド評価は、その名の通り、絶対評価と相対評価の仕組みを組み合わせたものです。**1次評価を絶対評価で行い、2次評価以降で相対評価によって補正をかける方法**です。

この手法を用いれば、絶対評価の相対配分となり、評価にメリハリをつけられ、賞与や昇給の原資を含めた調整が容易に行えます。また評価項目としては、絶対評価の基準とやり方を残しているため、会社の業績との連動や目標管理の側面を損なわずに能力開発・人材育成につなげられます。

ただ、相対配分後の最終評価については、やはり被評価者の納得を得るような説明やフィードバックを行うことが難しくなってしまうことは、念頭におく必要があります。

## ■有用な人事評価のために

評価の原理原則の項（164ページ参照）で、目標の振り返りの機会を4回持つ例を記載していましたが、コミュニケーションの回数や頻度が多い方が評価はより制度の実用度を増していきます。

代表的な例としてよく知られているのが、2012年からすでに実現されているYahoo!の1on1ミーティングです。週に1回30分「部下のための時間」と定義づけて、**面談というよりは対話を通じて、目標支援や成長支援**を行っています。そのために、**上司となるメンバーはコーチング研修で傾聴やフィードバックの手法を身につけ、それを毎週実践**しています。

絶対評価における目標管理と支援が職場の最小単位で確実に実施されていますが、導入にあたっては反発や批判も大いにあったようです。

それでも粘り強く訴え、納得を得て軌道に乗せ、もはや文化の一つにまでなったのは、人事担当者の努力や役員・マネージャーの協力があってのことだと思います。

最初から順風満帆であったり、現在の制度が最善とは限りません。そこで働く社員の納得感が得られ、企業の様々な側面において有用な制度設計の実現を目指すことが重要です。

# 3 評価者が陥る7つの罠

## 思い込みをなくして、事実を見る

### ▶ 悩める評価者

人が人を評価することについて、疑問を感じる方もいるのではないかと思います。対象となる人のすべての行動を把握しているわけではありませんし、それぞれが生来持っている性質も異なる中で、自分がある項目においてのみ良い・悪いの判断を下していいのかと、葛藤を抱えている方もいるでしょう。

また、なかなか癖の強い部下を持って、どう伝えたら今後の関係性を良好に保ちながら評価・フィードバック面談を進められるのか、悩んでいる方もいると思います。

人事評価は会社の経営戦略・事業戦略を進めるために必要な機能です。ある種システマティックにこれは会社の機能として、自身の役割として必要とされたことなのだと**割り切って評価の場につくことが大切です。**なぜなら悩みや葛藤を抱えた状態で評価をすると、適切な評価から離れてしまう確率が上がってしまうためです。

人であるがゆえに、完全な評価はやはり難しいといわざるを得ません。ですが、**人であるからこそ、数字だけでは測れない大事な側面を踏まえた評価が実務として行えます。**

例えば新たな事業の創出や今後に繋がる地道な努力、すぐには成果が出ないけれどチャレンジングな行動、チーム全体の士気向上などです。

数字で表わされる結果ももちろん大事ですが、長い目で見た時に、これらがどんな役割を果たしていくかを想像すると、とても見逃すことはできない要素です。

とはいえ、やはり評価者にとって陥りやすい罠というのは複数存在しています。今回はその中でも特に多発しやすい（逆をいえば注意すべき）代表的な評価エラーを7つご紹介します。

| | 陥りやすい7つの評価エラー |
|---|---|
| 1 | ハロー効果 |
| 2 | 期末効果 |
| 3 | 逆算化傾向 |
| 4 | 中心化傾向・極端化傾向 |
| 5 | 寛大化傾向・厳格化傾向 |
| 6 | 対比誤差 |
| 7 | 論理的誤謬 |

### ▶1．ハロー効果

　評価エラーの中で最も有名なのがこのハロー効果です。ハロー（halo）は英語で後光・光輪の意味で、まばゆい光が差してくると目が眩んで、光より前にあるものや周りにあるものがよく見えなくなってしまうことを指します。これは認知バイアスの一つで「ハローエラー」とも呼ばれています。

　**評価対象者のすごい部分（優れた点）や目立つ箇所（劣った点）ばかりに目がいってしまい、他の事柄に関する評価にも影響が及んでしまうこと**をいいます。例えば社交的であるという一面にフォーカスしてしまい、営業力もあるはずだと認識するなどです。

### ▶2．期末効果

　最終評価はおおよそ期末にかけてあるものかと思いますが、**評価を行う直前の出来事に印象を左右されてしまい、評価全体に影響を与えてしまうこと**があります。これを期末効果と呼びます。例えば、期末に大きなミスをしてしまった際に、それまであった成功に対する評価が下がってしまったり、忘れたりするものです。評価期間の平均的な様子が期末にすべて現れるわけでもありませんので、全体を通した評価を行うことが重要です。

### ▶3．逆算化傾向

　評価者が「彼（彼女）にはこういう評価結果を伝えたい」というように事前に想定している最終的な評価（昇降格、昇降給、賞与等の処遇）に近づけ

るように、逆算して評価をすることで実態と評価が一致しなくなる傾向を指します。

こうした逆算化傾向が起こる**原因は、評価結果に対する部下からの不平を避けることや、部下から尊敬や感謝を受けたいといった心理面での要因が作用**することが考えられます。

### ▶４．中心化傾向・極端化傾向

**中心化傾向とは、無難な評価で収めようとするあまり、評価判断が普通（中心）に寄ってしまうこと**を指します。評価に自信のない方によく見られる傾向ですが、これでは評価制度の運用自体の信用に関わってくる問題になりますので、評価者の責任を持って判断するよう促す必要があります。

また、その**逆を意識してしまうあまり極端な評価になる（中心以外に振ってしまう）ことを極端化傾向**と呼びます。この場合は結果にばらつきが大きくなってしまい、やはり避けるべきエラーの一つです。

### ▶５．寛大化傾向・厳格化傾向

**寛大化傾向は評価が甘くなってしまい、全体的に高評価をつけてしまうエラー**です。実際によく見られるのは、

- 部下に良く思われたい、やる気を出させたい
- 部下との後々の関係性を気にしている
- 部下のことをあまり把握できていない

などの背景からくるものです。

**厳格化傾向は評価が厳しくなってしまい、全体的に低評価をつけてしまうエラー**を指します。特に評価者本人が厳しい性格であったり、能力の高い人物で自身を評価軸として評価してしまった際に現れるエラーになります。

### ▶６．対比誤差

通常は評価基準に合わせて評価を行うものですが、**対比誤差が発生すると、自分の能力や自身の中で本人と同程度と位置づけている人と対比をして評価をつけてしまいます**。例えば、自分が部下のポジションだった時にはこの仕事の難易度はこれくらいだったという具合にです。あくまでお互いが認識している評価基準において評価がなされるべきです。

## ▶ 7．論理的誤謬

論理的誤謬とは、**事実で評価するのではなく、ある事柄から推論で結果を導き出し、評価に繋げてしまうもの**です。有名大学を出ているのであれば、ビジネスパーソンとしても優秀で職務遂行能力も高いに違いないと推測で結論づけてしまうことなどをいいます。

## ▶ 評価エラーを防ぐには事実を見ること

7つの代表的な評価エラーを紹介しましたが、エラーに陥らないためにどれに対してもいえるのは、**"事実にもとづいて評価をする"**ということに尽きます。たいていのエラーは評価者の思い込みに端を欲するものです。

これまでの経験から予測を持っておくことも大事ではありますが、人事評価においては、共通認識として持っている評価基準に照らし合わせて、**事実に対して冷静に評価をすることが、本人の気づきと育成に繋がりますし、実は自身の成長にもつながる**のだということを改めて認識することが大切です。

事実を見るために必要なことは何でしょうか。それは「観察すること」です。**部下をよく観察している上司ほど適切な評価ができます。**部下の評価に対する納得感も高まります。部下との距離を縮め、よく観察すること。これが最も大切なことといえます。

# 4 うまい処遇の伝え方

個人と組織を Win-Win にするフィードフォワード

## ▶ 処遇の伝え方には細心の注意を払うべき

社員は評価されることに加え、自らがどのような**処遇**を受けるのかということに最大の関心を向けています。異動はもちろん、特任を受けること、懲罰を知らされることも含めて該当します。

この処遇を伝えるシーンにおいて、上司は細心の注意を払うべきです。伝え方一つでその社員の反応は企業にとってリスクにもリターンにもなります。

処遇には3つのタイプがあります。本人にとってポジティブな処遇、ネガティブな処遇、そしてどちらにも該当しないニュートラルな処遇です。ここではポジティブな処遇とネガティブな処遇の伝え方を解説します。

## ▶ 〈処遇のタイプ①〉ポジティブな処遇

まず1つ目のポジティブな処遇は、素晴らしい成果に対して報奨を与えることや、昇給・昇格・抜擢を伝えることが該当します。

この際に留意すべきは、**必ずまず本人に真っ先に伝える**ことです。先に他の人に伝えてしまったり、情報が漏れてしまうと効果を下げてしまいますし、もしかすると周囲からの余計なやっかみを受ける可能性もあります。

また、**ポジティブな処遇につながった理由をしっかりと伝える**ことです。その際に処遇を先に伝えてしまうとその理由に耳を貸しにくくなることもあるので、先に理由や事実を伝え、その後に処遇を伝えるようにします。

## ▶ 〈処遇のタイプ②〉ネガティブな処遇

処遇の伝え方の2つ目はネガティブな処遇です。これは**降格や場合によっては懲罰を伝えること、解雇を命じることが該当します。この処遇の伝達には細心の注意を払うべき**です。

まずネガティブな処遇の一つが「**懲戒処分としての降格**」です。

懲戒処分とは、社員として果たすべき義務や規律に反した人に対し、企業が制裁を与えることです。その制裁の一環として、罰として会社内の地位を

下げる、という処遇が与えられます。この懲戒処分として降格をする場合には、あらかじめ就業規則に処分理由が書かれている必要があります。

もう一つが「**人事異動としての降格**」です。

これは会社がもともと持っている権利として、社員を降格することを意味します。そのため、就業規則に書かれている必要はありません。

なおこの「人事異動としての降格」は主に次の２つに分けられます。

### 解任（降職）

解任とは、社員の役職やポストを下げることを指します。具体的な例として、部長から課長に地位を下げるなどです。この解任をされる場合、必ずしも基本給が減るわけではないですが、役職手当がなくなることによって、実質もらえる賃金は減ることになります。

### 降級（降格）

降級とは、社員の職能資格（能力ごとのランク分け）や給与等級（ランク別に給与を決めること）を下げることをいいます。

この場合には、資格や等級に準じて、基本給が減ることになります。

なお、特に気をつけなければならないのは、１つ目に挙げた「懲戒処分としての降格」を告げる時です。この場合、先に示したように就業規則に懲戒の根拠があることと、懲戒処分に相当な理由があることが確認されないと、違法として扱われる可能性があります。

### ▶伝え方は相手の心情に配慮することが大切

では、ネガティブな処遇を与える際に実務的に配慮すべきことは何でしょうか。この場合は事前に、**できるだけ早く内示を含む説明のための面談を行うことが望ましい**といえます。

突然告げられる降格は、人格への攻撃の色彩を帯びるのみでなく、業務への影響も考えられます。また、告げられた社員の感情的な反応を回避する必要もあることから、事前に面談を実施することが肝要です。

また、どのような処遇を伝える際にもこだわるべきなのは、最後には**未来に向けて前向きなメッセージになるようにする**ことです。このメッセージは「**フィードフォワード**」と称されます。それによりできる限り Win-Win に近づけることが大切です。

# 5 問題を生む評価方法

## 社員が納得する評価制度を運用するには

### ▶全社員が100%納得できる評価制度は存在するか？

　ここまで人材マネジメントにおける評価の意義や必要性、様々な評価の種類、評価者が陥りやすいエラーについて解説してきました。

　改めて、評価のあり方を考える上で重要な問いがあります。それは「**全社員が100%納得できる評価制度は存在するか**」という問いです。答えは様々ですが、存在しない、と考えた方が評価はうまくいきます。

　公正に評価ができるような合理的なルールがあればそれに越したことはありません。そのためにルールをつくり、客観的な評価をする方法はないかと考えるわけですが、ルールをつくってもすぐに矛盾が出てきて、何年もは使えないというケースが大半です。人を真剣に評価しようと思えば全社員を心血注いで評価者が見なくてはならないのですが、それが一定の企業規模を超えると難しくなる現実があります。

　したがって、**100%納得できる評価制度は存在しない。しかし、そこに近づけることはすべきだし、できる**、と考えて仕組みを工夫したり、できるだけ事実を元に評価できる体制をつくっていくスタンスが求められるのです。

### ▶問題を生む評価方法とはどういうものか

　全員が100%納得できる評価制度は存在しないものの、そこに向けて工夫をしていく必要はあります。その検討において**大切なのが「問題を生む評価方法」を知ること**です。

　問題とは何かというと、評価に対する納得感が著しく低い、ということです。先に解説した評価エラーもその一つの要因に挙げられますが、それ以外にも制度や方法そのものに欠陥がある場合、評価に納得感が低い、すなわち、問題を生むことになります。

　ここでは、問題を生む評価方法のパターンを3つに分けて紹介していきます。

〈問題を生む評価方法〉

①そもそも評価基準が存在しない中で評価がなされている

②評価基準はあるものの曖昧かつ不明瞭である

③評価された内容が改善または成長につながらない


それぞれ分けて見ていきましょう。

### ❶そもそも評価基準が存在しない

　問題を生む評価方法の一つが「そもそも評価基準が存在しない中で評価が行われている」というものです。これが問題なのは容易に想像がつくでしょう。

　実際に多くの中小企業では、人事評価制度がありません。特に創業者が現役で活躍する企業では、人事評価が社長の特権として存在し、社員数が増えても評価制度を導入することなく、社長が昇給・昇格を決めているという企業が多く存在します。

　この場合、社長の評価に対して社員が納得していれば問題は生じませんが、何かのきっかけで互いの評価結果が共有され、**不公平に感じる社員が現れたり、景気が悪くなり、給与水準が上げられない状況が続くと、その不透明さが問題を生み出すことにつながります。**

　また、オーナー社長が現役で、カリスマ性があり、その評価に正当性や公平性を社員が感じている間は、社長による評価だけでもうまく機能するでしょう。しかしながら二代目、三代目と受け継がれていく中で、カリスマ性が失われたにもかかわらず、評価制度が導入されることがない状況が続くことは問題を生み出す原因となります。

### ❷評価基準はあるものの曖昧かつ不明瞭

　次に、人事評価制度はあっても、その内容や運用方法に問題があるというケースも見られます。

　この場合は、**評価内容や結果に曖昧な要素が多く、評価基準が明確でないため、先に解説した評価エラーに評価者が陥り、**その評価者の好みなどが入り込むことで、平等な評価実施に支障をきたす現象が起こります。

　こうしたケースに見られるのが**評価基準がしっかりと浸透していないこと、そして評価者教育が行われていないこと**です。そうした浸透や教育によ

る徹底なしに各部署で「何となく」評価が行われることによって、評価者レベルの統一や目線合わせができないことで、評価に不平等が生じ、社員の不満を増大させる事態が起きてしまいます。

### ❸評価された内容が改善または成長につながらない

最後に問題として挙げられるのが、**評価結果が単なる評価に留まり、その対象者である社員の行動や意識、成果の改善や成長につながらない**、ということです。

評価の目的の一つは、企業の成長です。企業が成長するために、社員を公正・正当に評価し、その結果を適切にフィードバックすることで、改善を促していくことが求められます。

しかしながら、評価に一喜一憂するのみで、その結果が改善を促すものでなければ企業は成長しません。

こうした場合の原因は「フィードバックを適切にしていない」ことが挙げられます。**評価＋フィードバックをセット**で行うことで、**対象者である社員に成長に向けた改善を促す**ことが大切です。

問題を生む評価方法とその対策

| | 問題を生む評価方法 | 主な対策 |
|---|---|---|
| 1 | 評価基準のない評価 | ・評価制度の構築と運用<br>・専任者の設置 |
| 2 | 評価基準が曖昧な評価 | ・評価基準の統一と周知<br>・評価者の育成 |
| 3 | 実際の成長につながらない評価 | ・目的に従ったフィードバック<br>・成長につなげる支援体制 |

### ▶社員が納得する評価制度を構築し、運用する

では、ここまで挙げた３つの問題を解消し、できる限り100％に近い社員からの納得を得られる評価制度を運用するには、どのような点に留意すべきでしょうか。そのためのポイントを３つ挙げてみましょう。

１つ目は、「**評価制度構築と運用の専任者を設置すること**」です。

単純なように感じるかもしれませんが、そもそも評価制度を構築し、適正に運用するための責任者が不在であることが前述した３つの問題を生んでいるケースは少なくありません。**専任者を置くことで、問題を生まない運用を徹底する**ことがまず欠かせません。

２つ目は、「**評価基準を統一し、評価者を育成すること**」です。

評価基準は人材マネジメントの根幹ともいえるので、企業が向かうべき方向を踏まえ、経営者を巻き込んで、どのような人材を評価すべきか、入念に考えた上で設定することが大切です。場合によっては外部のコンサルティング会社を入れて、専門家に協力してもらいながら構築することも効果的でしょう。

そして、評価基準をつくって終わりではなく、その**基準をしっかりと教育することで評価者を育成**します。最終的に評価は現場で行われるわけですから、**評価者のレベルが揃うように、ロールプレイングを重ねたり、ＮＧケースを明らかにする**など、マニュアルを用意した上で、研修や実際の部下指導を通じて評価者を育成していくことが大切になります。

最後に３つ目ですが、「**目的に従ったフィードバックを行う**」ということです。

評価の目的は何でしょうか。改めていうまでもないですが、人の成長を通じて、組織としての成長を実現することです。したがって、**評価者が単に評価結果を告げるだけではなく、対象である社員に自ら考えさせる機会を設け、その上で何を、どう改善していくかを明らかにさせる**ことが必要になります。第４章でも解説したように、そのためのフィードバックスキルを評価者が磨くことも大切なトレーニングといえるでしょう。

ここで紹介した３つの取り組みに限らず、評価が引き起こす問題と向き合い、経営者を巻き込んで解決していくことは、公正で信頼性の高い人材マネジメントを維持する上で大切な取り組みといえるでしょう。

# 6 プロセス評価（KPI）と結果評価（KGI）

## 「目標管理型組織」から「目標達成型組織」へ

### ▶ 評価における KPI と KGI の役割

　ここからは、評価の対象となる項目と評価手法について解説します。一般的な日本企業において、主な評価の軸は「**実績**」「**能力**」「**取組姿勢**」の３つとされています。

　このうち、実績については、定量的に計測することが可能であり、評価に客観性をもたらすことから、ほとんどの企業で評価制度に組み込まれています。ただ、実績を「最終目標（売上目標や新製品の開発件数など）が達成されているかどうか」のみで評価することは、必ずしも組織と人材の持続的な成長にとって適切な方法ではありません。

　上記の課題を解決するための一つの方法として、評価方法に「**KPI**」（Key Performance Indicator）を組み込むことが考えられます。

　**KPIとは、最終目標である「KGI」（Key Goal Indicator）を達成するための必要プロセスを数値化**したものです。元々KPIとKGIは組織の戦略目標を達成するためのツールとして用いられます。

　この考え方を応用して、従来人事評価の項目としていた**KGIだけでなく、KPIを評価項目に加える**ことで、「**評価のために目標設定をする組織**」から「**継続的に目標を達成できる組織**」へ**変化**することができます。

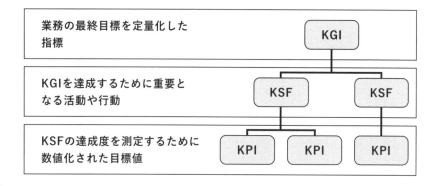

| KPIマネジメントの全体像 |

| 業務の最終目標を定量化した指標 | **KGI** |
| KGIを達成するために重要となる活動や行動 | **KSF** / **KSF** |
| KSFの達成度を測定するために数値化された目標値 | **KPI** / **KPI** / **KPI** |

## ■ KPIマネジメントの全体像

まずはKPIマネジメントの全体像を見ていきましょう（左ページ図）。KPIマネジメントの構成要素は「KGI」「KPI」、そして**「KSF」（Key Success Factor、重要成功要因）**の3つです。

**KSFは、最終目標であるKGIを達成するために必要不可欠または重大な影響を与える活動・行動**を指します。例えば、KGIが売上目標であった場合、顧客への提案活動や新規顧客への訪問活動などがKSFとして考えられます。そして、これらの活動の達成度を測定するために数値化された目標値がKPIとなります。

最も重要なポイントはKSFを正しく抽出することです。**KSFの抽出が適切に行われなければ、設定されたKPIを達成してもKGIが達成されない、という事態が生じる**可能性があります。自社を取り巻く環境や、市場・他社動向、自社の強み弱みなどをしっかりと分析し、適切なKSFを抽出することが重要です。

また、KPIを設定した後は、その進捗状況を定期的にフォローしていくことや、目標と現状のギャップを分析し、必要に応じて改善策を検討していくなど、次項でも解説する**PDCAをしっかりと回していく**ことも同じく重要です。

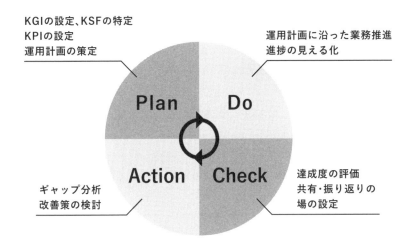

**KPIを用いたPDCAサイクル**

KGIの設定、KSFの特定
KPIの設定
運用計画の策定

運用計画に沿った業務推進
進捗の見える化

**Plan**　**Do**

**Action**　**Check**

ギャップ分析
改善策の検討

達成度の評価
共有・振り返りの
場の設定

## ▶ 1.〈KPI を用いた PDCA〉Plan ① : KGI の設定と KSF の特定

それでは、実際に KPI を使って PDCA を回していく方法について見ていきましょう。**Plan の段階では、KGI の設定、KSF の特定、KPI の設定を行い、KPI を運用するための計画を策定**します。

まず、**KGI を設定する前に、企業・組織・チームとしてのありたい姿＝ビジョンを明確**にします。ここでは、「なぜ」そのような姿になりたいのか、という観点が重要です。このビジョンが魅力的なものでなければ、ビジョンを定量化したものである KGI に対するコミットメントは生まれません。

魅力的で明確なビジョンを描けたら、次はそのビジョンを達成するために、**何がどのくらいできていれば良いのかを具体的な要素と定量的な目標として表現**します。これが KGI となります。この際には、顧客や市場の動向、組織戦略、財務状況、株主等ステークホルダーからの要請など、様々な要素との整合性がとれているかを検証することが重要です。

**KGI の設定ができたら、いよいよ KSF の特定に移ります。**KSF の特定には様々な方法が考えられます。

まずは、業界の特性や市場動向、市場における自社のポジショニングなどから特定する方法です。

その他には、自社の製品・サービスを生み出すプロセスや、KGI の構成要素を分解して最も生産性に影響を及ぼす要素を特定する方法もあります。

**いずれにしても、「この活動・行動を改善することで成果につながる」という納得感が持てることが重要**です。

**KGI・KPI の設定プロセス**

企業・組織ビジョンの明確化 ▶ KGI の設定 ▶ KSF の特定 ▶ KPI の設定 ▶ KPI 運用計画の策定

## 2.〈KPIを用いたPDCA〉Plan ②：KPIの設定と運用計画の策定

**KSFの特定ができたら、それを定量的な目標数値に落とし込んだKPIを設定**します。この際に意識するのは「**SMART**」な目標設定です。

- S（Specific）：具体的であること
- M（Measurable）：測定できること
- A（Attractive）：魅力的なものであること
- R（Realistic）：現実的であること
- T（Time-bound）：期限が明示されていること

**KPIの水準は、その水準が達成されればKGIが達成されている、という整合性を持って決める**ことが大前提です。ただし、KPIはKGI以上に現場の納得感が重要ですので、**設定された水準については現場の担当者と認識を合わせる**ようにします。

**企業・組織単位のKGIおよびKPIが設定できたら、それを部門、部署、個人単位に落とし込んでいきます。**企業単位から個人単位までのKGI・KPIに一貫性があることが理想的です。

最後に、KPIの運用計画を策定します。ここでは、**設定されたKPIを元に、「誰が」「いつまでに」「何を」「どの程度」行うか、というKPIの具体的な行動計画を策定**します。そして行動計画をチーム内で共有し、お互いの役割分担と関係性を明確にすることで、KPIの達成に向けた環境づくりを行います。

## 3.〈KPIを用いたPDCA〉Do/Check：進捗の見える化と評価の共有

KGI・KPIの設定が完了したら、実際に運用計画に沿って各自が行動を開始します。この段階で行うべきことは、「**進捗の見える化**」「**達成度の評価**」「**共有・振り返りの場の設定**」の３つです。

まずは「**進捗の見える化**」です。KPIを設定した項目に対し、何のデータを、いつ、どこから、どのように収集してくるのかをあらかじめ決めておき、収集したデータをグラフ化することで、いつでも進捗が分かりやすく確認で

きる状況をつくっておくことが重要です。

次に「**達成度の評価**」では、**Green**（当初計画通り進捗している）／**Amber**（当初計画よりも遅れているがキャッチアップ可能）／**Red**（当初計画よりも大幅に遅れており KGI・KPI の見直しが必要）などの3段階評価で KGI・KPI を評価することが有効です。

三段階の水準は、「現状のペースで期日までの目標達成が可能かどうか」をベースに検討するのが良いですが、Amber の設定水準には注意が必要です。甘く設定しすぎると実際は進捗が芳しくないにもかかわらず Green の状態が続き、ある日突然 Red に転落して目標達成が叶わなくなってしまいます。

逆に厳しく設定しすぎると、少しの対策で回復できる水準にもかかわらず、すぐに Amber に達してしまい、不要な報告や改善策の検討などが発生し、機能不全に陥ります。

最後に「**共有・振り返りの場の設定**」を行います。**KPI は目標達成に向けた行動がどれくらいできているかを確認するのと同時に、KPI の達成状況を通じてコミュニケーションを行うためのツール**でもあります。単にパーセンテージを追うだけではなく、実際に行ったアクションの振り返りや、成功・失敗要因の共有を通じて、チーム全体で目標達成に向けた相互サポートを行う場を定期的に持つことが重要です。

## ▶ 4.〈KPI を用いた PDCA〉Action：ギャップ分析と改善策の検討

Check の段階で Amber や Red の評価となった KPI に関しては、Action の段階では以下のプロセスで要因を分析し、改善策を検討する必要があります。

①あるべき姿と現状のギャップ＝「問題」を発見する
②問題がどこで発生しているかを明確化する
③問題が発生した原因を分析し、真因を特定する
④原因を踏まえて取り組むべき課題と解決策を設定する

**ポイントは、真因を特定することで、今現在困っている事象である「問題」を、解決すべきテーマである「課題」に置き換える**ことです。それにより、場当たり的な対応策ではなく、根本的に問題を解消する課題解決策を講じる

ことができます。

　注意点としては、KPIが達成できていないからといって、安易にKGIを見直すことはしない、ということです。その場合、投入リソースの増加策を検討する、KPIを進捗が順調な他の組織や人に再配分する、ことが考えられます。

　また、**KGIに対するKSFの抽出がうまくいっておらず、KPIのみが達成できていないパターンもあり得る**ので、**その場合は改めてKSFの抽出、KPIの設定をやり直す**必要があります。

　期中のモニタリング以外にも、期末には年度を通したKGI・KPIの達成状況の確認、および次年度に向けた振り返りを行います。

### ◤ KPI マネジメントを形骸化させないためには

　ここまでKPIを用いた目標達成への取り組みを見てきましたが、実際にはKPIマネジメントがうまくいかない、という組織は数多く存在します。

　よくある例としては、「**KPIの位置づけを誤認している**」「**KPI達成のための行動計画が具体的になっていない**」「**KPIを設定しっぱなしで振り返りの機会を設けていない**」の3つが挙げられます。それぞれは以下の通りです。

　1点目は、運用する側がKPIを「管理すべき指標が増えただけ」「業務の状況を見える化するためのもの」と認識してしまい、「KPIを達成すること＝組織ビジョンを達成すること」という大前提が共有されていないことが要因です。**KPIの位置づけについて組織内でしっかりと認識合わせをしていくこと**が重要です。

　2点目については、KPIを設定することで満足し、具体的な行動計画まで落とし込めていない、またはその作業が煩雑でリソースを割けない、ことから生じます。**余計な負荷をかけず、かつどのチームにも同程度の具体性で行動計画に落とし込んでもらえるような、基本フォーマットなどを作成しておく**のも有効な手段です。

　3点目は、振り返りの場を持たないためにチーム内でお互いの状況が把握できず、気づいた時には当初の計画と現実の間の乖離が大きくなりすぎてKGI・KPIの達成が不可能になってしまうパターンです。

期中に走りながら運用方法を考えようとしても、実務の忙しさでなかなか時間がとれないことが多いため、こうした**振り返りのルールについては、計画段階でしっかりとメンバー間で合意をとっておく**必要があります。

　こうした落とし穴を事前に察知し、KPIマネジメントの目的の共有、具体的な行動計画への落とし込み方法の工夫、計画段階での運用ルールの策定に取り組むことで、KPIをベースとした目標達成型組織への発展、そしてKPIにもとづくプロセス評価の人材評価への織り込みが可能になります。

# 7 PDCAやOODAで人を動かす

## 現場に合わせた適切なサイクルで業務を回す

### ▶人を動かすには指針となるフレームが必要

　前項でKPIやKGIを用いた評価方法やマネジメントについて解説しましたが前提として、**社員が主体となって周囲を動かしていく仕事の場合、マネジメントに従事する立場の人は、ある一定の方向性や進め方、業務の全体像を頭に入れておく**必要があります。

　進め方の順番を決めておくことで、業務が場当たり的にならずにすみます。業務がキャパオーバーする人の中には、入ってきた業務を検討せず即着手したり、興味がある仕事が来たら後先考えずやります！ と手を挙げてしまったりしている方がいます。いわゆる反射神経型の仕事の仕方です。機動力、積極性は評価すべきところですが、マネジメントの立場の人がこの仕事の仕方をするとメンバーが翻弄されてしまう可能性があります。

「○○部長、Aプロジェクトの納期が迫って現場はパツパツなのに、短納期のBプロジェクトの仕事も、現場の状況を考えず請け負っちゃったよ……現場は火の車だよ」

　などとメンバーからいわれてしまうかもしれません。上司として顧客や関係者の期待に応えるべく仕事を受けたい気持ちは分かりますが、適切に業務の現場を見て、部下の仕事を計画的に回すためのサイクルを頭に入れておく必要があります。

### ▶1．PDCAは計画から

　効率的に業務のサイクルを回すためによく利用されるのがPDCAです。

　**Plan（計画）→ Do（実行）→ Check（評価）→ Action（改善）**のサイクルで、まず初めに緻密な計画を立ててから実行することが求められます。もともとPDCAのサイクルは、工場の生産性を高めるためにつくられたフレームワークで、工場での生産速度や生産効率といった**「決められた工程をいかに低いコストで進め、高い生産性を発揮するか」**という課題に対する改善を図るのに最適だとされています。ですから、PDCAサイクルは業務改善に最

適なフレームワークですが、そもそも工程が明確になっていないものに対しては、効果が薄いケースもあります。

なお、PDCAはそれぞれ次の意味と目的を踏まえ回すことが求められます。

### Plan

「計画」は目標達成のために誰が、何を、いつまでに、どのように行うのかを示します。PDCAサイクルがうまく回せていない場合は計画が十分ではないケースが多いです。

### Do

「実行」は計画したことを実際に行動することを意味します。計画した内容を十分に意識して行うことが重要です。

### Check

「確認」は計画した内容がどれくらい実行されたかを確認します。数値で確認ができると改善への流れがスムーズになります。

### Action

「改善」はC（確認）の内容を踏まえ改善を行います。

そもそもP（計画）は正しかったのか、実行の際に問題が生じたのかなどを検証し改善します。

## ▶ 2. OODA は現状把握から始まる

OODAは「**ウーダ**」と呼ばれ、PDCAとはまた違うサイクルで業務を遂行するためのフレームとして使われ始めています。

元々はアメリカ空軍のジョン・ボイド大佐が編み出した現場での動き方で、考え方としては目標達成のためには、次ページの図の4つの手順を繰り返していくことが重要というものです。

OODA ループ

Observe
みる
（観察）

Orient
わかる
（状況判断）

Decide
きめる
（意思決定）

Act
うごく
（実行）

**PDCAと違う点は、最初の計画部分が、現場における観察からの情報収集がメインとなっている**所です。時間をかけて緻密に計画を立てることより、その場で何が起こっているかを素早く察知したり、本質を突いた問題特定などが最初の段階で求められます。

**PDCAと比較すると、サイクルを一周するスピードは速いですが、何回もサイクルを回す**ことが求められます。要は仮説検証の回数が多く、トライしてだめなら、また現場に戻って次の方法を決めるべく観察するという考え方です。

OODAグループは新規事業を生み出したり、事前に計画を立てることが困難なテーマに直面した際に用いられることが多いマネジメント手法です。

計画の存在を前提にしないことから、現場主体のマネジメントに適しており、極めて機動性に優れたメソッドといえます。

そうした点からも**予測がしづらく、変化を前提にしたビジネス環境において、今後益々重視される**考え方といえるでしょう。

PDCAやOODAをどう使うかは、業務特性や現場の状況に合わせて判断することがマネージャーには求められます。常に現場を見渡して全体像を頭に入れながら動きましょう。

# 8 シリコンバレーで 導入が進む "OKR"

**「月まで届く」目標でチームの方向性を一つにする！**

## ▶ OKRとは

目標達成型組織をつくる、という観点から近年注目されている人材マネジメント手法の一つに「**OKR（Objective and Key Results）**」があります。米国企業であるインテルで開発され、GoogleやFacebookなどが導入しています。

内容はシンプルで、**企業の階層ごとに「目標＝Objective」を設定し、それが実現できたかどうかを示す「具体的な成果＝Key Results」を決める**、というものです。一見、従来の目標管理と同じに思えますが、これらとOKRには違いがあります。

**OKRの要素**

全員で共有し、方向性を一つにまとめる ビジョンとしての大胆な目標 → **Objective**

目標の実現度合いを示す 具体的な成果 → **Key Result**　**Key Result**

〈出所〉『成功企業はなぜ、OKRを使うのか？』（ピョートル・フェリクス・グジバチ、ソシム）

## ▶ OKRは従来のマネジメント手法と何が違うのか？

従来型の目標管理と比較した、OKRの特徴としては主に次の3つが挙げられます。

1点目は、目標の100%達成を前提としていないことです。

OKRでは、「**ムーンショット**」と呼ばれるような、**大胆な目標設定を行う**ことで、**達成に向けた革新的な考えや行動の変化**を呼び起こします。また、**目標は「達成すべきもの」よりも「全員で共有し、方向性を一つにまとめるビジョン」**としての役割に重きを置きます。

２点目は、ボトムアップ型の組織をつくるための手法であることです。

組織全体・チーム・個人のそれぞれにOKRは存在しますが、合わせるべきは「方向性」であり、細かな数字の整合性ではありません。そのため、**それぞれの目標＝「O」や具体的な成果＝「KR」は、他でもない「自分自身」が考えて、設定する**必要があります。

３点目は、必ずしも人事評価につなげる必要はない、という点です。現在**OKRを導入している日本企業の多くは、OKRと人事評価を連動させていません。**前述の通りOKRは目標達成よりも、これを通じたボトムアップ型の主体的な提案行動の活性化や、チームの一体感醸成などに主軸を置いているため、**工夫なく評価につなげるとメンバーが委縮してしまう可能性が高まる**からです。

## 組織におけるOKRの全体像

次にOKRの全体像を見てみましょう。前述の通りOKRは通常、組織の階層ごとに設定されます。ここでは組織全体・チーム・個人の３階層です。

OKRの全体像

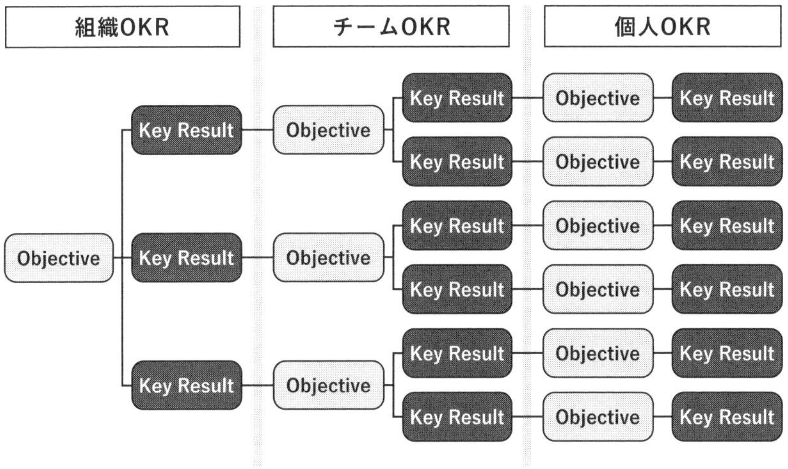

基本的には、上位層のものから設定していきますが、目標を設定するのは
あくまで自分自身です。**上位層のものは、自身が目標設定する際に、方向性
がずれないようにするための「前提の共有」の位置づけ**になります。

　また、一度設定されたものでも、上位・下位層・同じ階層からのフィード
バックに応じて、適宜見直しを行うことも重要です。

## ▶▶〈OKR 導入①〉導入に向けた環境づくり

　それでは、具体的にどのようにOKRを導入するか見ていきましょう。導入
においては大きく分けて３つのステップがあります。

　まず、はじめにすべきことは、OKRとは何か、何のために導入するのか、
ということを全社員にしっかりと理解させることです。特に、経営トップか
らの協力を得ることは必要不可欠です。会議や合宿、研修などを通じ、本項
で説明する内容に加えて、導入することによる社内への影響や、導入のネッ
ク、実施後の組織ビジョンなどを含めて話し合い、導入に向けた環境を整え
ます。

## ▶▶〈OKR 導入②〉階層ごとの OKR の設定・確認

　導入に向けて組織全体で前向きな空気をつくることができたら、いよいよ
OKRの設定を行います。OKRの全体像で説明した通り、**基本的には上位の
階層である組織全体のものから順に設定**していきます。

　**目標＝「O」はムーンショットを意識して、「難しいが、創意工夫を凝らせ
ば達成できるかもしれない」という水準を設定**します。この目標はあくまで
「目指すべき方向性」ですので、必ずしも定量的な設定が求められるわけでは
ありません。ただし、あまりに抽象的であると続く具体的な成果＝KRが設
定しにくい、メンバー間で目標の認識に齟齬が出るなどの問題が生じてしま
うので、誰が見ても分かる客観性や期限の明示が必要です。

　一方、具体的な成果＝「KR」は、目標がどれだけ実現されたかを示すもの
で、期中に振り返りを行う必要があるため、**定量的に設定することが重要で
す。ただし、これもムーンショットである目標にもとづくものであるため、
必ず達成すべき水準とは異なる**ことに注意してください。また、１つの目標
に対して２、３程度のKRとするのが一般的です。

　OとKRの設定が終わったら、内容を下の階層に共有し、下の階層ではそ

れにもとづいて自分たちはその目標にどのように貢献できるかを考え、自身の階層のOKRを設定します。

こうしてすべての階層でOKRの設定が終わったら、内容について最終確認を行います。確認のポイントは2つです。

一つは、**設定されたOとKRの関係性に納得感があるか**です。「KRの状況が実現されたとき、Oの状態になっている」のであれば納得感がある状態といえます。

もう一つは、KRの設定方法です。先ほどもお伝えした通り、KRは誰が見ても分かる具体的な表現と定量的な数値を含んだ客観性があり、期限が設定されていることが必要です。また水準としては、懸命に努力すれば達成率が70％程度になるようなムーンショットの考え方に基づいているべきです。

これらのポイントをチームメンバー同士で確認し、お互いにフィードバックします。

### ▶ 〈OKR導入③〉OKR運用のための仕組みづくり

それぞれのOKRの設定・確認が終わったら、**運用のためのスケジュール設定と、OKRの見える化および共有のための仕組みづくり**を行います。

まず、スケジュールについてですが、四半期サイクルをベースに検討することが一般的です。

OKRは近年の不透明かつ変化の速い環境下における革新的な考え方や行動変化を促すことに効果的なツールですので、**目標が陳腐化する前にきめ細かく見直しをしていくことが欠かせません**。

このような短いサイクルで見直しを行うことを考えると、設定プロセス自体もスピーディーに行う必要があるため、**あらかじめスケジュールを組みつつ、なるべく手順をシンプルにする**ことも重要です。

後者のOKRの見える化と共有の仕組みも、形骸化を防ぎ、社内コミュニケーションを活性化するためにも意識すべき要素です。**OKRの見える化・共有は、目標未達を明らかにする、という目的ではありません。**各個人やチームが「どのような目標に向かって何に取り組んでいるのか」を共有することで一体感を醸成していくこと、目標達成に向けたフォローアップやアイデア出しをチーム全体で行っていくことにあります。

ツールは自社で用意されても構いませんが、外部にも様々なソリューションがあるので、状況に応じて適切なものを選択してください。

## ▣ OKR 運用のポイント

　実際にOKRを運用する段階では、定期的にミーティングを開催しKRの進捗状況の確認を行う必要があります。このミーティングには、チーム全体で状況を共有する**チームミーティング**と、リーダーとメンバーが1対1で振り返りを行う**1on1ミーティング**（詳細は142ページで説明）の2つを設定します。

```
┌──────────────────────────────────────┐
│      チームミーティングで確認すること      │
└──────────────────────────────────────┘
```

| Key Resultの<br>達成状況 | 未達成となっている<br>要因 | 考えられ得る<br>解決策 |
|---|---|---|

〈出所〉『成功企業はなぜ、OKRを使うのか？』（ピョートル・フェリクス・グジバチ、ソシム）

　ミーティング運営におけるポイントは、**メンバーからのボトムアップの意見が出やすい状況をつくるために心理的安全性を確保しておくことと、事前にアジェンダや役割分担を明確にしておく**ことです。

　何度もお伝えしているように、ムーンショットの目標を達成するためには、メンバーそれぞれが主体的に目標達成の方法について考え続ける必要があります。そして、こまめな情報共有によりチームメンバーとの一体感を醸成することから、**ミーティングそのものに手間をかけ過ぎるのは得策ではありません。**

　また、ミーティングで、「事業環境等の変化により、当初想定していた目標が達成不可能／容易に達成可能であることが判明した」「OとKRの関係性が変わってしまった」という話が出た場合は、KRの見直しを検討してください。納得感のない状態にもかかわらず見直しを行わないと、メンバーのモチベーションの低下につながる恐れがあります。ただし、「達成が難しそうなのでKRを変更する」というレベルではKRの変更ではなく、どうしたらKRが達成できるか、どのような支援が可能か、を議論していきます。

## ▶ OKR が向いている組織とは

ここまで、新たなマネジメント手法としてOKRを紹介してきましたが、もちろんこれが唯一無二の方法だ、ということではありません。例えば、AmazonやMicrosoftなどはOKRではなくKPI（詳細は第5章182ページで説明）によるマネジメントを行っています。また、一部の部署にのみOKRを導入するということも可能ですし、OKRと他のマネジメント手法を併用することも問題ありません。

OKRの特性を踏まえると、「革新的なアイデアを必要とする」、「組織全体にビジョンを浸透させ、共有させたい」、「メンバーのモチベーションを何より優先する」といった考えを持っている組織は、OKRが導入しやすいと考えられます。逆にいえば、上記のような組織に変えていきたい、つくっていきたい、と考えるのであれば、OKRを導入することで実現に一歩近づくことができます。

# 9 不正対策をどう行うか

## 不正を生まない人材マネジメントとは

### ▶ どこの企業にも一定の不正は存在する

ここまで評価と目標管理の様々な考え方について解説してきました。こうした仕組みを運用する上でマネジメント上、気をつかっておかなければならないのが不正の存在です。

KPMGが行った2016年の上場企業向けの調査によると、過去3年間に不正が発生したと回答した企業は約29%であり、約30%の企業で不正が発生していることになります。このことから不正は企業経営における大きなリスク要因となっているといえます。

また、不正の中身としては「横領・キックバック」の割合が最も多く、この不正の行為者としては管理職以外の正社員が最も多いという結果でした（出所：KPMG FASによる「日本企業の不正に関する実態調査」）。

このように、不正は特別なことではなくどの企業においても生じる可能性があるといえます。**不正を行うのは常に「人」であることから、不正対策は人材マネジメントの重要なテーマといえます。**

### 企業において生じる主な不正

|  | 経営者による不正 | 従業員による不正 |
|---|---|---|
| **会社のため** | 粉飾決算<br>各種法令違反　など | 数値目標改ざん<br>各種法令違反　など |
| **個人のため** | 粉飾決算<br>利益相反<br>横領<br>インサイダー取引　など | 横領<br>インサイダー取引　など |

### ▶ 不正対策は人材マネジメントの重要なテーマ

一方で、日本企業の多くが不正対策に関して十分な人材を配置していない

実態が浮き彫りになっています。

野村総合研究所の「NRI Secure Insight2018」によって公開された日本、アメリカ、イギリス、シンガポール、オーストラリアの5カ国を対象として実施した「企業における情報セキュリティ実態調査」のエグゼクティブサマリーでは、日本とそれ以外の4カ国の間で大きく異なる点が見られました。

経営層がセキュリティを統括している企業の割合が日本は35.5％であったのに対し、米国では71.2％、英国では68.5％であり、日本以外の4カ国では7割程度であるのに対して、日本ではその半分という結果でした。

また、セキュリティに対する人材の充足状況に関しては日本の企業が86.9％不足していると回答しているのに対し、米国をはじめとした日本以外の4カ国では10％台、と大きな違いが見られました。このように、不正対策を含むセキュリティ対策において日本企業の多くが人材を十分に配置できていない実態が浮き上がりました。

この調査の対象はあくまで「セキュリティ対策」であり、ランサムウェアなどの外部からの攻撃に対する対策も含められますが、それを除いたとしてもやはり人材マネジメントにおいて、日本企業では十分な対策が打てていないといえるのではないでしょうか。

### ◢ 不正に対しては厳しく向き合うべき

では、不正対策における人材マネジメント上の課題は何でしょうか。課題は大きく、①**人材の配置**、②**ルールづくり**、③**見える化**、④**行動規範の浸透**、の4つに分けられます。

まず①の「**人材の配置**」ですが、先に紹介した調査でも明らかなように、日本企業の多くが、不正を含むセキュリティ対策に十分な人材を配置することができていません。これは日本企業が昔ながらの終身雇用、年功序列によって、一億総中流社会といわれた同質的な社員の存在を前提としたマネジメントであったことと無関係ではないと考えられます。「うちの社員がそういうことをするわけがない」と社員を信じることは大切ですが、一方で、そうした信頼を逆手にとって不正を働く社員が存在してしまうことも事実です。

したがって、不正対策は「**性悪説**」に立って、人材をしっかりと配置することで「不正ができない」状態をつくり上げることが必要になります。

また、**経営トップ自らが陣頭指揮をとり、責任を持ってセキュリティ対策に取り組む姿勢を示す**ことも、社内に必要性と重要性を伝える重要なメッセージといえます。

　人材の配置とセットで行うべきなのが②の「**ルールづくり**」です。「割れ窓理論」という考えにもとづくと、不正や犯罪を行う心理は「隙」があるとそこに入り込み、次第にエスカレートしてしまうものといえます。割れ窓理論とは、窓が割れた住居のほうが、窓が割れていない住居に比べ、窃盗被害にあう確率が高い、というものです。

　この理論に従えば、職場に「割れ窓」を生まないことが不正対策の重要な課題となります。では職場の割れ窓とは何でしょうか？ それはマネジメントの「隙」といえます。チェックが甘い、監視がされていない、人の入れ替えがなされない、コミュニケーションが不足している……など様々です。一言でいうとマネジメントが甘いと感じられるところに隙が生まれます。

　ルールづくりとは、こうした隙をなくすために行われるものです。**必ず一日一回はチェックする、毎週水曜日と金曜日はコミュニケーションの場を設ける**、などです。こうしたルーティンをしっかりと行う習慣を持つことで、不正を行う心理というものは減退していくでしょう。

## ▶「見える化」で不正しにくい環境をつくる

　上記のルールづくりは、③の「**見える化**」にもつながります。不正は「見えないところ」で起きる傾向があります。したがって、あらゆる業務を「見える」状態にしておくことが必要です。

　**ITなどの仕組みを用いることはもちろん効果的ですが、コミュニケーション頻度を高めることで見える化を促す**ことも大切です。上司が部下の仕事に関心が薄れてしまうと、見える化が停滞します。関心を持って「見る」「見せる」関係性をつくっておくことが大切です。

　また、**定期的に担当替えを行う**ことも見える化につながります。業務の属人化は生産性を一定程度向上させるものの、次第にその効果は薄れ、結果的には改善しにくくなるばかりか、その人しか分からない、という状況が不正の温床になることもあります。

　加えて、いざという時の「**内部告発**」の仕組みを整えておくことも重要です。何か不正に気づいて報告する人の立場を保障しながら、その事実が明る

みにできる体制をつくっておく、必要があります。

　ＩＴなどの仕組み、コミュニケーション頻度を増やす、定期的な担当替え、**内部告発の仕組み、といったことを駆使して、見える化を推進**していくことが効果的です。

不正を生まない"見える職場"の共通項

| | 見える職場の共通項 |
|---|---|
| IT | セキュリティ対策が行き届いている<br>不正を生まないシステム構築がなされている |
| コミュニケーション | コミュニケーションが活発である<br>職場の風通しが良い |
| マネジメント | 内部告発が可能な環境が整っている<br>互いの責任範囲が明確になっている<br>あるべき姿が共有されている |

### ▶普段からの行動規範の浸透が社員の正しい行動を生む

　最後に④の「行動規範の浸透」です。これまでに解説した、人の配置、ルールをつくる、見える化を徹底しても、不正は起こる時は起こるものです。最後は、現場の人の人格と道徳観に頼るしかありません。時間はかかりますが、最も重要な取り組みが正しい人間を育てる、ということにあります。

　**これらは「バリュー」ともいわれ、社員が守るべき行動規範として多くの企業が社員に対して求め、徹底を促しています。**しかし絵にかいた餅で終わっている企業も少なくはありません。

　米国のＧＥでは、「ＧＥバリュー」と呼ばれる行動規範を社員に徹底しており、どんなに業績をあげていてもＧＥバリューに適さない行動をしている人は評価されない仕組みになっています。

　**このようにバリューを明確に定義し、評価と結びつけることで社員の人格と道徳心も養っていく。**本質的な不正対策はこうした人材育成が要となっているといっても過言ではありません。

人材マネジメントの世界では、日々様々な問題やトラブルが生じます。マネジメントの対象が日本人社員のみの場合でもそうである中、その対象が外国人社員も含んだ場合には、一体どのような事態が生じるのでしょうか。日系企業の組織に外国人メンバーが参加したケースについて、主にタイでの事例をもとに見てみましょう。

外国人社員と日本人社員、さらには日系企業との間には、文化の違いから日常的に摩擦や軋轢が起こりえます。いわばコミュニケーションの「すれ違い」です。例えば「期限」という言葉を用いた場合、日本であればそれは「必達」という意味で捉えるのが普通ですが、タイでは「努力目標」であるかのように捉えられてしまうことがあります。また「5時に集合」となれば、日本では4時55分くらいには集まっておくのが常識といって良いと思いますが、タイでは5時からプラスマイナス10分くらいの間に行けばいいという認識を持つ人が多いのです。

これは主に時間に関する話で、それだけで会社を揺るがす問題には発展しないだろうと思うかもしれません。しかし、こういった認識の齟齬があらゆるところで起こり、誤解が誤解を生みながらもお互いに正しいと思い込んだまま仕事をしていると、結果的に会社の存続を脅かしかねない大きなトラブルが発生する危険性さえあるのです。

そうした事態を防ぐためには、日本人同士のコミュニケーションよりもさらに細やかに、丁寧に、噛み砕いて説明をし続けるというのが、結局は王道です。

加えて、注意をする時には、周囲に人がいない環境を選ぶようにして、決して大きな声で怒鳴らないことが大切です。相手のメンツをつぶさない、というのが鉄則です。相手をリスペクトし信頼しているということを伝えつつ、何度でも根気強くお互いの認識の違いを埋めていかなければなりません。

当然のことながら、外国人社員である前に一人の人間として、「信頼・感謝・尊重」をベースに接し、丁寧にコミュニケーションをとり続ける。これは日本人に対する時と何ら変わらないのです。

第**6**章

# 社員が活躍しやすい組織を
# デザインする

第6章では人材の適材適所や組織のあり方について解説します。どんな優秀な人材を集めても、企業がその人材を活かせなければ意味がありません。"活かす"組織をつくるポイントは何でしょうか。

# 適材適所を可能にする人材データベース

## 戦略的な人事機能を構築する

### ▶ 適材適所が実現できている企業は強い

　ここからは、社員が力を発揮しやすい組織のあり方について考えていきましょう。まず「適材適所」の重要性についてです。

　人材マネジメントにおいて適材適所とは、人材の採用や人事異動を行うことでその部署、ポジション、役割に対して、必要なスキル・経験を持ち合わせた社員（ないし、成長しうる社員）がそこに在籍していることを指します。

　社員と業務内容がマッチしている状態は、組織の力を最大限発揮できる可能性を生み出します。全社員がそのような状態にあったとしたら、組織体としてとても強固な状態だということがイメージできるのではと思います。

　ただし、そのような理想形に近づくことはなかなか容易ではありません。それほどに適材適所というのは難しい要素を多数含んでいます。そこで少しでも実現に近づくように、いくつかの軸に分けて、**適材適所の重要性とそれを可能にする人材データベースの存在**について、解説します。

### ▶ 適材適所における人材配置の重要性

　"適材適所"の人材マネジメントといえば、やはり最初に思い浮かべるのは**人材配置**です。改めて、人材配置とは、社内の人員の能力やキャリア、人間関係など、一人ひとりの特性・適性を見定めながら、適材適所に人員を配置し、組織全体の業務効率化や経営戦略を実現させるために実施されるものと知っておきましょう。

　人材配置は、いくつかの種類に分けられます。**定期人事異動**以外に、**入社時の初任配属**や、本人の希望を反映させる**自己申告制度**、企業が提示した仕事に社員が応募する**社内人材公募制**を採用している企業もあります。

　どの人材配置も、社員のその後のキャリアはもちろん、企業の方向性を決定づけるほど重要なものですから、人事担当者がいかに自社の人材戦略と人材情報に精通しているかがカギを握っているといっても過言ではありません。

また、人材配置は既存の事業だけに限りません。例えば新規事業を立ち上げることとなった際には、やはり要となるのは誰に任せるのかといった"人"の部分です。その人が配置換えになる分、今度は誰に元のポジションを責任を持って担ってもらうのかを検討する必要があります。

このように**適材適所を実現させるには、"人"の情報とそれが適材適所なのかどうかを判断する材料が必要不可欠**だということを念頭に置かなければなりません。

### ▶ 必要な社員情報を網羅する

ここまでに記載したことを実現させるには、自社にどんな人材がいるのか、より具体的に体系立てて知れること、検討メンバー同士で同一のプラットフォームで共有できることが適材適所を検討する上での、大きな要素となります。

そこで登場するのが人材データベースです。**人材データベースとは、自社に在籍している社員の情報を蓄積しているもので**、社員情報を一元管理することによって、人材配置をはじめ、情報の種類によっては様々な人事機能を満たすことが可能です。

以前から特に大企業では、部署やグループ会社を超えて人材の把握をしたいという需要が高まっていたため、人材のデータベース化が進められてきましたが、ここ最近では、中小企業向けにもクラウドを利用した人材データベースのサービスを提供する企業が増えてきました。

人材データベース上では、名前や年齢、入社年月日や給与などの基本情報に加えて、本人のスキル・保有資格、さらにこれまでの会社での実績や評価まで紐づける場合もあります。充実したデータベースは、本人のキャリアと今後の会社の人材戦略を検討するための重要な材料と位置づけることができます。

### ▶ 人材データベースの情報とその活用法

人材データベースにはいくつか役割があります。すべてを漏れなくデータベース化する必要はありませんが、代表的な5つを下記に挙げます。

- 基本情報の管理
- 人材情報を把握し、適材適所につなげる

- 優秀な人材の発掘
- 人材育成管理
- 目標と実績を記録し、評価に紐づける

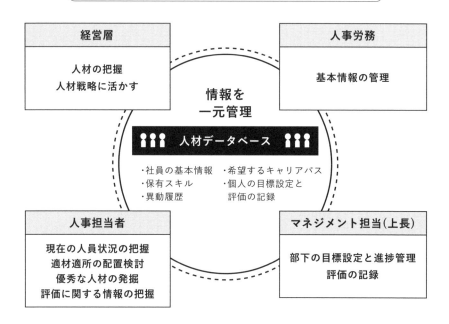

人材データベースを用いた戦略的な人事機能の構築図

社内に散在する人材情報をそれぞれの役割に応じて一定のプラットフォームやフォーマットで管理できれば、必要な時に適宜確認し、それぞれの役割を持った人が活用できるようになります。

**運用するにあたって最も大切なのは、実際の活用イメージを持つことと、更新を怠らないこと**です。せっかく集約して整えた情報も、更新がされなければ、活用する気運が低下しますし、人材配置などにミスマッチが起きてしまいます。**データ入力→蓄積→参照の流れ**がスムーズに行えるように運用管理者は注意を払わなければなりません。

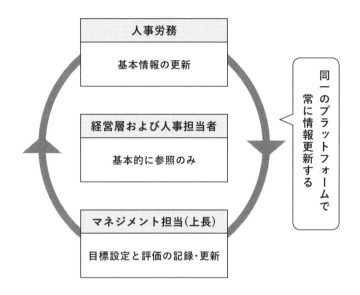

更新のサイクル

人事労務

基本情報の更新

経営層および人事担当者

基本的に参照のみ

マネジメント担当（上長）

目標設定と評価の記録・更新

同一のプラットフォームで常に情報更新する

　また、システム導入が難しい場合は、まずはエクセルなどで構いません。一つのフォームで横断的に情報の一元管理ができ、それらを活用可能な状態にすることが最初の目標となります。この場合、いかに横断可能な共通フォームを作成できるかが重要になってくるので、その際には、209ページの体系化の流れを参考につくり上げると、企業としてのブレがなく、筋の通った人事マネジメントを実践することができます。

　**人材データベースを活用し、上の図のようなサイクルを回しながら、人事機能を構築することができれば、効果的なジョブ・ローテーションを可能にし、適材適所のみならず、育成や抜擢などの幅広い分野で活かすことが可能**となります。

# 2 人材の適性要件を体系化する

## 体系化とは見える化すること

### ▶体系化のメリット

　体系化とは、バラバラの物や情報を一つにまとめて分かりやすくすることをいいます。**体系化すると、何となく把握したつもりになっていたことを、自身はもちろん他者とも共有することが容易になり、共通項に気づいたり、抜け漏れを防ぎながら物事を進めることができる**ようになります。

　大事なのは、体系化する目的自体を見失わないことです。ここでは、「人材の適性要件を体系化する」ことで、どのように人材マネジメントに活かすことができるのかを説明します。

　自社がどのような人材を求めていて、実際にはどのような人材がいるのかを明確に把握しているでしょうか。**主に前者は採用要件に、後者は人材戦略や人材の配置に関係するものですが、双方が連動して一致している姿こそが理想形**といえます。人材の適正要件を体系化すると、現在の社内の状況を「人」という切り口で把握でき、理想と現実のギャップを明らかにすることが可能となります。

### ▶体系化の方法

　やり方は様々あると思いますが、まずは自社の人事ポリシーやミッション・ビジョンに照らし合わせて、必要としている人材のイメージを複数の軸（年齢、スキル、経験、給与など）で書き出してみると、ブレが少なく進めることができます。そこに実際にいるメンバーの情報を書き出し、重ねてみます。**理想と現実を比較しながら、そのポジション、役割において必要としている要件を抽出することで体系化を実現**させます。

　特に、一つひとつの要素を意識して短文ないし単語でまとめると、分かりやすく体系化することにつながります。

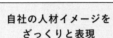

## 適性要件の体系化と活用

### アプローチ❶

```
ミッション・ビジョン
        ↓
人事ポリシー
        ↓
```

**自社の人材イメージを
ざっくりと表現**

こういったタイプが多い
こういう人を求めている

↓

**職種や部署ごとに
各軸で要件を洗い出す**

・年齢と人数構成
・性別比率　・保有スキル
・経験職種　・給与額　・人柄

↓

**まとめやすいブロック
（職種や部署など）ごとに、
必要と思われる要件をまとめる**

### アプローチ❷

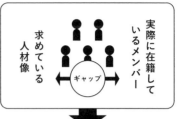

求めている人材像　←　ギャップ　→　実際に在籍しているメンバー

↓

**ギャップは、今後の育成や採用、
人材配置などに活かす**

## ▶体系化で見える化する

　人材の適性要件は、ともすると曖昧になりがちで、人事担当者やマネジメントメンバー個人の解釈が優先されることがあります。個々人の解釈も大事ですが、組織体である以上、一定の共通した理解を持ち、それを前提とすることが、大きな方向性が揃う網羅的に強い組織を実現させます。

　**分かりやすく体系化することで、人材戦略やマネジメントに直接関わるメンバーに対して見える化することが可能となり、できる限り齟齬を減らして理解し合える土台をつくることができます。**体系化には役員など上層部にも話し合いに入ってもらい、会社としての軸にブレがないものを作成することが重要です。

# 3 職場の生産性をいかに高めるか

## アウトプットの極大化×インプットの改善

### ▶ 生産性＝アウトプット／インプット

　近年、働き方改革の流れもあり、「生産性の向上」が日本企業においても叫ばれるようになってきました。この「生産性」という言葉を聞くと、残業時間の削減や、ＡＩによる既存業務の効率化など、「いかにして業務時間を削減しつつ、今の品質レベルを維持するか」という発想を持ってしまう人が多いようです。

　**本来の生産性は、「生み出されたアウトプットに対して、どのくらいのインプットを使用したか」という概念**であり、数式で表すなら下の図のようになります。

　確かに、インプット（この中に労働時間も含まれる）を少なくすることも一つの生産性向上の方法ではありますが、企業活動においてはそれだけにとらわれない、幅広い取り組みが求められます。

　本項では、生産性の構成要素である「アウトプット」と「インプット」の2つに分けて、生産性向上のアプローチを考えていきます。

生産性の定義

$$\text{生産性} = \frac{\text{アウトプット} \cdots\cdots \begin{array}{l}\text{顧客にとっての価値}\\\text{（結果としての売上・収益等）}\end{array}}{\text{インプット} \cdots\cdots \begin{array}{l}\text{投入したリソース}\\\text{（労働時間・原材料・資金等）}\end{array}}$$

### ▶ 〈アウトプットを極大化①〉本源的価値と付加価値

　まずは、分子である**「アウトプット」について、生産性向上に向けたアプローチを考えていきます**（もし、直接顧客と接する機会がなければ、以降の顧客の部分を自分の組織が価値を提供する相手、例えば営業部隊や経営層な

ど、と置き換えて考えてみてください)。

アウトプット（分かりやすい指標としては売上や収益額など）を高めていくためには、市場における顧客からの評価を改善していかなければなりません。そのためには商品・サービスの持つ価値を高める必要があります。この価値には商品・サービスの本来の用途に伴う「**本源的価値**」と、そこから付帯的に発生する「**付加価値**」の２種類があります。

これらの価値へのアプローチとしては、顧客が求める要求（ニーズ）にしっかりと応えつつ、それに加えて**顧客の潜在的な「欲求（ウオンツ）」**をとらえ、それを充足する新たな商品・サービスを提供することが必要不可欠です。

欲求（ウォンツ）を具現化していくためには、顧客の行動を客観的に粘り強く観察し、その行動パターンから顧客がまだ気づいていない問題を解決する商品・サービスを生み出す、という方法があります。

生産性向上のためには、日々の忙しい業務の中にもこういった新しい価値創造のための時間を確保しておくことが重要です。

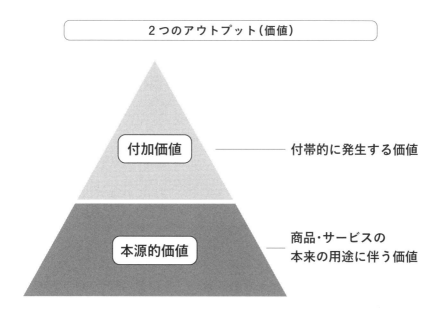

**２つのアウトプット（価値）**

付加価値 ———— 付帯的に発生する価値

本源的価値 ———— 商品・サービスの
本来の用途に伴う価値

## ▶▶〈アウトプットを極大化②〉付加価値を提供する

次は、付加価値の向上の観点からアウトプットの改善を考えていきます。

テレビを例に挙げると、「本源的価値」はテレビ番組を視聴することであり、これはすべてのテレビに共通する要素です。そのため、高画質である、録画ができる、スマホと連動できる等々の「付加価値」を提供し、自社製品の差別化を図っているわけです。

「付加価値」を組織に置き換えると、組織が本来求められている役割・ミッションは当然にして行った上で、それ以外に「顧客の満足度が高まる」価値を提供する取り組みを行うこと、になります。例えば、アウトプットの質を高めるための研修の実施や、プロモーション活動、新たなチャネルの開拓などによる既存商品・サービスの価値向上がこれにあたります。

　この際に注意すべきことは、むやみやたらに価値を追加し過ぎないことです。**価値を付加するために労働量が増えてしまえば本末転倒ですし、何より価値を判断する顧客がそれを必ずしも必要とはしていません。**シニア向けの携帯電話のように、「機能を絞り込むこと」が付加価値となる場合もあります。

　生産性を向上するためにも、顧客・相手目線で既存の提供価値を見直し、本当に必要とされている部分にフォーカスして、差別化を図っていくことが重要です。

## ▌▶〈インプットを改善①〉フレームワークをつくる

　ここからは、生産性を構成するもう一つの要素である**「インプット」を**ベースにした生産性向上について考えていきます。

　インプットからアウトプットへの変換効率が変わらなければ、インプットを削減してもアウトプットが減ってしまうだけで、生産性向上とはなりません。**重要となるのは、いかにしてこの変換効率を改善していくか、**という観点です。

　まず1つ目の方法として、この**変換効率を底上げする**、ということが考えられます。

　同じ組織の中でも、一人ひとりの個人を見ると、変換効率には差が生じています。そこで、高い変換効率を発揮している**ハイパフォーマーの思考方法や行動について分析し、それを誰もが実行可能なように言語化した上で、その他のメンバーに「フレームワーク」として取り入れてもらうようにします。**

その際に重要となってくるのは、いかにハイパフォーマーの協力を引き出す環境をつくれるかです。

自分にしかできない仕事がある、ということは個人の評価につながることも多く、なかなかこれを手放さない人も多いのが現状です。彼らに対して、より魅力的でチャレンジングな業務・ポジションを用意したり、フレームワーク化を手助けするためのサポートを行ったり、といった工夫が必要不可欠です。

**組織内で学び合い、変換効率を高めるためのノウハウを共有化することが、組織全体の生産性向上につながります。**

## ▶〈インプットを改善②〉インプットの質を高める

インプットからアウトプットへの変換効率を向上させる2つ目の方法として、**インプットの質を高いものに変えていく**、ということが考えられます。

例えば、多くの企業では、研修や外部セミナーの受講などを通じて、ビジネススキルや最先端の業界知識といったインプットを社員に提供しています。これらにかかる費用は非常に高額となっていますが、劇的な生産性の向上につながっているかと問われたら、首を縦に振る人はさほど多くないと思います。

これは、「持ち帰り感」の薄さから来ているものです。研修やセミナーで学んだことは刺激になり、受講した本人の満足度はある程度高まる一方で、**現場の業務で研修やセミナーで得た学びを使う機会がほとんどなく、次第に学びと刺激が風化していく**、というのをよく目にします。

これを打破するためには、現場起点の課題意識にもとづいた、実践形式でのインプットが有効です。

**現在では日本企業においてもロールプレイなどを取り入れた実践形式の研修が増えてきています。**「実践であれば、現場で行えば良い」という考え方もあるかと思いますが、リスクがない状況で厳しい状況への対処方法が学べる、異なる価値観を持つメンバーの考え方に触れることで発想の幅が広がる、普段の立場よりも高い目線で物事を考えられるなど、**研修ならではのメリットも数多く存在**します。

このような、即効性のあるインプットを多く取り入れ、アウトプットへの変換効率を高めることも重要なポイントの一つです。

## ◤オンラインシフトにおける生産性向上

　ここまでは、全般的な生産性向上についてお伝えしましたが、近年特に顕著となっているオンライン上での勤務（特に場所は問わず、インターネットに繋がる環境下で、ＰＣなどの機器を利用して勤務する働き方を指します）についても触れておきたいと思います。

　オフィスを持たない企業が日本でも徐々に増えてきていますが、働き方改革や新型コロナウィルス（COVID-19）感染症の流行の影響もあり、「**テレワーク**」を初めて導入した企業もあるかと思います。

　初めての試みですので、ネガティブな側面の話も出るかもしれませんが、実は、テレワークの方が仕事に集中できるという声もよく聞きます。雑音が減り、周囲の会話を意識する必要もないため、業務に没入できるようです。

　ただし、一日を通したセルフマネジメントの重要性は当然増しますし、コミュニケーション減少によるチーム力の低下は避けたいところです。

　生産性を意識した仕事の進め方としては、**チャットツールなどを通して気軽に会話ができるバーチャルオフィス的存在をつくっておき、その上で業務進捗を共通のフォームやシステムに入力し共有化を図る**ようにすると、リモート勤務導入前よりも仕事の進みが早くなるといったことも珍しいことではありません。

　職場が、オフィスからインターネット上に変化するということは、自然とできていた「互いに認識を重ね合わせるためのコミュニケーション」をどうしても減らしてしまいます。**一人で集中して業務をする時間と、メンバーと話し合って情報共有するタイミングとに分けて仕事を進めることで、結果的に効率アップを図るチャンス**にもなるので、人事担当者としては自社のメンバーが快適に勤務に集中できる環境をつくることが大事です。

# 4 安心して働ける環境づくり（ソフト面）

## 人事ポリシーをベースとした環境づくり

### ▶安心して働くことの意義

　生産性を向上するためにも、安心して働くことのできる環境をつくることはとても大切です。**安心して働くことのできる環境づくりは、人材マネジメントをする上での使命**ともいえます。この環境こそがその企業の基礎となり、そこに、いかに社員を輝かせられるか、会社の事業をより良く動かせられるかがかかっています。

　特にソフト面での環境づくりは、人事担当者が動きをつくれば、小規模なことであればほんの一日後でも始めることが可能です。

　どのような環境をつくりたいのか、現場ではどのような声があがっているのか、**実際にヒアリングしながら、自社に合った望まれる環境をつくり、時代の変化に合わせて変えていける企業が、今後ますます強い企業として力を発揮**していきます。

「安心して働く」というのはそのベースにある大前提の環境であることを意識して、一つひとつ着実に環境づくりを進めることが大切です。また、定期的に、働く環境についての社内アンケートをとるといった手段も、社員の声を拾うには有効です。

### ▶人事ポリシーを確認する

　環境づくりを考える上で、まず意識すべきなのは**「人事ポリシー」の確認**です。人事ポリシーとは、企業が掲げているミッションやビジョンを達成するために、組織や社員に対する取り組みの方向性やあり方を示したもので、採用などにも大きく影響します。後述する「人材マネジメントの基本理念」ともいえるものです（259ページを参照）。

　例えば何か新しい仕組みを考える際に、この人事ポリシーに沿ったものをつくれば、組織として整合性のとれた仕組みになりますし、その成否について判断ができます。いわゆる会社のカラーを示すものとして、社員間の「人や組織」に対する共通認識を持たせることにもつながります。

逆にポリシーを意識せず、その時々でつくった環境や制度というのは、担当者が替わるタイミングでひずみが生まれたり、企業としての一貫した考えを感じられずに、不信感の増大や会社への愛着の低下が進んでしまう恐れもあります。

**安心して働ける企業では、この人事ポリシー（人・組織に対する会社の考え方）が明確で、それをベースとして、多様な働き方を受容したり、働きがいを生み出したりする仕組みをつくっている**のです。

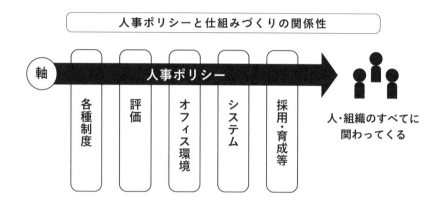

人事ポリシーと仕組みづくりの関係性

軸

人事ポリシー

各種制度　評価　オフィス環境　システム　採用・育成等

人・組織のすべてに関わってくる

## ▶心理的安全性を確保する

多くの企業が近年着目している言葉の一つに「**心理的安全性**」というものがあります。英語では、「サイコロジカル・セーフティ（psychological safety）」といい、アメリカのGoogleが自社の生産性向上のための調査を行った過程で再発見した心理学用語です。

**心理的安全とは、一人ひとりが、恐怖や不安を感じることなく率直に意見することができ、誤ったことや反対意見をいっても安全だと感じられる状態**を指します。特に、和を重んじ、空気を読んで対応しようとする国民性の強い日本の社会では、意識していない場面でも、この心理的安全性が危うい状況になっていることが多々あります。

このようなことを気にする必要がなくなれば、自然と主体的な行動が促され、メンバー同士での協力が活発になります。**精神的に安定し、自律したチームでは、より高いパフォーマンスが期待できますし、**将来へのビジョンも描きやすくなります。

序章でも触れましたが、個人として、チームとして、組織としての力を高

める上でも、この**心理的安全性を意識した雰囲気づくり**が、今後の企業において大きなカギになります。

```
┌─────────────────────────────────┐
│      心理的安全性を脅かす４つの不安      │
└─────────────────────────────────┘
```

| 1 | 2 | 3 | 4 |
|---|---|---|---|
| **IGNORANT** | **INCOMPETENT** | **INTRUSIVE** | **NEGATIVE** |
| 無知だと思われる不安 | 無能だと思われる不安 | 邪魔をしていると思われる不安 | ネガティブだと思われる不安 |

**これらの不安が発生しない環境づくりを意識する**

| 何かあった際にも打ち明けられる信頼関係構築 | 発言の機会を平等にする（話せる場を持つ） | まず受け止める姿勢を持つ（否定から入らない） |
|---|---|---|

など

## ▶風通しの良い組織を目指す

　心理的安全性の高い組織は、風通しのいい組織です。成果に厳しくても人に温かいマネージャーがいるチームは、自然とそのような雰囲気がつくられていることが多いといえます。

　全社的にミッション・ビジョンや人事ポリシーを浸透させることも良い企業文化の醸成に繋がりますが、組織運営で特に重要な立ち位置となるマネージャーや管理職ポジションのメンバーに集まってもらい、**自社はどのようなチームを目指そうとしているのかを話し合い、心理的安全性を意識した投げかけを通して組織改革を行うことを確認し、実践する**ことで、より成果が出やすくなります。

## ▶キャリアビジョンを描ける仕組みをつくる

　安心して働ける環境づくりにおいて、もう一つ大切な側面が、「個人」がキャリアビジョンを描きやすくなる仕組みをつくることです。

　人生100年時代を迎え、今後のキャリアに何となく不安を感じている方は多いかもしれません。働く人のキャリアに対する意識調査では、キャリアプランを特に考えていないとした方が約半数、残りの考えている方のその理由

としては、より良いキャリアを実現したいためというポジティブなものもありますが、自身や社会への不安要素からキャリアを考えている男性が約7割を占める結果となっています。

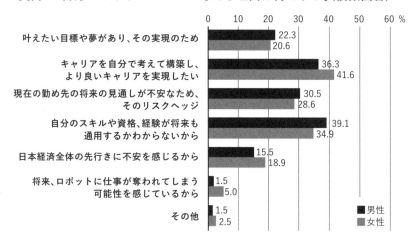

〈出所〉「働く人のキャリアに関する意識調査」（アデコ株式会社）

　そんな不安な人やキャリアプランを描いていない人を一人でも減らし、やりがいを持って活躍してもらうために効果的なのが、「キャリアビジョン検討会」です。目標達成度の振り返りと合わせて評価面談などと紐づけてもいいですし、同じ属性（年次や部署など）のメンバーを集めて研修の形をとるのも良いと思います。

　**どういったキャリアが考えられ、自分はどうしていきたいのかを振り返り、自社での自分を見つめ直すことは、立場や役割を自覚でき、組織に対しての信頼を高める**ことにもつながります。

　結果的に転職することもあるかもしれませんが、個人に寄り添う風土づくりは、間違いなく良い企業文化を醸成してくれるはずです。そのためには企業としても、複数のキャリアビジョンを選択肢として持てたり、描けたりしやすいように、**ロールモデルの紹介や、本人の望む道を希望として吸い上げる**など、お互いが信頼して寄り添い合う努力も必要となってきます。

# 5

# 安心して働ける環境づくり（ハード面）

## ソフト面との連動と自社に合わせた環境づくり

### ▶まずは現状を把握する

　安心して働ける環境づくりのハード面の充実も、基本的な考え方はソフト面と同様です。人事ポリシーをベースにして、社員が活き活きと働くために必要なものは何なのか、現在の環境はそれに適したものになっているかを考えます。

　特に分かりやすいのが、理想と現実のギャップを洗い出してみることです。こうありたいよね、という内容を社員間で出し合ってみるのも、新たな気づきや改革に繋がることがあります。

　この図は一例ですが、ソフト面での課題の洗い出しにも応用することができます。

### ありたい姿と現状のギャップ分析と課題解決

| 問題の発見 | 問題の特定 | 原因の把握 | 課題・解決策の設定 |
|---|---|---|---|
| 困っている現象（問題）を見つける | 問題がどこで発生しているかを明確化 | 問題が発生した原因を分析し真因を特定 | 原因を踏まえて取り組むべきテーマ（課題）と解決策の設定 |

**例**

| 一人で業務に集中できていない | オフィスの人数が増え、職場での個々人のコミュニケーションが活発になりすぎている | 良い側面もあるが、集中しやすい環境を個人が自由に選択できないことが真因 | 自由選択可能な集中できる環境づくりを検討する<br>・小会議室の使用許可<br>・テレワークの導入<br>・周りも気づける工夫（集中アラート発信など） |

### ▶働く環境（オフィス）の見直し

　内勤メンバーはもちろん、外勤メンバーにとってもオフィスは重要です。企業としての象徴になるわけですから、快適かつ安全に過ごせるだけではなく、仕事に集中できること、社員同士のコミュニケーションが円滑に進む間

219

取りなど、**空間設計をするにあたっては、チームや人の動きを意識して、動線を考える**必要があります。

最近では「**フリーアドレス**」を導入する企業が増えました。自分の机というものを持たず、出社したら好きな席に座り仕事を行います。そうすることで風通しも良くなりますし、これまで接点のなかったメンバーと話をするきっかけにもなります。関係者が近くにいないのは不便なこともあるかもしれませんが、その分コミュニケーションツールを使いこなしたり、**一定のルール**（毎日〇時に10分だけチームメンバーでミーティングをするなど）を設けて対応するなど、ハード面やソフト面の進化を促すことも可能です。

**カフェやバーを併設**するような企業もありますが、そこまでいかずとも、例えば**ドリンクサーバー**を設けたり、**グリーン**（観葉植物など）を増やすことで、リフレッシュ効果を得て、集中と休憩の緩急をつけやすくする工夫もあります。

ソフト面との連動になりますが、会議の時間が長いという課題があった場合、解決策として立ってミーティングをするルールをつくったとして、ハード面としてはその**専用の「場」を設ける**というのも一つの手です。

このように、**ソフト面での解決策として、ハード面をうまく組み合わせる**と、オフィス環境は劇的に良くなり、効率化やモチベーションアップを引き出すことができます。

ほんのちょっとした"困った"だったとしても、同じ"困った"を感じている人が複数いた場合、それを解決することで業務がはかどるようになり、結果として企業への信頼は増し、安心して働くことへとつなげることができるのです。

### ▶ 自社に合ったシステムを使いこなす

人事関連システムにおいて、今やクラウドによるシステムも広く浸透し、自社で専用のシステムを開発しなくても、1ユーザー年間数百円単位で利用することが可能となりました。特に「安心して働く」という視点で考えると、最も大切なのはコミュニケーションツールです。**チームごとに使用する目標管理ツール**など日常で人に対して使用するシステムも、働く環境を考える上で重要です。

柔軟な働き方を認めれば認めるほど、こういったシステムの重要度が増していきます。いわば、**ＩＴの進化が働き方の柔軟性を格段に上げてくれたの**

です。

　ただ、SNS疲れという言葉もありますが、特にコミュニケーションツールの運用には、必ず使い方のルールを設け、しっかりと浸透させることが大切です。

　ハードとして新しい取り組みを実施する際には、

　　①導入の目的
　　②運用ルール
　　③共有するメンバー
　　④使用時間帯

などの必要情報をあらかじめ設定し、根気強く浸透させ、必要であれば修正を加えるなど、全体を巻き込みながら運用していくことが肝要です。

　テレビ会議システムなども同様のことがいえます。**同じ性質を持ったシステムが社内に複数存在すると、混乱の元**ですので、各々の好みもあるかとは思いますが、会社としてこれを使用するというように一元化していくことが望ましいです。

　また、**目標管理ツールでは、ソフト面での制度と連動させ、分かりやすい形で随時記録に残す、いつでも確認できる**といったことが必要な要素です。人事面のシステムとして使用するのであれば先に述べた**人材データベースと紐づける**と、より情報が多く精度の高いものとして活用することができます。

### ▶ 柔軟な働き方を認めることが組織を強くする

　ダイバーシティが叫ばれて久しいですが、これまで以上に個人が主体となる場面が多くなってくると予想されます。様々なバックグラウンドを持つ人々が、ある企業でそれぞれの考えを持ちながら共に働きます。勤務時間に制約がある人もいれば、副業・兼業に取り組んでいる人もいるかもしれませんし、高齢者を雇用している場合もあるかと思います。

　これまでは一律公平な制度や環境が良しとされてきましたが、それではこれからの時代、ずっと勤務し続けていられるだろうかという不安が拭えません。自分の環境が変わるかもしれないし、世の中の流れが変化するかもしれません。

下の図は制度の例ですが、社員の働きやすい環境を提供することは、多く
の人材から選ばれることにもなり、リテンション（人材の維持）の視点から
も有効です。

　モチベーション高く働くには、環境の整備・制度の運用→会社・業務への
コミットメント→ハイパフォーマンス→モチベーションの維持、という良い
サイクルを回すことが重要で、**双方にとってWin-Winな環境を整えること
が、会社そのものの好循環（事業拡大、優秀人材の確保など）に繋がってい
きます。**

**柔軟な働き方を可能にする制度の例**

| 制度名など | 概要 |
| --- | --- |
| フレックスタイム制 | あらかじめ働く時間の総量（総労働時間）を決めた上で、日々の出退勤時刻や働く長さを社員が自由に決定することができる制度（コアタイムなどもあり） |
| 時差出勤制度 | あらかじめ会社が提示したいくつかの始業・終業時間の中から好きな時間を選択できる制度 |
| モバイルワーク制度 | ノートPCやスマートデバイスなどのモバイル端末を活用し、どこでも仕事ができるようにした制度 |
| ベビーシッター制度 | 子育て中の社員のためにベビーシッター費用の一部または全額を負担する制度 |
| 短時間勤務制度 | 1日の所定労働時間を原則として6時間（5時間45分〜6時間まで）とする制度 |
| 短時間正社員 | 勤務時間や勤務日数をフルタイム社員よりも短くしながら活躍してもらうための仕組み |
| 副業・兼業制度 | 一定の留意点を双方確認した上で、副業・兼業を認める（促進する）制度 |
| 育児・介護休業制度 | 育児・介護休業法にのっとって、育児や介護をしなければならない労働者が、円滑に仕事と両立できるよう配慮し、働き続けられるよう支援する制度 |
| 教育費補助制度 | 業務に関連するセミナーの受講や教材・書籍の購入について、費用を補助する制度 |
| フリーアドレス | オフィスに社員の固定席をつくらずに自由な席で仕事を行える仕組みのこと |
| 福利厚生の充実 | リフレッシュ休暇などの各種休暇制度　社内保育園常設など |

　**いずれも自社の状況に合わせて、柔軟に取り入れ、うまくいかなければ潔
くやめる決断も大切**です。日々外部環境や内部環境に合わせて、社員のこと
を考え良い環境を生み出し続けることが、マネジメントや人事としての使命

といえます。

## ▶️オンラインシフトへの転換期

　新型コロナウィルス（COVID-19）感染症の流行では、ほとんどの企業で働き方を変えざるを得ない状況に直面しました。テレワークが推奨されたことから、これをきっかけに、様々な業務をオンライン化する動きが加速されました。

　オンラインを当たり前に活用する時代が本格化しました。ここまでに記載してきたオフィスのあり方やシステムの使い方（選び方）についても、どういった勤務体制を前提とするか、改めて検討した上で、具体的な案を練っていくことが大切になっていきます。

　全国にある営業所を廃止し、直行直帰を基本とする体制に変えることを早々に決断した企業もあります。**考え方を根本から変える必要に迫られた時こそ、新たなチャレンジに取り組みやすい時期だと受け止めて、前向きに良い変革をもたらすことが大事です。**

# 6
## ―
# "パワハラ"と"逆パワハラ"を生まない組織基盤構築

## 正しい知識と信頼関係を育む組織デザイン

### ▶ パワーハラスメントとは何か

　ソフトとハードの両側面から組織をデザインしていく際に、人材マネジメントの観点から特に留意すべきテーマが「**パワーハラスメント**」です。

　職場でのパワーハラスメントとは、同じ職場で働く者に対して、職務上の地位や人間関係などの職場内での優位性を背景に、業務の適正な範囲を超えて、精神的または身体的苦痛を与える行為や、職場環境そのものを悪化させる行為をいいます。

　**パワーハラスメントかどうかを判断する際のポイントは、「職場での優位性」が背景にあること、そして「業務の適正な範囲」を超えること**です。

　パワーハラスメントという言葉は、上司から部下へのいじめ・嫌がらせを指して使われる場合が多いですが、先輩・後輩などの同僚間、さらには部下から上司に対して行われるものもあります。

　つまり、「職場内での優位性」とは、職務上の地位に限らず、人間関係や専門となる知識や経験の有無などの様々な優位性が含まれるといえます。

　次に「業務の適正な範囲」についてですが、当然のことながら、業務上の必要な指示や注意・指導を不満に感じたりする場合でも、業務上の適正な範囲で行われている場合には、パワーハラスメントには該当しません。

　上司は組織を牽引し、成果を出したり、部下を育成する上で、自らの職位・職能に応じて権限を発揮し、業務上の指揮監督や教育指導を行うことが求められます。**こうした行為は促進されるべきであり、パワーハラスメントに対する取り組みが、こうした上司の適正な指導を妨げるものであってはなりません。**

　では「業務の適正な範囲」とはどのような定義になるでしょうか？　この線引きをどこにするかによって「指導」と「パワーハラスメント」の違いが存在することになります。

　厚生労働省のサイトによると、「業務の適正な範囲」とは次のように定義さ

れます。

> 　上司が部下を厳しく指導することが必要な場面もありますが、暴力を振るったり、相手の人格を否定するようなことを言ったり、無視したりすることは、「業務の適正な範囲」とは言えません。
>
> 　（中略）その行為が行われた状況や行為の継続性によっても、パワーハラスメントか否かの判断が左右される場合もあるため、それぞれの職場で、どこまでが「業務の適正な範囲」なのかを明確にすることが望まれます。

このように、**「業務の適正な範囲」については職場で事前に明確にしておくことが必要**とされます。

## ▶ パワーハラスメント6つの類型

パワーハラスメントですが、厚生労働省の調査によると6つの類型に分類されます。以下、引用すると、

---

**(1) 身体的な攻撃（暴行・傷害など）**

つばを吐かれたり、物を投げつけられたり蹴られたりした（男性／20歳代）

カッターナイフで頭部を切りつけられた（男性／20歳代）

**(2) 精神的な攻撃（脅迫・名誉毀損・侮辱・ひどい暴言など）**

いること自体が会社に対して損害だと大声で言われた（男性／50歳以上）

ミスをしたら現金に換算し支払わされる（女性／40歳代）

**(3) 人間関係からの切り離し（隔離・仲間外し・無視など）**

今まで参加していた会議から外された（女性／50歳以上）

職場での会話の無視や飲み会などに一人だけ誘われない（男性／30歳代）

**(4) 過大な要求（業務上明らかに不要なことや遂行不可能なことの強制、仕事の妨害）**

多大な業務量を強いられ、月80時間を超える残業が継続していた（男性／20歳代）

絶対にできない仕事を、管理職ならやるべきと強制された（女性／50歳以上）

**(5) 過小な要求（業務上の合理性なく、能力や経験とかけ離れた程度の**

---

　こうした職場のパワーハラスメントは放置すれば、社員の心を害するだけ
でなく、職場の雰囲気・生産性の悪化、人材の流出を引き起こす上に、**「不法
行為責任」や「安全配慮義務違反」などの法的責任**を問われて訴訟による金
銭的負担の発生につながる可能性もあります。こうしたことは企業イメージ
の低下に結びつくことは必至です。

　このようにパワーハラスメントは、被害者だけではなく、その周囲、そし
て加害者や企業全体にも大きなダメージを与えるものといえます。


### ▶ "逆パワーハラスメント"が問題視される職場も

　こうしたパワーハラスメントには上司から部下へのものだけでなく、部下
から上司に対して行われる、いわゆる「逆パワハラ」も存在します。

　例えば、赴任したばかりの上司に対して、長年、その職場で働いている部
下たちが適切な情報を提供しなかったり、業務指示を無視するようなケース
が実際に存在しています。

　また、業務上必要な注意に対しても「それ、パワハラです」「訴えますよ」
などとパワハラをちらつかせたり、業務を拒否したりするケースもありま
す。

　さらにひどいケースになると、職務上で何か上司に対して不満があると、
過去に誘われた飲み会を引き合いに出して「強制的に参加させられた」など
と脅すことで指示や注意をさせにくい状態をつくる、といったケースも存在
します。

　こうした事象の原因には「パワーハラスメント」に対する知識や認識が組
織的に不足していることが挙げられます。しっかりと定義を確認し合い、**業
務上の指示とパワーハラスメントが混同されない状態や、パワーハラスメン**

トが実際には上司から部下にだけ行われるものではなく、部下から上司、それ以外の関係性においても存在することを認識する必要があります。

## ▶パワハラも逆パワハラも生まれない組織にするために

では、パワーハラスメントが生まれない組織にしていくにはどのようなことに配慮すべきでしょうか。ここでは3点、大切なポイントを解説します。

### ❶正しい知識を持つこと

先に解説したように、正しい知識を互いに持つことがまず必要です。

特に「職務上の優位性」は上司と部下、それ以外の関係性においても存在する可能性があることを認識し合いましょう。

### ❷「業務の適正な範囲」を共有すること

業務の適正な範囲がどこからどこまでなのかを共有することで、指導とパワーハラスメントの線引きをできるだけはっきりさせましょう。

### ❸互いに信頼、尊重、感謝し合う文化を形成すること

少し時間を要することになりますが、上司や部下、同僚、社外の取引先含め、お互いに信頼し、尊重、感謝し合う風土をつくり出すことが最も大切なことといえます。ベースに信頼関係を築き、お互いの存在を尊重し合う職場をつくり出すことがパワーハラスメント対策の本質といえるでしょう。

## ▶テレワークに伴い生まれる"新しいパワハラ"の形態にも注意

テレワークが急激に増えたことで、「**リモートハラスメント（リモハラ）**」が増えつつあるといわれています。具体的には、動画で顔を映すだけに留めるべきところ、「もっと部屋を見せて」と指示するなど、プライバシーを侵害するものです。また、リモート勤務によって部下や相手の行動が見えにくくなるため、上司による「**過干渉**」も問題視されます。何度もチャットで返答を求めたり、電話をしつこくかけるといったコミュニケーションは、互いのストレスを高めます。

こうしたことを回避するために、**事前に"ルール"をつくっておく**など、企業には迅速かつ柔軟な対応が求められます。

# 7
─

# SDGsに対応する
# 人材マネジメント

## 社会と共生する企業と人材のあり方を追求する

## ▶ SDGsとは

　組織づくりにおいて外部環境や内部環境の変化を十分に取り込むことも大切なことです。

　その環境変化の流れの一つに「**SDGs**」（エスディージーズ）が挙げられます。SDGsとは**持続可能な開発目標**を意味し、2001年に策定されたミレニアム開発目標（MDGs）の後継として，2015年9月の国連サミットで採択された「**持続可能な開発のための2030アジェンダ**」にて記載された2016～2030年の国際目標を表します。

　具体的には、持続可能な世界を実現するための「17のゴール・169のターゲット」から構成され，地球上の誰一人として取り残さない（leave no one behind）ことを誓っています。

　日本での認識も少しずつ広がっていますが朝日新聞社が2019年8月に行った調査では「SDGsという言葉を聞いたことがあるか」という質問に「ある」と答えた人は27%でした。まだ大部分に知れ渡っている状況ではないですが、特に若い世代での広がりが大きいといえます。

　17のゴールは下の図に示すように設定されており、企業にも経営においてこのゴールの達成に寄与することが求められています。

### SDGs 17のゴール

| | | | |
|---|---|---|---|
| 1 | 貧困をなくそう | 10 | 人や国の不平等をなくそう |
| 2 | 飢餓をゼロに | 11 | 住み続けられるまちづくりを |
| 3 | すべての人に健康と福祉を | 12 | つくる責任　つかう責任 |
| 4 | 質の高い教育をみんなに | 13 | 気候変動に具体的な対策を |
| 5 | ジェンダー平等を実現しよう | 14 | 海の豊かさを守ろう |
| 6 | 安全な水とトイレを世界中に | 15 | 陸の豊かさも守ろう |
| 7 | エネルギーをみんなにそしてクリーンに | 16 | 平和と公正をすべての人に |
| 8 | 働きがいも経済成長も | 17 | パートナーシップで目標を達成しよう |
| 9 | 産業と技術革新の基盤をつくろう | | |

## ▶ SDGs に対応したマネジメントは経営の課題

実際に、日本企業ではSDGsに向けた取り組みはどのように行われているでしょうか。

2018年7月にBertelsmann Stiftung（ベルテルスマン財団）とSDSN（持続可能な開発ソリューション・ネットワーク）から発表されたSDGs達成ランキングにおいて、日本は156カ国中15位でした。しかしながら、日本では17の目標のうち、達成されていると評価されたのは、「目標4：質の高い教育をみんなに」の1つのみで、その他の目標は未達成となっています。

なお、この調査における達成ランキングのトップ5は、スウェーデン、デンマーク、フィンランド、ドイツ、フランスとなっています。

このSDGsへの取り組み度合いは、環境（Environment）、社会（Social）、ガバナンス（Governance）の頭文字を取った**ESG**と共に企業の価値を測る尺度として定着しつつあります。

実際に世界最大の機関投資家であるGPIF（年金積立金管理運用独立行政法人）はESGへの投資を行うことを方針として打ち出しています。

投資の担い手のこうした動きは企業経営において看過できないものといえ、SDGsに備え、それを踏まえた戦略を打ち出し実行することは、企業の重要な経営課題といえます。

## ▶ SDGs 時代の人材育成

では、こうしたSDGs時代において、人材マネジメントはどのような影響を受けるでしょうか。まず**人材育成の観点において、SDGsを取り入れていく**必要があります。

まず、SDGsそのものの教育が必須といえます。「企業が社会を良くする機能の一つである」という前提のもと、世界的に設定されているゴールを認識する機会を設定することは、企業の役割として重要です。

次に、自社の売上向上やシェア拡大だけを目標に人材を育てるのではなく、**社会課題を解決するための人材を育てる**、という意識を持つことが必要です。

また、現場での活動も、**自らの仕事がどのような社会課題の解決と結びついているのかを上司が示していく**ことが求められます。

特に先に示した調査によっても明らかなように、SDGsの認識は若者において浸透している傾向にあります。このような認識を持った新入社員や若手

社員が、企業活動の現場で行われていることと認識とのギャップを持つことは、モチベーションの低下や離職につながります。**自社の取り組みがSDGsが掲げるゴールのいずれかの達成に寄与している、ということを積極的に伝えていくべき**といえます。

## ▶ SDGsへの取り組みを発信する

またSDGsに取り組んでいることを積極的に発信することも重要です。**発信をすることで、意識の高い人材の関心が自社に集まる**ことになります。それは採用にもいい影響をもたらします。

加えて、先に紹介したESG投資を行う株主も増えてきています。**取り組みをしっかりと発信することが、投資家の関心を引き寄せる**ことにもつながります。

さらには**社員や社員の家族の企業に対するエンゲージメントやモチベーションを高める**ことにも寄与します。

当然ながらＰＲ目的だけでSDGsを捉えることはよくありません。実態が伴わないＰＲは逆効果を生みます。しっかりと、どの目標に貢献するのかを見極め、自社ができることを定義した上で行動し、その行動を伝えていくことが大切なのはいうまでもありません。

## ▶ SDGsの視点を人材マネジメントに活かす

SDG の達成を目標に人を育成し、活動し、その内容をしっかりと伝達することについてこれまで解説してきましたが、**人材マネジメントそのものも、SDGsの視点を参考にして取り組むことができます。**

具体的には17あるゴールのうち、「4．質の高い教育をみんなに」や「5．ジェンダー平等を実現しよう」「8．働きがいも経済成長も」「10.人や国の不平等をなくそう」「17.パートナーシップで目標を達成しよう」というゴールは、人材と関係の深い内容になっています。

質の高い教育機会の提供という意味では、現地法人の社員など、これまで教育対象にしてこなかった層や職種に対して教育機会を提供することも関係しますし、社員を先生にして学校に派遣する、といった活動もこのテーマの範疇に含められるといえます。

また、ジェンダー平等の観点からは、女性の就業を後押しする仕組みを社内で整えたり、女性管理職の割合を高めていくことが該当します。

さらに「8.働きがいも経済成長も」に関しては、まさに生産性向上やキャリア形成支援が該当します。企業としての成長だけでなく、個人としての社員が働きがいを感じられる組織にしていくという、人材マネジメントそのもののテーマです。

**SDGsと人材マネジメントの関係性**

| No. | SDGsのテーマ | 関係する人材マネジメントのテーマ |
|:---:|:---|:---|
| 4 | 質の高い教育をみんなに | 企業内教育、企業内大学、富の配分など |
| 5 | ジェンダー平等を実現しよう | 女性活躍推進、ダイバーシティ推進など |
| 8 | 働きがいも経済成長も | 働き方改革の推進、生産性向上など |
| 10 | 人や国の不平等をなくそう | 公正取引、機会の均等など |
| 17 | パートナーシップで目標を達成しよう | 協業、チームビルディングなど |

このように、**人材マネジメントの質を高めることは、SDGsのゴール達成に組織として貢献することも意味しています。**その関係性を認識した上で人材マネジメントを推進することが企業に課せられています。

# 8
## 事業モデル転換時の
## 人材マネジメント

### 競争に勝つための人材マネジメント変革

## ▶企業に求められる人材マネジメントの変革

　人材マネジメントは、企業の経営戦略を実現することを目的として行われています。企業の経営戦略は、**PEST**（政治、経済、社会、技術）というフレームで整理できる外部環境、**3C**（顧客、競合、自社）のフレームで整理できる市場環境、などをもとに、企業理念やビジョンを踏まえた上で決定されるのが一般的です。

　環境の変化が激しい時代においては、企業の経営戦略の変化も必然的に激しくなり、その実現に求められる人材マネジメントも変化していきます。特に企業が事業モデルの転換を行う際は、従来の人材マネジメントを踏襲するだけでは機能不全を起こしてしまうことがあります。**人材マネジメントは、企業の経営戦略と密接に繋がっており、それ故、人材マネジメントの当事者は、企業の経営戦略を十分に理解しておくことが求められます。**

## ▶勝ち残るための人材マネジメント

　多くの企業にとって、人材マネジメントの変革は簡単なことではありません。特に歴史の長い企業ほど、変革への抵抗が強いことがあります。なぜなら、企業の誕生から昨今まで大きく変革することがなくても、成長を続けられたという成功体験があり、それが変革を阻害するからです。

　過去、日本の多くの企業において、「人口増」や「安定した経済成長」といった外部環境をもとに、経営戦略が策定され、人材マネジメントが行われてきました。「終身雇用」や「年功序列」といった制度は、外部環境の変化がある程度予測可能な前提でないと、成り立ちません。

　しかし昨今はすでに述べたVUCA（119ページ参照）と呼ばれる時代です。ＡＩやIoTといった技術の発展は社会のあり方を変えようとしています。少子化による経済規模の縮小が懸念される中、消費者の嗜好は多様化しています。グローバル化は今後、ますます進んでいくでしょう。企業を取り巻く変数は増え、変化の幅も大きくなり、外部環境の変化を予測することが極めて

困難になっています。

　そんな中で企業が競争に勝ち残るためには、**外部環境の変化をつかみ取り、経営戦略を策定し、それを実現するための人材マネジメントを柔軟に取り入れ続ける必要があります。**しかし上述の通り、企業が人材マネジメントを変革させることは容易ではないため、経営戦略を実現するのに適切な人材マネジメントができなかったり、逆に硬直的な人材マネジメントが足枷となって、外部環境の変化に即した経営戦略を策定できなかったりすることが生じています。

### ▶「事業モデル転換」が進める人材マネジメント変革

　そんな中、企業が事業モデルの転換を迫られた時が、人材マネジメントを変革させる大きなチャンスになります。**事業モデル転換という明確な変化の前では、過去の延長線上ではなく、ゼロベースで考えることの必要性が理解されやすい**からです。

　事業モデル転換時に変革を検討すべき人材マネジメントのポイントは、「組織構造」と「人事システム」、の大きく2つがあります。

### ▶1．組織構造の変革

　組織構造には、「外部人材の戦力化（契約社員、フリーランス）」のページで解説した**機能別組織**、**事業部制組織**や、両者を統合した**マトリックス型組織**などがあります。

　実際にどの組織構造を採用するかは、正解があるわけではなく、自社の事業モデルでの競争要因がどこにあるかで判断すべきです。

　**今後、一般的な方向性としては、迅速な市場環境の変化に対応するために、スピーディーな意思決定を可能にする、マトリックス型のような小さな組織単位が増えていく**ことが予想されます。ただし、時流だからといって、無理に組織単位を小さくすることが正解とは限りません。

　企業は事業モデルでの競争要因を分析して、自社の社風も含めた内部環境も踏まえて、競争に勝つための最適な組織構造を考えるべきです。例えば、研究開発の規模が競争要因として大きい市場で戦うならば、機能別組織として社内リソースの集約を図ることも一案です。

　大事なのは永続的な組織構造など存在しないという前提を持ち、自社の経

営戦略を遂行するための最適な組織構造を探求し続けるという姿勢です。

　組織構造を急激に変革することが難しければ、選択肢の一つとして「**出島**」があります。江戸時代に海外諸国との貿易窓口だった長崎の「出島」になぞらえて、**既存組織の意思決定プロセスや評価基準とは切り離した「出島」組織をつくり、そこで新たな事業モデルを遂行する方法**です。
「出島」では外部パートナーとの交流も容易となるため、オープンイノベーションを実現する手段として、「出島」戦略を採用する企業も増えています。

## ▶2．人事システム変革
　人事システムについては①採用、②配置、③育成、の面から必用とされる変革のポイントを紹介します。

### ❶採用
　**ＡＩやIoTの分野での高度人材の採用**に関する企業の取り組みが、頻繁にニュースで取り上げられるようになってきました。こうした人材は、企業の新たな事業モデルには必要ですが、既存の採用システムでは獲得が難しいのが実際です。

　解決には現行の採用システムに変革が求められます。例えばソニーは新卒採用で、高度人材には年収を最大通常の２割増の730万円にすると発表しています。NECも、優秀な研究者には新入社員でも年収1000万円以上を支払う制度を導入しました。

　こうした高度人材の採用に成功するためのポイントが２つあります。

　１つ目は、**採用市場での競合は日本の国内ではなく、米国や中国を筆頭としたグローバル企業**であるということを認識することです。

　高度人材が日本企業のみに活躍の場を考えるケースは稀です。米国や中国の企業も積極的に彼らにアプローチしています。どれだけ「日本の慣例では考えられない待遇」を提示したところで、他の外国企業と比較すると、高度人材を引きつける要素としては不十分な可能性があることを認識しておいたほうがいいでしょう。

　２つ目のポイントは、そうした**高度人材がもたらす価値は、既存の評価システムでは測れない**可能性が高いということです。

　あなたの企業では、新たに採用する社員に、役員以上の給与を払うことが

考えられるでしょうか。もし「No」と即答するならば、給与算定の基準について、改めて考えてみることをお勧めします。

　実際に、そうした高度人材は日本企業の役員以上の年収で、米国や中国の企業にスカウトされているからです。既存の評価基準にとらわれてしまうと、高度人材の採用は苦戦を強いられるでしょう。

### ❷配置

　新たな事業モデルを遂行する人材を採用するポイントについて述べましたが、採用と同等かそれ以上に重要な視点が既存人材の活用です。外部環境の変化が激しく、事業モデル転換が求められる時代において、「適材適所」の重要性は増しています。

　事業部制組織の企業では、これまで新卒で入社した社員がその事業部の「背番号」を背負い、そのままその事業部で定年を迎えることが通例でした。特に会社の屋台骨となっている事業部では、事業部が優秀な社員を離さないし、社員本人も事業部内でのキャリアを全うすることに疑問を持たないことが多いように思えます。

　しかし環境の変化が激しい時代、今の屋台骨が10年後もそうだとはいえず、企業には新しい屋台骨をつくり続ける意識が求められます。その際、**古い屋台骨から新たな屋台骨へ、企業としての「適材適所」の実現を速やかに実行していかなければなりません。**

　その際のポイントは、企業側だけでなく、社員側も巻き込んで「適材適所」を行うことです。

　事業環境の複雑化は進み、その遂行に求められるスキルも多様化しています。社員側の視点に立てば、「適材適所」を実現するために重要な、社員の仕事への意識、嗜好性、保有スキルといったものも多様化してきています。

　つまり「適材適所」の変数が増えてきており、それを企業側だけで判断することのリスクが高まっているのです。

　企業側に求められる姿勢は、積極的に社員に情報を開示して、社員に機会を知らしめること。それに加えて、インタビューや研修を通して、社員個人のことを、これまで以上に深く知っていくことです。**「適材適所」を達成するために、企業は事業と社員をつなぐエージェントのような役割を果たす必要があります。**

## ❸育成

　これまでの企業の育成は、OJTを中心として、既存事業のオペレーションのためのスキル強化が主流でした。しかし事業転換が起こった際、既存事業で活用できていたスキルが、新たな事業でも活用できるとは限りません。

　ここでのポイントは「**ポータブルスキル**」を強化することです。

　変化が起こることを前提として、**既存事業で使えるだけでなく、どこにでも持ち運んで活用できるポータブルスキルは今後ますます重要**になってきます。

「ポータブルスキル」を強化することは、せっかく育てた人材が他社へと離脱してしまうリスクを高めることになるかもしれません。しかし、極端な表現をすると、「ポータブルスキル」の強化を怠った上で、事業転換の必要性に迫られた場合、スキルを活用できない社員を大量に抱えてしまうリスクが高まります。

　**社員のポータブルスキルの強化は、外部環境の変化が激しい市場において、競争力に直結する**ものです。終身雇用はもはや、育成の前提から外すべきでしょう。

# 9 — 最終手段になる前の リストラクチャリング

## 戦略的リストラを成功させるポイント

### ▶ リストラクチャリングの定義

　環境変化や事業構造の変革に対応した人材マネジメントを徹底したとして
も利益が創出できない、事業そのものの存続が危うい、という局面に立たさ
れたら、企業そのものを大きく変革することが求められるでしょう。

　リストラクチャリングの本来の意味は「再構築」です。企業活動において
使われる際は、本来、事業の再構築や事業構造の変革を意味するもので、必
ずしもネガティブな意味合いではありません。一方、日本において「リスト
ラ」という言葉が使われる際、多くは不採算部門の縮小、撤退やそれに伴う
雇用調整に関するものになっており、本項でもその意味合いでの「リストラ」
を扱います。

　リストラはこれまで、企業の経営不振時に行われてきました。例えばリー
マンショック後、製造業を中心に業績悪化に苦しむ多くの企業でリストラが
行われました。NECは2010年から5年の間で、採用抑制なども含めて、従
業員数が約42,000人減少しました。これは全従業員数の30%にあたります。
日立製作所も同期間で、41,000人減少しました。こちらは全体の11%にあた
ります。

### ▶ リストラの目的の変化

　しかし最近はこれまでとは違う目的でリストラを行う企業が増えていま
す。東京商工リサーチの調査によると、2019年の企業による希望・早期退職
者数は、6年ぶりに1万人を超えました。

　注目すべきは、これまでのリストラは経営不振に起因したものだったのに
対して、最近は、業績が好調な企業でもリストラを行うケースが増えている
ということです。こうした企業は、**足もとの業績回復のためではなく、中長
期的な経営戦略をもとに、最適な人員構成を戦略的に実現するためにリスト
ラを行っています。**

　また大手メガバンクでは、希望・早期退職者の募集ではありませんでした

が、今後の事業環境変化に備えて、1万人単位での人員削減計画を発表しています。

キリンホールディングスは2018年12月期に過去最高益を達成しましたが、2019年には協和キリンやキリンビールといった傘下のグループ企業で早期退職の募集を行っています。他にも、2019年にはアステラス製薬や中外製薬といった業績が堅調な企業でも、リストラが行われています。

## ▶ リストラを成功させるポイント

業績好調時は企業にとっても割増退職金を増額しやすいですし、退職者にとっても再就職先が見つけやすいかもしれません。安易にリストラを行うことは決して奨励されることではありませんが、経営不振による、やむにやまれぬリストラと比較すると、好調時のリストラは社員に有利な条件で実行できる可能性があります。

ただし、比較的有利な条件で退職したとしても、社員にとってリストラの負担は大きいものです。企業としては可能な限り社員に寄り添い、リストラを行うことへの納得感を少しでも高める工夫が求められます。その企業の姿勢が、残っている社員へのメッセージにもなります。

続けて、リストラを成功させるポイントを2点紹介します。

### ❶中長期的な「あるべき姿」を伝え続ける

企業が業績好調時でもリストラを行う背景は、中長期的に見た企業の「あるべき姿」と、現状から想定される未来の姿に、ギャップが生じるためともいえます。ある日突然、「あるべき姿」の達成が難しいためリストラを行いますと伝えたところで、社員にとっては納得できるものではありません。

会社の方向性は、中期経営計画で社員に示しているかもしれませんが、**社員の納得度を高めることを目指すなら、「あるべき姿」を継続的に伝え続ける必要があります。**それが、社員の健全な危機感を醸成し、仮にリストラ策を打ち出さざるを得なくなった際でも、社員に対して一貫性のある経営メッセージとして届けることができます。

### ❷社員のキャリアリテラシーを高めておく

環境の変化が激しい時代となり、終身雇用はもはや当たり前ではない、という社会通念が醸成されつつあります。しかし、キャリアに関するリテラ

シーが低い状態では、終身雇用で現在の企業に勤めあげること以外は現実的に想像できず、いざ自分がリストラの対象者となった際には、ネガティブにしか捉えられないという可能性があります。

　この対策として企業がやるべきことは、普段からキャリアに対する社員のリテラシーを高めておくことです。

　**人生100年時代といわれる中、40代、50代でのキャリアチェンジであっても、今後の人生を豊かにする**ためのポジティブなものと捉えることもできます。しかしリテラシーが低い状態では、冷静かつ論理的に判断することが難しいかもしれません。

　社員のリテラシーを高めるには、**研修などを通じて、社員がこれまでの経験や技能を棚卸しして、今後のキャリアについて考える機会を提供する**ことが有効です。それは単にリストラ対策だけではなく、自らのキャリアを主体的に考えることができる社員の養成にもつながります。

**私**たちの働き方は、テレワークやオンラインベースのものへのシフトを余儀なくされました。また「ニューノーマル」という通り、これまではイレギュラーだったものをノーマルとして位置づけることが必要とされています。この大きな変化への対応はもちろん大変なことではありますが、経営的視点から見た場合、ある種の好機と捉えることも可能と考えられます。

　例えば、これまで賃料を支払ってきたオフィス拠点を廃止することにより、固定費の大胆な削減に舵を切った企業もあります。また、余剰が生じた自社の労働力を、人員が不足している異業種の他社に派遣するという取り組みを始めた企業もありました。こうした動きが従来のような一つの会社内におけるものではなく、業種の垣根を越えて行われている点で、新たな可能性を感じさせる施策といえます。

　DX（デジタルトランスフォーメーション）が喧伝される昨今ですが、デジタルに対応するという発想だけではなく、会社そのもののあり方を変えることへの覚悟が必要とされる時代になったということかもしれません。

　一方で、オンラインシフトが進み、リアルな職「場」が消滅することで、その状況にうまく適応できるか否かによって、人材の二極化が進むのではないかと想像されます。

　対応力の高い人には仕事が集まり活躍できる反面、そうでない人は「居場所」さえ失ってしまうかもしれません。特に、まだあまり経験がなく自律的に考え行動できない若者が取り残されてしまうと、5年後10年後に社会全体に大きな負の影響を与える結果となる可能性があります。企業の社会的責務として、オンラインシフト後の特に若者たちの育成に関して、しっかり設計し仕組みとして運用することが求められるでしょう。

　このように、外部環境のドラスティックな変化に柔軟かつ迅速に対応しつつ、世の中に貢献し、社会から必要とされる企業や事業をいかにつくるかが、これまで以上に経営者に求められるといって良いでしょう。危機をいかにして好機として位置づけ、その上で、前に向かって進み続けられるか。そこが問われているのです。

第**7**章

# 持続して成長する組織をつくる
# 人材マネジメント

第7章では持続的な組織づくりにおいて大切な考え方を中心
に解説します。企業が長期間に渡って成長を続け、社会に貢献
するためには、そのことを目的とした組織づくりと人材マネジ
メントが欠かせません。

# 1 — 経営と現場、上司と部下、同僚・他部署関係で「信頼」を育む

## 信頼を得る3つのコミュニケーション

### ▶信頼は積み重なって大きくなるが、崩れるのは一瞬

日々のニュースを見ていると、「まさか、あの会社がこんな不祥事を起こすなんて……」「あの有名人がこんな事件を？」など、度肝を抜かれるケースに触れることがあります。

内部告発、SNSなどの発達、外部企業との提携などで、これまで内部に隠蔽されてきた問題の数々が外部に流出しやすくなっています。個人情報漏えい、不正取引、横領、などのコンプライアンス違反に社会は厳しく反応し、見つけたら即座にネット上で拡散されます。

どんなに社会に役立つ商品サービスを提供していても、そのようなニュースで**ブランドイメージは一瞬にしてガタ落ちです。信頼の回復には時間がかかり、積み重ねてきた信頼を取り戻すのに多くの時間を要します。**企業に所属して働いている以上、会社の名前を背負って行動していますから、つい魔が差して個人でやってしまった出来事も、会社の不正と扱われます。

近年、企業は新入社員研修でもコンプライアンスの重要性を徹底的に伝えるようになってきました。

### ▶会社を信頼していなくても、直接はいわない社員

近年、SNSを使って、個人が自分で情報を発信できるようになってからは、企業が運営する店舗内でのいたずらや悪事を動画に撮り配信するなどの事件も目立っています。

彼ら彼女らとしては面白半分でやったことが大事になってしまった、というケースもあるかもしれません。しかしそこから伺えるのは、その企業、職場に対する何らかの不信や不満があるということです。**その企業が好きで、店舗が好きであれば、そこにある商品を粗末に扱ったり、顧客が離れていくような不衛生な行動をしたりすることはない**はずです。

不信や不満があれば、直接上司にいってくれればまだいいのですが、注意すべきは、表向き何も問題はないように振る舞いながら、裏では何を考えて

いるか分からない部下です。

このタイプの部下には３つのパターンがあります。

１つ目は本当に何も考えてない、２つ目はいいたくても、もの申すことで報復人事など自分への不利な待遇があるかもしれないので恐れている、３つ目はこの上司にいっても事態も見方も変わらないと諦めている、というパターンです。

２つ目、３つ目は上司としての関わりを変え、信頼関係を構築していく必要があります。役職のパワーを武器に相手を掌握しようとするのではなく、前述（24ページ参照）の**「逆さまのピラミッド組織」のように、上司が逆ピラミッドの一番下で部下を支える役割へと意識を変えていく必要があります**。

信頼関係を構築していくといいましたが、上司に対して諦めている場合は、何かの出来事の積み重ねで信頼貯金がゼロになってしまったのでしょう。自分に向けた、直接のコミュニケーションでなくても、従業員同士の情報は即座に共有されますのですぐに広がります。

「○○部長、あの会議で□□さんを恫喝してたらしい」「△△課長、会議の前に根回しがすごかったらしいよ」など、そういう情報から信頼貯金がなくなっていくケースもあるのです。

直接上司にいわなくても、**思っていることが数多くある部下がほとんどであると認識し、いかにして本音を引き出すか、話してもらえる上司になれるか**、がポイントです。

### ▶信頼を得るには「オープンマインド」が必要

Googleをはじめ、シリコンバレーの企業で人気とされているのが「マインドフルネス研修」です。**その内容は、自分の弱さ・脆さを見せることを徹底的に研修するものです。自己開示することで、相手から信頼を得られやすくなります。**

近年のリーダーシップ論の一つのトレンドですが、自分の弱みを見せて部下を安心させるというものがあります。強くて、完璧で、スキがなく、成果を出し続けるリーダーは、部下が敬遠してしまうのです。「それは○○さんだからできること、私とは違う」と思ってしまうのです。

もちろん、ビジネスパーソンとしては、すばらしく評価すべきところです

が、マネジメントとなるとそれだけではうまくいきません。誰もが上司のようなビジネスパーソンを目指して仕事をしているわけではないからです。

多様な働き方が許容される時代においては、「私は、○○さんのような働き方は、目指しません」と平気で部下からいわれてしまいます。そんな世の中で**部下と何で繋がるかといえば「人として繋がる」**ということです。「○○さんみたいなキャリアは目指さないけど、○○さんの目指すゴールのために動きたい」「○○さんに自分のできる形で貢献したい」というように、人としての自分を認めてもらうことが大事です。

そのためにも、自己開示が重要です。

上司や部下も「人と人」ですから極論、部下に「人としてついていきたい」と思ってもらえることが大事です。**リーダーはなるべく自分を隠さず、ダメな所も受け入れて、開き直って、できる部下に委ねたり、お願いしたりしてみてください。**

あるリーダーは、仕事は完璧だけど、ゴルフがめっぽう下手でコンペで使い物にならないという弱みがあり、プロ級のゴルフ経験を持つ部下にお願いして、マンツーマンレッスンをしてもらったそうです。プロにお金を払って依頼すればよい所を、あえて部下に教えてもらうことで弱みをさらけ出し、信頼関係を構築したといいます。信頼されるには、相手に自分の弱みを開示し委ねてみるのも良いでしょう。

## ▶気づかぬうちの"モノ"コミュニケーション

「**"モノ"コミュニケーション**」というのは、**社員の人権がないような扱いをしたり、人ではなくモノ（労働力でいうと駒）扱いをしたりするようなコミュニケーション**です。

例えば、個人名をいわずに「『あの子』にいっといて」など、直接は本人にはいわずとも陰ではそのように個人名なしで呼んだりするようなコミュニケーションです。皆さんの組織はどうでしょうか？ "モノ"コミュニケーションしていませんか？

アルバイトで働く従業員を外食産業では、「バイト1本、2本、3本」と勘定するような職場もあります。**同じ組織で働くメンバーを、役職や所属にかかわらず、一人の人間として尊重できているでしょうか。**

社外の取引先、パートナー会社で働いている方に対しても同じです。「あの会社の女の子」「あの会社のおじさん」など呼んでいませんか？　面白がって

裏で「あだ名」をつけていませんか？

あだ名は本人に伝えられるならいくらでも良いのですが、本人は知らずに裏で数名だけで呼んでいる名前があるなら良くないことです。自分たちが楽しむための「道具」としてその方を扱っているのですから、尊重は全くできていません。「派遣さん」と名なしで呼ぶよりは、「○○会社からの派遣の桜子さん」と尊重した呼び方が求められます。

これまでは「あの子」とか「あのおやじ」とか「派遣さん」などが許されてきた時代だったかもしれません。しかしそれはどこかで本人に伝わってしまうものです。LINEやメールで、ある人を話題に盛り上がっていた内容が、本人に伝わることもあります。

誰が誰と繋がっているかなど分からない世の中です。**自分が発した内容は回りまわってすべての人に共有される**と思う方が良いかもしれません。

## ▶ 良い関係性をつくる３つのコミュニケーション

マネジメントを行う上で、関係するすべての人と良好な信頼関係を構築していくには次の３つのコミュニケーションを実践してみましょう。これらは基本であり普遍的なものです。

一瞬の意識の変化でコミュニケーションスタイルは変わります。明日元に戻っても諦めることはありません。気づいたときに変えられることが重要です。まずは今日１日だけでも変化を起こしてみましょう。

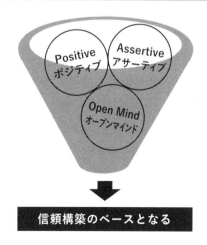

## ❶ポジティブな言葉で発信する

「あの部下の信頼を得られていなさそう」「この前の全体メールで、部下に怒鳴り散らしてしまったな」……というとき、**積極的にポジティブな言葉を発して、自分のマインドをポジティブに変えていく**ことが大事です。

人間が人生で一番聞いている言葉は、「自分の言葉」です。自分の耳が自分の言葉を一番聞いています。

例えば、顧客や同僚から状況を聞かれたら、忙しくても「忙しい……」という言葉は使わない、と心掛けている経営者は多いです。その代わりに「おかげさまで、多くお仕事を頂けております」「時間は使いますが、とても充実しています」と発するようにしている人もいます。

日々ポジティブなキーワードで上司が言葉を発していると、部下も「前は怒っていたけど、気が変わったのかな」「提案したら受け入れてくれそうだな」と職場がポジティブなムードになっていきます。

**上司のコメント力は、場に対する影響力が大きい**ものです。自分の発言が、自分も周りの空気もつくり上げているということを認識してください。

ただ気をつけたいのは「ポジティブ武装」し過ぎないことです。時には本音で自己開示も必要です。

## ❷アサーティブな態度をとる

**アサーティブは、「誠実で率直で対等なコミュニケーション」のあり方**のことです。感情的に声を荒げて相手を委縮させたり、すべて自分が我慢して受け入れてストレスを溜めすぎたり、という極端なコミュニケーションは長期的に続けることが困難です。

サスティナブルに関係性を続けていくには、お互いが対等な立場であるということを自覚することです。上司・部下といっても、人として持つ人権に差はありません。役職が上だからといって、下の人を苦しめたり傷つけたりする権利は誰も持っていないのです。**部下に何かをいう前に、相手の尊厳を傷つけることにならないか、一呼吸置いて考えてみましょう。**

## ❸オープンマインドで違いを認める

同じ職場にいても、同じビジョンに向かって仕事をしていても、人のタイプは様々です。同じ国に生まれ、同性・同年代であっても、生きてきた環境、学んできた環境が違えば全く違う人間です。思考特性が違うことで考え方が

正反対という方もいます。その違いに目が行き過ぎて、重なりが見つけられず、ポジティブな評価をできなかったり、コミュニケーションを避けたりするケースもあります。

　そういう時には、**少し見方を変えて違いを受け止め、尊重し、「楽しもう」と切り替えることが大事**です。

　人は違って当たり前です。上司としては自分と違うタイプの相手に、自分にないどんな強みがあるのか、その強みはどこでどう活かせるのか、ということに徹底的に向き合います。**部下としても、上司は自分と違うタイプでも「違いを認めてくれている」と分かるだけで、上司を信頼することができます。**

## 2 互いに「感謝」し合う<br>人間関係をどう構築するか

**ものの見方次第で感謝は無数に生まれる**

### ▶感謝が何を生み出すのか

皆さんがマネジメントをするメンバー同士の関係性はいかがでしょうか?

- マネージャーには感謝しているけど、他のメンバーにはそこまで感謝の念はない。
- メンバー間は互いにフォローし合えているけど、マネージャーは特に教えてくれるわけでもなく、自分は一人でここまでやってきたので感謝もない。

など、それぞれのメンバー間の関係性に着目してみると、感謝の線が薄かったり、濃かったり、そもそも線がつながっていなかったり……色々な様相が見えると思います。

では、感謝がある状態とは、どういう行動・言動が組織間でなされていて、そのことが組織にどのようなメリットをもたらすのでしょうか。

「○○さんがいてくれて助かっている」「○○さんがいてくれて、組織が明るくなっている」「○○さんがいてくれて組織に新しい知見がもたらされる」「○○さんがいるだけで安心してプロジェクトを任せられる」など**ある人の存在が、その人や組織に好影響を与えている現象は、至る所で起こっています。**

業績への直接的なインパクトの度合に濃淡はあれども、どこか一つで、感謝を生み出せないような仕事の仕方がされていたり、逆に働く人が不愉快な思いをしながら業務遂行されていたとしたら、バリューチェーンがうまく機能しないでしょう。**全体でバリューチェーンを繋いでいると捉えることができると、自然と自分のパートの前後の業務を担ってくれている相手に対し感謝を示すことができる**ようになります。

**マネージャーはそのバリューチェーンを意識して、全員の働きに対し率先垂範で感謝を示す**存在であるべきです。

## ▶感謝や他人尊重を欠く組織が負担するコスト

感謝は最終的には相手の存在を認め、礼を示すことといえますが、仮に無礼な態度が横行している組織にはどのようなデメリットがあるのでしょうか。

クリスティーン・ポラスの著書『Think CIVILITY 「礼儀正しさ」こそ最強の生存戦略である』（東洋経済新報社）には、いくつもの興味深いデータが紹介されています。

例えば、17の業界の800人の管理職、従業員を対象に実施した調査では、職場で誰かから無礼な態度をとられていることに関して、次のようなことがいえるのだそうです。

- 80％の人が、無礼な態度を気にやみ、そのせいで仕事に使うべき時間を奪われている。
- 78％の人が、組織への忠誠心が低下したと答えている。
- 66％の人が、自分の業績は低下していると答えている。
- フォーチュン1000企業の管理職＆幹部は、無礼な人間による悪影響への対応のために、職場での時間の13％を奪われている。

感謝の反対ともいえる相手への無礼な態度、パワーハラスメントや、メンバー間の信頼が欠如しているような嘘や裏切り行為が横行している組織では、メンバーのメンタルヘルスは低下し、そのフォローにかけるマネジメントコストが増大しているというのです。

「感謝を多く示したところで、組織が良くなるわけではない」と礼節を軽視するのではなく、「**まともに感謝すら伝えられない、礼節を欠いたメンバーが、少しずつ組織を蝕む存在になる**」と捉えた方が良さそうです。

## ▶信頼・感謝・尊重の組織文化をマネージャーが率先する

皆さんは組織の一員として、感謝や尊重を言葉や態度に表すことができているでしょうか。

同僚だから、気心知れている上司だから、部下だからと、無礼な態度をとっていませんか？　先入観を持って相手を評価していませんか？　一度持った印象をアップデートせずに他者を固定概念で見ていませんか？　はっきりいって、このような価値観はどんなにすばらしい言葉でとり繕（つくろ）っても透けて

見えてしまうものです。

　人は他者の言葉に敏感ですし、**信頼が崩れてしまう**可能性もあります。

### ▉▶組織の成功循環モデル

　マサチューセッツ工科大学のダニエル・キム教授の提唱する「**組織の成功循環モデル**」では、組織には「グッドサイクル」と「バッドサイクル」の2つの側面があるとしています。

　サイクルは4つのカテゴリーに分かれており、①関係の質、②思考の質、③行動の質、④結果の質、とあります。

「**グッドサイクル**」は①の関係の質を良くすることから着手するとされます。一方、「**バッドサイクル**」は④の結果の質から組織を見るため、結果ありきでプロセスにフォーカスしないため、組織で何が行われているかを把握しづらく、結果のためなら手段を選ばないというやり方も出現してしまうということです。

　**関係の質を良くしていくことを一番に考え、お互いに尊重し、共に目標に向かい対話をしていく**ことが成功循環モデルの入口ということです。

**組織の成功循環モデル**

Good Good Bad Bad
1 5 2 5
**関係の質**

Good Bad
4 1
**結果の質**

Good Bad
2 3
**思考の質**

Good Bad
3 4
**行動の質**

Good **グッドサイクル**
①お互いに尊重し、一緒に考える(関係の質)
②気づきがある、面白い(思考の質)
③自分で考え、自発的に行動する(行動の質)
④成果が得られる(結果の質)
⑤信頼関係が高まる(関係の質)

Bad **バッドサイクル**
❶成果が上がらない(結果の質)
❷対立、押し付け、命令する(関係の質)
❸面白くない、受け身で聞くだけ(思考の質)
❹自発的・積極的に行動しない(行動の質)
❺関係が悪化する(関係の質)

〈出所〉米国マサチューセッツ工科大学(MIT)組織学習センター
創始者ダニエル・キムが提唱する「成功の循環」(Core The Success)

## ▶ 組織における「関係の質」を高めるには

　マネージャーとして、組織内の関係性の質を高めるためには、マネージャー自身のあり方が問われてきます。まずは、そこにいるメンバー全員がこの組織の目標達成に必要な存在であることを、一人ひとりに感謝と共に伝えて頂きたいと思います。

　ポイントは「心から感謝を実感してから伝える」ことです。もちろんメールや口頭で定期的に伝えることは可能ですが、形式的になってはいけないということです。**感謝を述べる瞬間は、本当にその気持ちを自分自身で実感して伝えることが大切**です。

　その後、感謝を忘れてしまったり、時には注文をつけて口うるさくなったりすることもあるでしょう。それはマネジメントする立場としては当然あることです。だからこそ、それ以上に、感謝や尊重には心からの気持ちを持って伝えることです。愚痴や不満などの本音は押し殺して、取り繕ったように感謝だけを伝えても、その思いは本気と伝わるでしょうか？　人間ですからポジティブ・ネガティブ両方のフィードバックはあってしかるべきです。本当の想いは伝わりますし、**51：49で少しポジティブが上回っていれば、ネガティブフィードバックを凌駕する**ものになります。

## ▶ 組織を超えた感謝の連鎖

　組織内での感謝や尊重が広がれば、それは自然とステークホルダーにも広がります。**自分たちの存在が周囲の方々によって成り立っている、ということをしっかり伝えていく**こともマネージャーの仕事です。部下は自分の目の前の仕事や関係性に目を向けがちですが、**広い視野を持ってもらうことも**マネージャーの仕事です。

　ある若手ＭＲ（医療情報担当者）の方は「自社の薬による効果」を直接患者さんから聞く機会が少なく、医者からのフィードバックのみとなっていて仕事のやりがいを感じにくい、とマネージャーに伝えたところ、そのマネージャーが「患者さんの効果を実感できた声」をお医者さんにインタビューし、若手ＭＲにその結果を見せてくれたそうです。若手ＭＲはそのことで仕事のやりがいを見出すことができたといいます。

　上司として、**ステークホルダーからの感謝をメンバーに伝える**ことも大切な業務といえるでしょう。

# 3 それぞれの個性を尊重し合う 真のダイバーシティマネジメント

## 長期的に企業体力をつけていくためのマネジメント

### ▶ダイバーシティとは何か

　ダイバーシティとは日本語では「多様性」を意味します。企業が目指すダイバーシティというのは、性別、人種、年齢、宗教などの違いはもちろん、生き方や働き方も多様な社員が存在している中で、企業としての成長を目指していくあり方です。

　日本の戦後の高度経済成長を支えてきた企業人の多くは男性であり、妻子を養いながら仕事でも成果をあげることが一つのメインストリームでした。同僚はほとんどが男性、同じように家族を養うバックグラウンドを持つ者同士、同質性の高い集団が一丸となって企業を支えてきました。

　経済が右肩上がりの場合、これまでのやり方が結果を出しているということなので無理にこれまでのやり方を変える必要はありません。目標が明確で、目標達成の手法や手段が決まっている場合は同質性の高い集団で動いた方が効率的ですし、余計な労力がいりません。

　日本はバブル崩壊以降、経済成長が鈍化して長い不景気の時代を過ごしています。**これまでのやり方では結果が出ない場合、やり方やあり方を変える判断が必要になってきます。そこで、様々な働き手（労働力）や働き方、考え方に焦点を当てるようになったのが、ダイバーシティの始まりです。**

### ▶ダイバーシティの起源

　ダイバーシティの考えはアメリカで生まれました。アメリカでは様々な人種が存在し、白人女性や黒人への差別的な人事の待遇が蔓延していました。そのような差別をなくし、公平に社会で生きていくために、差別的な待遇や人事評価、キャリア開発、昇進を排除するといった「白人女性と黒人の人権を救う活動」が、ダイバーシティの始まりです。

　さらに人種だけでなく様々なマイノリティ（○○系アメリカ人、同性愛者、高齢者、障害者、退役軍人など）が増えたことで、マイノリティの方々が権利を主張するようになりました。

このことがきっかけで、**ダイバーシティはすべてのマイノリティを包括する考え方へと変化していった**のです。

　アメリカの影響を受けた日本では、1985年に男女雇用機会均等法が制定され、男女による雇用の格差をなくす動きが始まりました。その後も、男女間の差別の廃止を目的とした「男女共同参画社会基本法」が制定され、より男女の人権が尊重されるようになったのです。

　日本では、男女の壁をなくそうということをダイバーシティの基本構想として始めましたが、今や少子高齢化社会に突入し、**労働人口が減る中、様々な立場の方の力を活用することが企業としての生命線**となり、ダイバーシティが浸透しようとしています。

## ▶ ダイバーシティのメリット

　マネジメントをする立場で、ダイバーシティの推進にはどのようなメリットがあるでしょうか。

　今や企業がどれだけダイバーシティの働き方を取り入れているかを世界規模で評価する時代です。その数値は即座に企業評価に反映されます。

　**評価軸は主に働いている方々の割合と働き方の割合です。**
「働いている方々の多様性」は、女性管理職登用割合、外国人採用割合、チャレンジドピープルの採用数、高齢者の方の雇用数などで評価されます。
「働き方の多様性」は、時短勤務、テレワーク、副業が可能かどうか、育児・介護をする社員への時間的・金銭的なフォローがあるかどうか、などで評価されます。

　ダイバーシティの考えが求められると、マネジメントをする立場においては、これまでより多くの変数が出てくるので、業務は複雑になります。また、前提となる価値観を共通とする同質性の高い集団を形成することで、「あうん」の呼吸で分かる部下がたくさんいた方が、動きやすいといえます。

　では、ダイバーシティに取り組むことにはどのようなメリットがあるのでしょうか。また、私たちはなぜダイバーシティに取り組む必要性があるのでしょうか。

　そこには次のページに掲げるメリットが含まれているからです。

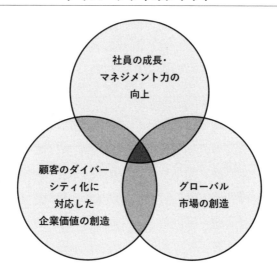

社員の成長・
マネジメント力の
向上

顧客のダイバー
シティ化に
対応した
企業価値の創造

グローバル
市場の創造

### ❶社内がダイバーシティに対応する組織に変わる

　まず1つ目は「顧客のダイバーシティ化に対応した企業価値を創造すること」につながるためです。

　日本や世界に存在する**多様な方々に社内にも同じ割合で存在してもらうことで、顧客が求める価値を考えやすくなります。**

　例えば、ペット犬用商品の開発をしている企業が、実際に犬を社員として会社で飼っていれば、その生態を社員は身近に感じることができ、サービスなどのアイデアの発想がしやすくなります。また、育児中の時短ワーキングマザーが多い会社であれば、育児中の時短ワーキングマザーの課題がたくさん集まるので、その方々が求める商品サービスを開発しやすい状況にあります。

### ❷グローバル市場の創造につながる

　次に2つ目の「グローバル市場の創造」につながります。

　例えば社員に様々な国の方がいらした場合、自然と社員同士がその国に興味を持ち、「○○さんの国だったらどうかな？」という会話が増えるようになります。その国のニーズと自社の商品サービスの適合を自然と考えるようになり、きっかけがあれば「○○の国を今度、市場調査してみないか？」という話にも展開していきます。市場性をマクロリサーチデータで捉えて判断す

るのも一つですが、**新市場に出ていく際は、その国の方とのご縁がきっかけ だったりする**ことも多いです。もちろんすべてその判断でうまくいく保証は ないですが、仮説検証の多さが市場創造には重要ですので、その**きっかけが 増えるのがメリット**と捉えることができます。

#### ❸社員の成長とマネジメント力の向上を促す

　3つ目は、「社員の成長・マネジメント力の向上」を促すことです。

　社員にとって、自分とは立場や働き方が違うメンバーをどう捉えるかとい うことは、同じチームで仕事をしていく上で重要な視点となります。 **「自分と違うから、分からないし関係もない」**と、そこで思考停止するのか、 **「自分と違うけど、歩み寄って理解してみよう」**と、適応していこうとするの かでは、後々のその人の精神的な豊かさに違いが出てきます。

　一番は自分がマネジメントしなければいけない立場になった時に、ダイ バーシティを本気で受け入れて理解しているかが問われます。「違っていい、 違うから様々な価値が生まれる」と本気で向き合えているかがマネジメント の姿勢にも表れてきます。

　特に仕事で成果を出しているプレイングマネージャーの方は、自分と同じ 業務の仕方をする部下の育成に勤しみがちです。その方が直接的な成果に繋 がることを知っているからです。自分の分身をつくることはとても大事です が、**成果を出せる前提が変わった時には、そこに対応できる存在も必要にな ります。その時のために様々な形での価値形成ができるメンバーを受容し、 育成していく**ことが必要になってくるでしょう。

### ▶ダイバーシティの課題

　ダイバーシティを受け入れていく上での課題としては、2つあります。

　1つ目は、**ダイバーシティ群をチームとして面で捉え、パワーを強固にす る**こと。2つ目は、**ダイバーシティの目的を明確に提示し続ける**ことです。

　1つ目に関しては、**ERG**（Employee Resource Group）という、性別や民 族、ライフスタイル、性的思考など社員が共通点を元につくる**企業内のグ ループの活動を、企業として支援していく**ということです。

　ERGには、LGBTや外国籍の社員、育児と仕事を両立する女性社員が社内 でつくるグループなどがよく見られ、サークルのようなものですが、最近で

はこうしたERGの動きを積極的に支えようとする動きが出てきています。実際にフォーチュン500企業の90%以上で導入されています。**点の存在を面で捉え、主体的にイノベーションを生み出すグループとして会社が支援していく**方向です。穿った見方をすれば、同じ属性で集まって不満を言っているだけじゃない？ といえるかもしれませんが、やはりまだマイノリティに対する評価・処遇は完全ではないため、働きづらさが多いのが現実です。そのため不満も多いでしょう。しかしその**不満が組織や社会の課題解決への重要なヒントとなり得るのです。**

　２つ目は、**その企業のダイバーシティ化には目的があるということを社員に周知する**ことです。少子高齢化社会に備えての企業体力の保持拡大、ダイバーシティ社会に備え、企業としての価値創造力のベースを構築するなど、社員や会社にとっての長期的なメリットのための活動であることを示していかないと、不満・不平等感、居心地の悪さを感じる人がいるかもしれません。

　特にメインストリームで頑張ってくださっている人からすれば、「自分は今まで通り、長時間働いて頑張っているのに……」となりかねません。**関わる人全員が長期的にメリットを享受できるということを伝えていく**ことがマネジメントの課題といえるでしょう。

# 4 一人ひとりの"主体性を挽き出す"人材マネジメントへの変革

## 永く続く組織と人の基盤をつくり上げる

### ▶ 主体性を挽き出す

　私たちHRインスティテュートのミッションは主体性を挽き出す、です。あえて「**挽く**」という字を使っています。それは**主体性というのはあたかもコーヒー豆を挽くように、じわじわと発揮されるからであり、挽き出し方やその個性によって、仕事の質も変わってくる**ことを意味しています。

　そもそも**主体性**とは何でしょうか。

　私たちは"自分が主体となって、物事に取り組む姿勢"だと解釈します。私たちが日々利用している商品やサービスも誰かの主体性があって生み出されたものです。そう考えると**世界は常に誰かの主体性で回っている**、といえます。

　私たちが働く環境は先人によって多くの仕組みが整えられ、その仕組みを動かすことによって一定の成果をあげられるようになっています。

　いわば受け身の姿勢でもそれなりの成果をあげることができますが、それだけでは人に自分の運命を預けることになります。

　**大きくなくてもいい、目の前の些細なことでも構わないから自分が主体となって始め、動かしていく、仕事をつくっていくというスタンスが、これからのビジネスパーソンには求められます。**そして企業という組織はそうした人材が活躍できるフィールドを提供しなければなりません。

### ▶ スモールでアジャイルなビジネスによって構成される時代に

　企業には大小、様々な規模のものが存在します。事業もそうですが、これからの時代、「これが正解」という事業の見通しを立てることはとても難しくなってくるといえます。こうした時代においては、**スモールでアジャイル（俊敏）な事業を展開する**ことが必要とされます。

　ソフトバンクを率いる孫正義氏はビジョンファンドを立ち上げ、世界中の可能性のある、あらゆるベンチャー企業や事業に投資を行っています。大きなリスクをとり、リターンを最大化する狙いですがこれがうまくいくかどう

かは分かりません。しかしながら、世界中に、お金を引き込む無数のスモール・アジャイルなビジネスが存在することは間違いありません。

　世界の様々な企業が今後の競争相手と考える場合、企業を率いる経営トップがすべきことは何でしょうか。それは自らが仮説を立て、リーダーシップを発揮して、企業を牽引していくことでしょうか。それも一つかもしれませんが、**それ以上に効果的と考えられるのは、自社の中に、様々な事業を生み出し、それを推進していくこと**ではないかと考えます。

　今後、５Ｇが当たり前になり、ＡＩの進化、自動化が進む社会において、**経営者が必ずしも正解を知っている必要はありません。社員の誰か一人が見通しを立てて、そこに挑む環境を整えることこそが、企業が行うべきマネジメント**ではないでしょうか。

　その時に、スモールでアジャイルな事業を推進する力を持った社員が存在するか、という点がポイントとなります。

## ▶️将来の経営者を育てたいなら経営をさせるべき

　次世代リーダーを育てたい、という声を企業の経営者や人事部からよく聞きます。事業を担える人材が育っていない、という半ば愚痴のような相談も頂きます。しかしながら、そうした状況下で一ついえるのは、そうしたリーダーを欲していながらも実際に事業運営も、会社経営もさせていない、という事実です。

　まさに**経営者を育てる最短の近道は経営をさせること**です。経営はしてみなければそのコツも、痛みも理解することができません。自ら責任を持って、当事者として営業をし、顧客を切り拓く経験をすることは何物にも代えがたい経験となります。まさに、経営者を育てたければ経営をさせろ、ということです。

　実際に取り組んでいる企業はあります。しかし、多くの企業では優秀な人材はそばに置いておきたいため、こうした抜擢人事や新規事業への出向へは後ろ向きになりがちです。将来の飯のタネより、今の飯が大切、ということです。大半の企業がこうしたジレンマを抱えています。

　ここを解決することが人材マネジメントの役割であり、出番ともいえます。

## ▶人材マネジメントの基本理念を掲げる

　ではジレンマを打ち破る人材マネジメントの根幹は何でしょうか。それはまず**人材マネジメントの基本理念をしっかりと社内で共有する**ことです。

　人材マネジメントの「**基本理念**」とは**組織がどうあるべきか、ということにもとづき、人材をどのように採用・配置・育成していくか**、ということを示した考え方です。

　基本理念を決める上では以下のことに視点を置いて検討を繰り返します。

- 全社レベルで何を志向するか
- 部門、部署レベルで何を目指すか
- 社員、個人のレベルで何を目的とするか

　それぞれの次元で基本理念が反映されていることが重要です。

　例えば、人材マネジメントの基本理念は次に示すようなものです。

### 人材マネジメントの基本理念

〈例〉イノベーションを重視する組織の場合

- イノベーションを起こすことを第一とした人材への働きかけを行う
- イノベーションを促進する組織風土を形成する
- 上記のチャレンジが生み出す弊害を未然に防ぐチームワーク、納得感のあるローテーションを行う

　上記はあくまで例ですが、**人材マネジメントの基本的な方針を示すことで、各部署における人員配置や、育成の指針を一貫させます。**この基本理念が根幹に据えられることが、その他の課題への取り組みを円滑に機能させることにつながります。

## ▶人材マネジメントの重点課題を明らかにする

　人材マネジメントの基本理念が明らかになったら、今度はその基本理念を中心において「**重点課題**」を決めます。重点課題は、**基本理念とは異なり、具体的に何をするか、ということを明らかにする**ものです。

　この際、重点課題において大事な視点が漏れないように、次の4つの項目は押さえるべきといえます。

- 中期経営計画にもとづく人材の確保
- 能力、成果主義にもとづく人事制度の確立
- 適材適所の人材活用による職場の活性化
- 人材育成のための教育制度の確立と運用

　上記は採用、評価、配置、育成の人材マネジメント上の重要項目です。これらについては本書で解説してきましたが、**それぞれにおいて、何に取り組むべきかを、中心に据えた「基本理念」に従って検討し、提示**します。

　その際にどこにでもあるような表現にするのではなく、**できるだけ自社らしい言葉づかいや個性を感じる表現を用いる**べきです。表現によって人の思考は影響を受け、行動も変化するためです。

## ▶人格を重視する「人基準」のマネジメント

　本項の最後に触れておくべきと考えるのが、人材マネジメントにおいて**「人格」を重視することの大切さ**です。企業は株主から利益や成長性で評価されるため、数字を出すことを重視するあまり、業績をあげる社員を評価する傾向にあります。これ自体は間違ってはいないのですが、一方で「人格」が無視されてしまうと本末転倒の結果を招く恐れが生まれます。

　部下にとって望ましい上司というのはどういう人物でしょうか。それは業績をひたすらあげる上司でしょうか。もちろん業績的に牽引してくれる、成果を出してくれる上司がいるに越したことはありません。しかし、仮に人格が望ましくなく、人に対して冷たい人物であれば部下としてどう感じるでしょうか。

　組織における**人材マネジメントの本質は「どのような人物を昇格させるか」に最終的に現れます。その際に重視すべきは「成果」と「人格」の双方を評価すべき、ということです。**

　人物のタイプは次の4つに分けられます。

　a. 成果に厳しく、一方で人に温かい人物
　b. 成果に甘いが、人に温かい人物
　c. 成果に厳しく、人に冷たい（関心を向けない）人物
　d. 成果に甘く、人に冷たい（関心を向けない）人物

では、どの人材を昇格させるべきでしょうか。当然「a.の人物」が優先して昇格させるべき人材です。どの人材も a.のゾーンに導くことが求められます。このベクトルこそが、人格を重視する判断基準であり、成果だけで評価しない、というスタンスこそが人格者を育てるのです。

　そして、こうしたリーダーこそ、本書のコンセプトでもある**「ヒューマンリレーションシップ」を重視した人材マネジメントを行う当事者となり、組織と社会を健全に発展へと導く**に違いありません。

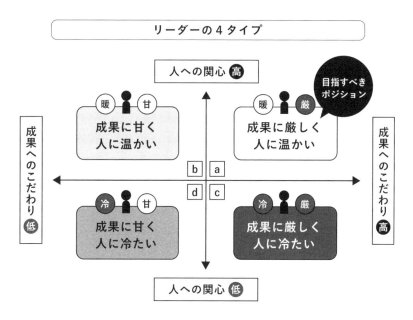

リーダーの4タイプ

人への関心 高

目指すべきポジション

暖　甘
成果に甘く
人に温かい

暖　厳
成果に厳しく
人に温かい

成果へのこだわり 低

b | a
d | c

成果へのこだわり 高

冷　甘
成果に甘く
人に冷たい

冷　厳
成果に厳しく
人に冷たい

人への関心 低

　本書を執筆している最中、新型コロナウィルスが世界的に流行しました。自粛を余儀なくされ、多くの企業が経営難に直面し、人と組織の関係性を見直すことになりました。

　影響は企業にとどまらず、家庭や生活現場にも大きく及びました。こうした今、**まさに「働くとは何か」「雇用するとは何か」「組織とは何か」が問われていると感じています。**

　この状況下、本書を執筆させて頂く意義を改めて問い直しました。「人材マネジメント」とは誰にとって、どういう考え方であり、どんな行動を促すものであるべきか、ということです。

　**人材マネジメントはいつの時代においても、世界情勢、企業戦略、組織のあり方、人々の価値観と切ってもきれないものです。むしろ、そうした変化に対応して形を変えていくことが求められます。**

　では、人材マネジメントの不変的な目的とは何でしょうか。

　それは、**いつの時代も一人でも多くの人を幸せにすること**、ではないでしょうか。

　もちろん、世界中の人全員を幸せにすることができるに越したことはありません。ただ、そうした理想はなかなか現実にはできません。

　理想を追い求め、多くの学者や政治家、企業家が研究を重ね、イデオロギーを生み出し、実現を目指していますが、それでもやはり、社会には一定のひずみがどうしても生じてしまいます。もしかすると全員が幸せになる、という状態は永遠に実現しないのではないか、と思わざるを得ません。

　しかしながら、こうした理想を少なくとも自分が与えられた範囲内で実現しようとする、自分が影響を及ぼせる範囲内で、人々を幸せにすることが私たちには求められているのではないでしょうか。その対象は家庭であり、部活動のチームであり、企業の組織であり、一国の政治であり、人それぞれであると思います。

　**こうした目的を持ち、葛藤を抱えながらも実現を目指す人に、「人材マネジメント」の考え方は助けになり、手段になるべきではないかと考えます。**

最澄の言葉にこんなものがあります。

「一隅を照らす。此れ則ち国宝なり」

「一隅」とは今自分がいる場所や置かれた立場を指します。

　つまり、**自分自身が置かれたその場所で、精一杯努力し、明るく光り輝くことのできる人**こそ、何物にも代えがたい貴い国の宝である、という意味が込められています。

　読者の皆さんにとって「一隅」とはどこでしょうか。一隅を照らすことができているでしょうか。

　繰り返しになりますが、本書で解説してきた**「人材マネジメント」**とは、**読者の皆さんが今、いる場所においてできる限り、人を幸せにするための手法であり、考え方である**、ということです。

　本書のコンセプトである「ヒューマンリレーションシップ」を軸に周囲の人との"関係の質"に着目し、少しでも良くする行動を生み出すことが求められています。

　最後になりますが、本書執筆の機会をつくってくださった深澤晴彦さんに改めて感謝を申し上げたいと思います。いつも支えてくださりありがとうございます。また、編集を担当頂いた日本実業出版社の中尾淳さんは新型コロナウィルスの影響下においても臨機応変にご対応頂き、前向きで熱心なメッセージを投げかけて頂いて本当に勇気づけられました。この場を借りてお礼を申し上げたいと思います。

　そして日々、実践の機会を与えてくださるクライアントの皆さま、関係会社の皆さま、本書執筆にあたったメンバー、いつも刺激的な知見を提供し合えるHRインスティテュートの全メンバー、そのご家族の皆さまに改めて感謝をお伝えできればと思います。本書はまさに、多くの皆さまとの関係性によって成り立っています。

　社会は今、自粛を余儀なくされる状況ですが、本書が出版される頃には明るい未来が見通せて、人々が今以上に前向きに行動していることを願っています。

2020年6月　HRインスティテュート　三坂 健

# 索　引

## サ 行

## タ 行

## ナ 行

## ハ 行

## ヤ 行

## ラ 行

## マ 行

## ワ 行

# 主 な 参 考 文 献

『定年前後「これだけ」やればいい』(郡山史郎、青春出版社)

『日本の人事を科学する 因果推論に基づくデータ活用』(大湾秀雄、日本経済新聞出版)

『大前研一 稼ぐ力をつける「リカレント教育」
　　　（誰にも頼れない時代に就職してから学び直すべき４つの力)』(大前研一、プレジデント社)

『トップ企業の人材育成力──ヒトは「育てる」のか「育つ」のか』
　　　(北野唯我編著、平岩力、西村晃、西村英丈、西村隆宏、寺口浩大、堀達也、白石紘一、さくら舎)

『人事と採用のセオリー 成長企業に共通する組織運営の原理と原則』(曽和利光、ソシム)

『いい人財が集まる会社の採用の思考法』(坂本光司監修、酒井利昌、フォレスト出版)

『ヤフーの1on1──部下を成長させるコミュニケーションの技法』(本間浩輔、ダイヤモンド社)

『若者はなぜ３年で辞めるのか？〜年功序列が奪う日本の未来〜』(城繁幸、光文社)

『日本的雇用制度はどこへ向かうのか』(八代充史、中央経済社)

『グロービス MBA組織と人材マネジメント』(佐藤剛監修、グロービス経営大学院、ダイヤモンド社)

『こう変わる！ 新卒採用の実務』(労務行政研究所編、労務行政)

『30ポイントで身につく！「マーケティング思考」の技術』
　　　　　　　　　　　　　(野口吉昭監修、HRインスティテュート、PHP研究所)

『研修開発入門「研修転移」の理論と実践』
　　　　　　　　　　　(中原淳、島村公俊、鈴木英智佳、関根雅泰、ダイヤモンド社)

『KPIで必ず成果を出す目標達成の技術 計画をプロセスで管理する基本手順と実践ポイント』
　　　　　　　　　　　(大工舎宏、井田智絵、日本能率協会マネジメントセンター)

『働き方改革 生産性とモチベーションが上がる事例20社』(小室淑恵、毎日新聞出版)

『個性を活かす人材マネジメント：近未来型人事革新のシナリオ』(谷内篤博、勁草書房)

『変革するマネジメント 第２版』(日沖健、千倉書房)

『これからの人材マネジメント』(竹内裕、中央経済社)

『シニア人材マネジメントの教科書──老年学による新アプローチ』
　　　　　　　　　　　　　(長田久雄監修、﨑山みゆき、日本経済新聞出版)

『シニア社員の戦力を最大化するマネジメント』
　　　　　　　　　　　　　(一般社団法人年金トータルサポート・コスモ監修、第一法規)

『派遣労働という働き方──市場と組織の間隙』(島貫智行、有斐閣)

『プロの人事力』(西尾太、労務行政)

『人事評価者の心構えと留意点──現場での悩みを解消する』(平井謙一、生産性出版)

『一次評価者のための人事評価入門』(河合克彦、石橋薫、日本経済新聞出版)

『「職能・役割」を重視する人事制度──人を育て活かす人事制度の構想と勘どころ』
　　　　　　　　　　　　　(竹内裕、中央経済社)

『企業のための副業・兼業 労務ハンドブック』
　　　(田村裕一郎編著、古田裕子、上村遥奈、柴田政樹、山本幸宏、井上紗和子、染谷裕大、日本法令)

『新型［人事制度・労務管理］活用ガイドブック』(日本労務管理研究センター、明日香出版社)

『自分の小さな「箱」から脱出する方法 ビジネス篇 管理しない会社がうまくいくワケ』
　　　　　　　　　　　(アービンジャー・インスティテュート、中西真雄美翻訳、大和書房)

『女性の視点で見直す人材育成──だれもが働きやすい「最高の職場」をつくる』
（中原淳、トーマツ イノベーション、ダイヤモンド社）

『新しい人事労務管理 第5版』（佐藤博樹、藤村博之、八代充史、有斐閣）

『モテる会社の人事のしくみ：給料で社員は口説けない！』（高山正、税務経理協会）

『会社に雇われずにフリーで働く！と決めたら読む本』（立野井一恵、明日香出版社）

『9割の会社が人事評価制度で失敗する理由』（森中謙介、あさ出版）

『人事評価の教科書──悩みを抱えるすべての評価者のために』（高原暢恭、労務行政）

『日本一働きたい会社のつくりかた 社員が夢中になれる企業、ライフルの人事は何をしているのか？』
（羽田幸広、PHP研究所）

『いい人材が集まる、性格のいい会社』（佐藤雄佑、クロスメディア・パブリッシング）

『人事こそ最強の経営戦略』（南和気、かんき出版）

『管理職1年目の教科書』（櫻田毅、東洋経済新報社）

『米軍式 人を動かすマネジメント──「先の見えない戦い」を勝ち抜く D-OODA経営』
（田中靖浩、日本経済新聞出版）

『いつも結果を出す部下に育てるフィードフォワード』（久野和禎、フォレスト出版）

『人事担当者のための人材育成の教科書』（網谷征洋、幻冬舎）

『ハーバード・ビジネス・レビュー』2015年12月号（ダイヤモンド社）

「労働者派遣事業報告書」（厚生労働省）

『働き方改革』（小室淑恵、毎日新聞出版）

『こう変わる！ 新卒採用の実務』（労務行政研究所編、労務行政）

「兼業・副業を通じた創業・新事業創出に関する調査事業研究会提言
～パラレルキャリア・ジャパンを目指して～」（中小企業庁）

「モデル就業規則について」（厚生労働省）

「平成29年度就業構造基本調査」（総務省統計局）

「女性役員情報サイト」（内閣府男女共同参画局）

「雇用均等基本調査」（厚生労働省）

「労働力調査」（総務省）

「平成29年版高齢社会白書（全体版）」（内閣府）

「平成25年度高齢者の地域社会への参加に関する意識調査結果」（内閣府）

「平成23年高年齢者の継続雇用等、就業実態に関する調査」（独立行政法人労働政策研究・研修機構）

『サクセスフル・エイジング』（東京都老人総合研究所編、ワールドプランニング）

『人材育成ハンドブック 新版 今知っておくべき100のテーマ』
（眞崎大輔監修、ラーニングエージェンシー編著、ダイヤモンド社）

「平成18年版男女共同参画白書」（内閣府男女共同参画局）

「平成29年派遣労働者実態調査の概況」（厚生労働省）

「平成26年就業形態の多様化に関する総合実態調査の概況」（厚生労働省）

『生産性』（伊賀泰代、ダイヤモンド社）

『成功企業はなぜ、OKRを使うのか？』（ピョートル・フェリクス・グジバチ、ソシム）

「働く人のキャリアに関する意識調査」（アデコ株式会社）

「平成28年度職場のパワーハラスメントに関する実態調査」（厚生労働省）

※順不同

〈編著者・執筆リーダー〉
HRインスティテュート
代表取締役社長　三坂　健
略歴等は右記を参照。

〈執筆メンバー〉
コンサルタント　石田　なお子
ドイツ・デュッセルドルフ大学留学を経て、琉球大学法文学部
国際言語文化学科ドイツ語専攻卒業。米国系外食企業にて、営
業、人材育成、バランススコアカード制度構築に携わる。HR
インスティテュートに参画後は、主にクライアント企業のコミュ
ニケーション・マーケティングスキル強化、全国の中小企業向
けにオンラインでマネジメント上のコミュニケーション課題
解決の支援を担当。また、アクションラーニングコーチとして
組織マネジメントにおける課題解決の支援も担当している。

コンサルタント　高尾　祐輝
慶應義塾大学法学部卒業後、国内メガバンクにおいて法人営業、
新卒採用に携わった後、米国ニューヨークの現地法人で国際金
融規制対応のプロジェクトマネジメントに従事。学生時代より、
高校生・大学生向けのリーダーシップ養成プログラムを提供・
運営。HRインスティテュートに参画後は、採用業務および若手
人材向け能力開発の経験を基に、主に人材採用戦略の立案・運
用や、大学非常勤講師としてビジネススキルの講義を担当。一
般社団法人日本コーチ連盟会員。

人事企画担当　西山　侑里
大学卒業後、大手小売業にて、スタッフの採用／育成も含めた
店舗運営に一貫して携わる。その後、国立大学職員となり、人
事課で主に給与支給関係業務や書類のシステム一元化プロジェ
クトに従事。外資系製薬会社のMRを経て、HRインスティ
テュートに参画。企業人事として、採用や制度設計、働きやす
い職場環境の構築に従事している。

HRI（Thailand）Co., Ltd.
代表取締役社長　コンサルタント　江草　嘉和
慶應義塾大学商学部、グロービス経営大学院大学修了（MBA）。
大学卒業後、重工業メーカーに入社。米州、アジア、アフリカ市
場中心に発電プラントの輸出営業に従事。HRインスティテュー
ト参画後は、海外事業経験を基に、主に異文化マネジメント等
のグローバルプログラムの開発＆実施に携わる。2019年10月に
HRI Thailand を設立し代表に就任。バンコク駐在中。

---

コンサルティングや研修のお問い合わせはこちら
http://www.hri-japan.co.jp
弊社の活動をFacebookでも紹介しています（「HRインスティテュート」で検索）

［編著者］
三坂 健（みさか けん）
HRインスティテュート代表取締役社長。慶應義塾大学経済学部卒業。
安田火災海上保険株式会社(現・損害保険ジャパン株式会社)にて
法人営業等に携わる。退社後、HRインスティテュートに参画。経営コ
ンサルティングを中心に、教育コンテンツの開発、人事制度設計、新規
事業開発、人材育成トレーニングにて活動している。


［著 者］
HRインスティテュート
1993年設立。創業者はベストセラーコンサルタントの野口吉昭。現社
長は本書の代表執筆・責任編集である三坂健。HRインスティテュート
は、経営支援・人材育成を専門とする実践重視のコンサルティング会
社。個人・チーム・組織の可能性を挽き出し、社会を変えることをミッショ
ンに、ビジネスコンサルティング&研修プログラムの企画・開発・実施ま
でを一貫して行う。年間300社超の会社に対し、経営課題をクライアン
トと共に解決する「ワークアウト」、即効性重視の実践型研修「ノウハ
ウ・ドゥハウプログラム」を軸に展開している。著書はコンサルタントの単
著も含めて累計150万部。顧客は日本のみならずアジアをはじめ、世
界に広がっている。近刊に『全員転職時代のポータブルスキル大全』
（KADOKAWA）がある。

## 人材マネジメントの基本

2020年7月20日　初版発行

著 者　HRインスティテュート HR Institute 2020
編著者　三坂 健 ©K.Misaka 2020
発行者　杉本淳一

発行所　株式
　　　　会社 日本実業出版社　東京都新宿区市谷本村町3-29 〒162-0845
　　　　　　　　　　　　　　　大阪市北区西天満6・8・1 〒530-0047

　　　　編集部 ☎03-3268-5651
　　　　営業部 ☎03-3268-5161　振 替 00170-1-25349
　　　　　　　　　　　　　　　https://www.njg.co.jp/

印 刷／堀内印刷　　製 本／若林製本

この本の内容についてのお問合せは、書面かFAX（03-3268-0832）にてお願い致します。
落丁・乱丁本は、送料小社負担にて、お取り替え致します。

ISBN 978-4-534-05790-7　Printed in JAPAN